Nils

Erschienen bei Skapago KG, Furth im Wald, Deutschland.
1. Auflage August 2014

Alle Fotos © Daniela Skalla, ausgenommen:
Kapitel 11 – Europakarte: © kebox – Fotolia.com
Kapitel 17, 19, 21 – Hintergrundbilder der Übungen: © Elmastudio – https://www.flickr.com/photos/elmastudio
Kapitel 18 – Brote: © Daniel Mock – Fotolia.com
Kapitel 18 – Geschnittenes Brot: womue – Fotolia.com
Kapitel 19 – Telefon: © 2fake – Fotolia.com
Kapitel 22 – Silhouetten: © kritchanut – Fotolia.com
Kapitel 24 – Paar auf der Trolltunga in Norwegen: © Alex Koch – Fotolia.com
Kapitel 25 - Skirennen: © Ruslan Kudrin – Fotolia. com
Kapitel 25 – 50-Kronen-Schein: © Sandnes – Fotolia.com
Kapitel 25 – Norwegisches Geld (Hintergrundbild für Übungen): © S-Christina – Fotolia.com
Kapitel 26 – Lammbraten: © Gresei – Fotolia.com
Umschlaggestaltung: Mónica Gabriel nach einem Wettbewerb auf 99designs

Umschlagbild: To Come, veröffentlicht von Geir Tønnessen auf https://secure.flickr.com/photos/nuddaladden/10883470573/ unter Creative Commons BY 2.0 Lizenz (https://creativecommons.org/licenses/by/2.0/)

ISBN: 978-3-945174-01-2

Nils

Norwegisch lernen mit einer spannenden Geschichte
Teil 1 – Norwegischkurs für Anfänger

Autor
Werner Skalla

nach einer Idee von
Sonja Anderle

unter Mitwirkung von Lehrkräften und Studierenden bei Skapago
Jan Blomli
Sébastien Le Martelot
Clemens Pötsch
Alexandr Svezhenets
Dominik Timmermann
Borgar Emanuelsen Bohlin
Anna Myrer
Tyra Meininger Saudland
Daniela Syczek
Martin Löhndorf
Audun Heggdal Pedersen
Joachim Schönberger
Marit Ruud Talseth

Bilder und Illustrationen
Daniela Skalla

norwegisches Lektorat
Richard Fjellaksel
Anders Kristiansen
Runar Werningsen Jenssen
Yngve Nordgård

deutsche Bearbeitung und Lektorat
Eva Buchhauser
Jan Fleischhauer
Magdalena Fellinger
Clemens Pötsch

herausgegeben von
Skapago – Online-Sprachschule
www.skapago.eu

Inhalt

Gratuliere!

Du hast dich entschieden, Norwegisch zu lernen: Super Idee!

Dinge, die dir helfen

Du findest die Texte dieses Buches als Audiodateien, Videos zur Erklärung der Aussprache, zusätzliche Übungen, einen Vokabeltrainer, Tests und vieles mehr auf www.skapago.eu/nils – das Meiste davon ist kostenlos.

Menschen, die dir helfen

Vielleicht ist es schwierig für dich, ganz allein eine neue Sprache zu lernen. Ich persönlich finde, du solltest dir Unterstützung von einem Lehrer oder einer Lehrerin holen. Du denkst jetzt vielleicht, ich sei voreingenommen und möchte dir nur unsere Kurse verkaufen, immerhin ist Skapago eine Online-Sprachschule. Ich räume also gerne ein, dass auch andere Schulen großartige Lehrkräfte haben. Such dir also ruhig auch Unterstützung bei unserer Konkurrenz.

Unsere Lehrerinnen und Lehrer haben dieses Buch mitgestaltet. Sie sprechen via Skype mit dir und nutzen Videokonferenzen, sodass du bequem von jedem Ort aus einen Kurs belegen kannst. Hier kannst du eine kostenlose Probestunde vereinbaren: www.skapago.eu

Feh~~e~~ler

Du kannst dir nicht vorstellen, wie oft wir dieses Buch korrekturgelesen haben, bevor wir es zu veröffentlichen wagten. Trotzdem können wir nicht dafür garantieren, dass das Buch völlig fehlerfrei ist. Solltest du einen Fehler finden, schick bitte eine E-Mail an:
nils@skapago.eu. Nils wird sich persönlich bei dir bedanken!

Das beste Norwegischbuch aller Zeiten?

Als wir mit der Arbeit an diesem Buch begannen, war es unser Anspruch, das beste Norwegischbuch aller Zeiten zu gestalten, aber seien wir mal realistisch ...

Sag uns, was du denkst! Gibt es Übungen, die dir nicht gefallen, Erklärungen, die du nicht verstehst, langweilige Texte, Bilder, die dir nicht gefallen? Wenn du Kommentare oder Verbesserungsvorschläge hast, oder Nils einfach nur hallo sagen möchtest, schreib eine E-Mail an:
nils@skapago.eu

Jetzt geht's los!

Ich zeige dir jetzt den ersten norwegischen Text. Er ist viel schwieriger, als du vielleicht erwartest und das Ziel ist keinesfalls, dass du alle Wörter in diesem Text jetzt lernst. Ich möchte dir nur einen ersten Eindruck davon vermitteln, wie Norwegisch klingt und aussieht. Hör dir den Text mehrmals an (die Audiodatei findest du auf www.skapago.eu/nils) und lies mit. Versuch dann, so viel wie möglich zu erraten, ohne auf die deutsche Übersetzung zu schauen.

Danach darfst du gerne die deutsche Übersetzung verwenden. Der Text ist ein Prolog zu der Geschichte, die sich durch dieses Buch zieht.

Ernas drøm

En mann kommer langs veien.
En turist? Nei.
Erna kjenner mannen. Han smiler.
Det er mannen fra stasjonen.
Hun smiler også.

Mannen går forbi.
Hun roper etter ham. Men han hører ikke.
Han forsvinner.

Adressen. Hun må skrive adressen!
Hvor er adressen?

Nå ser hun tre personer:
En gutt – han spiser sjokolade.
Ei dame – hun gir ei bok til en mann.
Erna tenker:
Nei, ikke spis sjokoladen!
Ikke gi ham boka!

Erna våkner. Hun må le.
Men hun tenker: Hva med adressen?

Ernas Traum

Ein Mann kommt die Straße entlang.
Ein Tourist? Nein.
Erna kennt den Mann. Er lächelt.
Es ist der Mann vom Bahnhof.
Sie lächelt auch.

Der Mann geht vorbei.
Sie ruft ihm nach. Aber er hört sie nicht.
Er verschwindet.

Die Adresse. Sie muss die Adresse aufschreiben!
Wo ist die Adresse?

Jetzt sieht sie drei Personen:
Einen Jungen – er isst Schokolade.
Eine Frau – sie gibt einem Mann ein Buch.
Erna denkt:
Nein, iss die Schokolade nicht!
Gib ihm nicht das Buch!

Erna wacht auf. Sie muss lachen.
Aber sie denkt: Was ist mit der Adresse?

Wieviel vom Text hast du verstanden?

 Überhaupt nichts

Keine Sorge.
In Kapitel 1 fangen wir ganz von vorne an! Wir hatten noch niemanden, der es nicht geschafft hat, Norwegisch zu lernen. Verlang nicht zu viel von dir selbst und mach eine Pause, wann immer du eine brauchst.

 Ein bisschen

Norwegisch ist nicht so kompliziert, wie du am Anfang vielleicht gedacht hast, oder?

 Das Meiste

Wahrscheinlich hast du schon eine ähnliche Sprache gelernt.
Super! Norwegisch zu lernen wird leicht für dich werden.

Bevor du weitermachst

Einige Dinge, die dir auffallen werden, wenn du die norwegische und die deutsche Version des Textes vergleichst:

Drei eigenartige Buchstaben: Æ, Ø, Å

Sie stehen am Ende des Alphabets (also schlage nicht unter "A" nach, wenn du eine Telefonnummer in Ålesund suchst). Die Ausspracheübersicht am Ende des Buchs erklärt dir, wie diese Buchstaben ausgesprochen werden.

Viele ähnliche Wörter

Im Deutschen und im Norwegischen gibt es viele Wörter, die einander stark ähneln. Immerhin handelt es sich bei beiden um germanische Sprachen, sie gehören also zum selben Zweig der indogermanischen Sprachfamilie.

Die norwegische Aussprache

... klingt für dich vielleicht etwas komisch. In den Wortlisten kennzeichnen wir ab Kapitel 1 die unregelmäßige Aussprache eines Wortes. Außerdem findest du am Ende des Buches eine Übersicht. Darüber hinaus stellen wir Aussprachevideos zur Verfügung. Mehr Informationen findest du unter www.skapago.eu/nils.

Bist du bereit für Kapitel 1?

Du triffst:

- **Erna**, eine 84-jährige norwegische Dame
- **Lise** (48), ihre Tochter
- **Susanne** (8), Lises Tochter, sowie den Rest von Lises Familie
- viele **andere Leute** aus unterschiedlichen Regionen Norwegens

... und natürlich **Nils**!

Doch wer Nils eigentlich ist, das wirst du selbst herausfinden müssen.

Viel Spaß mit der Geschichte und viel Spaß beim Norwegischlernen!

1

Lise:	Erna, hva gjør du?
Erna:	Jeg lager en gave til Susanne. Hun har bursdag.
Lise:	Hva er det?
Erna:	Det er en nisse.
Lise:	Jeg forstår ikke. En nisse?
Erna:	Ja. Susanne trenger en liten venn. Derfor lager jeg en nisse.

Erna sitter og arbeider. Nå er hun nesten ferdig.

hva [va]	was
gjør [jør]	tut/tust, macht/machst
du	du
jeg [jæj]	ich
lager	mache/machst
en	ein, eine
en gave	ein Geschenk
til	für, zu
hun	sie
har	hat
en bursdag	ein Geburtstag
er	ist
det [de]	das, es
nisse	*koboldartige Gestalt aus der nordischen Mythologie; hier: Puppe, die diese Gestalt darstellt*
forstår [får-]	verstehe
ikke	nicht
ja	ja
trenger	braucht
liten	klein, *hier*: kleinen
en venn	ein Freund
derfor [dærfår]	deshalb
sitter	sitzt
og [å]	und
arbeider	arbeitet
nå	jetzt
nesten	fast
ferdig [æ]	fertig

Wie man sich neue Wörter merkt

- nie mehr als 5-7 neue Wörter pro Tag
- die Wörter auf Karteikarten schreiben: auf einer Seite auf Deutsch, auf der anderen auf Norwegisch
- jeden Tag wiederholen
- schau auf das deutsche Wort und versuche, dich an das norwegische zu erinnern
- schwierige Wörter getrennt ablegen und öfter wiederholen

Erna sitter og arbeider.

Verben und Pronomen

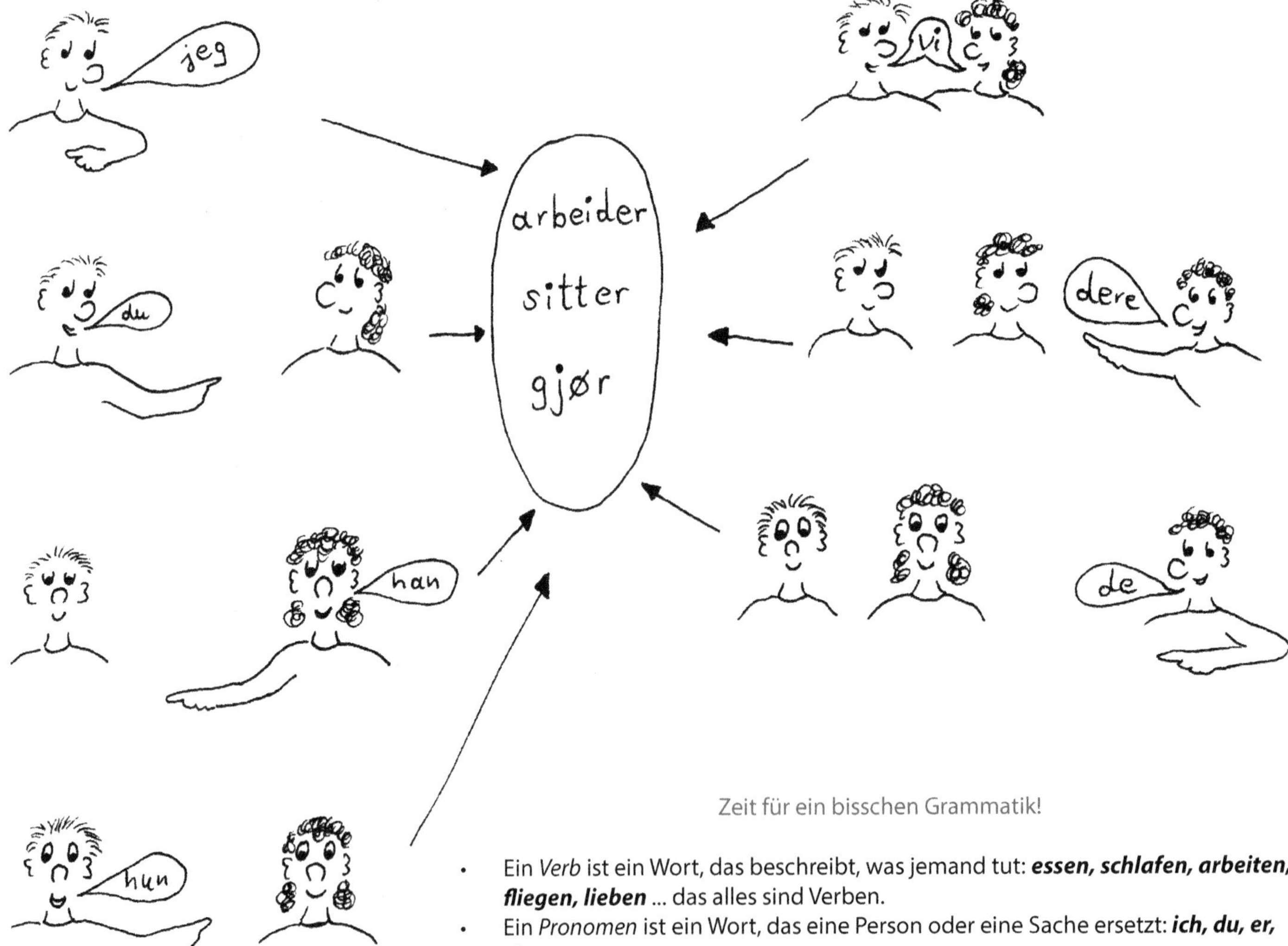

Zeit für ein bisschen Grammatik!

- Ein *Verb* ist ein Wort, das beschreibt, was jemand tut: ***essen, schlafen, arbeiten, fliegen, lieben*** ... das alles sind Verben.
- Ein *Pronomen* ist ein Wort, das eine Person oder eine Sache ersetzt: ***ich, du, er, sie*** ...
- Wenn wir auf Deutsch Pronomen und Verben kombinieren, lassen wir nur bestimmte Endungen zu, z.B.: ***ich trinke – er trinkt***.

Aber auf Norwegisch ist die Sache einfacher! Hier haben wir für jedes Verb nur eine Form für jede Zeit. Es ist also egal, wer etwas tut, wir verwenden immer dieselbe Form des Verbs.

jeg	ich
du	du
han	er
hun	sie
vi	wir
dere	ihr
de	sie

In der Gegenwart (auch Präsens genannt) endet diese Form normalerweise auf **–r**.

Die Pronomen, die für Sachen stehen, wirst du später lernen.

Wortstellung

In norwegischen Sätzen ist das Verb *immer die zweite Information*. Das ist die wichtigste Regel für die norwegische Satzstruktur. Wenn Deutsch deine Erstsprache ist, bist du das ja gewöhnt. Du solltest nur aufpassen, dass du nicht durcheinander kommst, wenn du zum Beispiel schon Englisch gelernt hast oder eine andere Sprache, in der das nicht so ist.

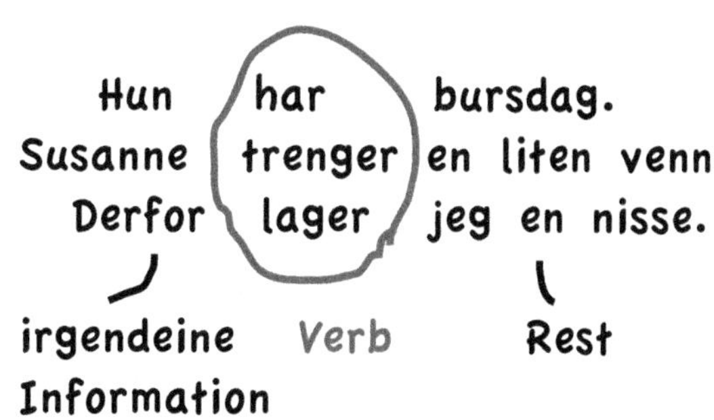
Hun har bursdag.
Susanne trenger en liten venn.
Derfor lager jeg en nisse.
irgendeine Information
Verb
Rest

Jeg forstår ikke.

Jeg forstår ikke.	Ich verstehe nicht.
Kan du gjenta?	Kannst du das wiederholen?
Jeg snakker bare litt norsk.	Ich spreche nur ein bisschen Norwegisch.
Hva betyr ... på tysk?	Was bedeutet ... auf Deutsch?

1 Fülle die Lücken aus.

Erna _____ en gave til Susanne. Susanne ___ bursdag. Det ___ en nisse.
Lise forstår ______ . Erna sitter _____ arbeider. Hun er nesten _______ .

2 Bilde Sätze. Verwende alle Wörter.

a) Lise	ikke	forstår					
b) Erna	nesten	ferdig	er				
c) venn	trenger	Susanne	en	liten			
d) lager	Erna	bursdag	Susanne	har	gave	en	og

3 Stelle die folgenden Sätze um, sodass sie mit *Nå* beginnen:

Dadurch ändert sich die Wortstellung.

Beispiel: Erna er nesten ferdig. → Nå ...
Nå er Erna nesten ferdig.

a) Hun lager en gave til Susanne. → Nå ...
b) Susanne har bursdag. → Nå ...
c) Susanne trenger en liten venn. → Nå ...
d) Erna arbeider. → Nå ...
e) Erna er nesten ferdig. → Nå ...

Susanne våkner. Er det onsdag i dag? Nei, det er torsdag allerede! Og hva betyr det?

Selvfølgelig! Hun har bursdag. Nå er hun åtte år gammel. Lise kommer.

Lise: God morgen, Susanne. Gratulerer med dagen!
Susanne: God morgen. Tusen takk!
Lise: Vi spiser frokost nå. Skolen begynner snart.

Susanne står opp. Hun spiser frokost: et egg, et rundstykke og ei brødskive med ost. Hun drikker en kopp varm sjokolade.

«Gratulerer med dagen!»

å våkne	aufwachen
onsdag	Mittwoch
i dag	heute
nei	nein
torsdag [å]	Donnerstag
allerede	bereits, schon
å bety	bedeuten
selvfølgelig [sellfølgelli]	selbstverständlich
åtte	acht
et år	ein Jahr
åtte år	acht Jahre
gammel	alt
å komme [å]	kommen
god [go]	gut
en morgen [mårn]	ein Morgen
god morgen	guten Morgen
gratulerer med dagen	alles Gute zum Geburtstag
tusen	tausend
takk	danke
tusen takk	vielen Dank
vi	wir
å spise	essen
(en) frokost [-kåst]	Frühstück
skolen	die Schule
å begynne [bejy-]	anfangen, beginnen
snart	bald
å stå opp	aufstehen
et egg	ein Ei
et rundstykke [runns-]	ein Brötchen
ei brødskive [brø-]	eine Scheibe Brot
med [me]	mit
(en) ost	Käse
å drikke	trinken
en kopp [å]	eine Tasse
varm	warm, heiß
(en) sjokolade	Schokolade
en kopp sjokolade	eine Tasse Schokolade

Geschlechter

Wie du siehst, sind im Norwegischen Tassen männlich, Brotscheiben weiblich und Brötchen sächlich. Genau wie im Deutschen haben Dinge ein bestimmtes grammatisches Geschlecht. Aber wie erkennt man nun, dass eine Tasse männlich ist und nicht etwa wie im Deutschen weiblich? Leider gar nicht. Du musst das Geschlecht jedes Wortes auswendig lernen, wie im Deutschen oder Französischen. Tut mir leid!

Wenn dir das noch nicht verwirrend genug war, hier ist noch etwas: Weibliche norwegische Wörter (und NUR die weiblichen!) können auch männlich sein! Du kannst also **en bok** anstatt **ei bok** sagen, aber nicht **~~ei kopp~~** statt **en kopp**. Warum das so ist? Frag lieber nicht nach. Aber wenn du es wirklich unbedingt wissen willst, wirst du ein bisschen was über norwegische Sprachgeschichte lesen müssen.

Zahlen 1–10

0	null
1	en
2	to
3	tre
4	fire
5	fem
6	seks
7	sju (du kannst auch sagen: syv)
8	åtte
9	ni
10	ti

So übst du Zahlen

Versuche zu zählen, und zwar so oft (und so schnell) du kannst! Sobald du nicht mehr weiterkommst, schaust du nochmal auf die Liste und beginnst wieder bei null.

Hallo und auf Wiedersehen

god morgen	guten Morgen
god kveld [kvell]	guten Abend
hei	hallo
god natt	gute Nacht
ha det [ha de]	tschüss
ha det bra	auf Wiedersehen

et rundstykke	ein Brötchen
et brød [-ø]	ein Brot
(en) ost	Käse
et eple	ein Apfel
(et) smør	Butter
en salami	eine Salami
(en) honning [å]	Honig
et egg	ein Ei
(en) kaffe	Kaffee
(en) te	Tee
(ei) frokostblanding	Müsli
(ei) melk	Milch
(en) juice [jus]	Saft
(et) syltetøy	Marmelade, Konfitüre

1 Setze den richtigen Artikel ein (*en, ei* oder *et*).

a) ___ gave
b) ___ egg
c) ___ brødskive
d) ___ rundstykke
e) ___ kopp

2 Beantworte die Fragen.

a) Er det onsdag i dag?
b) Er Susanne ni år gammel?
c) Hva spiser Susanne?

3 Was isst du zum Frühstück?

4 Verbinde die Zahlen mit den richtigen Zahlwörtern.

0	en
1	fire
2	åtte
3	tre
4	ni
5	fem
6	sju
7	to
8	null
9	seks

5 Verwende Personalpronomen.

Ein Beispiel (et eksempel): Erna og Susanne snakker. → De snakker.

Du og jeg arbeider. →
Martin har bursdag. →
Du, Erna og Susanne våkner. →
Lise sitter. →
Erna, Susanne og Martin spiser. →
Du og Lise kommer ikke. →
Susanne og jeg står opp. →

Erna:	Gratulerer med dagen, Susanne! Du må få en klem.
Susanne:	Takk. Får jeg en gave også?
Erna:	Ja, selvfølgelig. Her er den.
Susanne:	Hva er det?
Erna:	Vil du ikke åpne den først?
Susanne:	Er det en smarttelefon?
Erna:	Jeg forstår ikke. Hva er en «smarttelefon»?
Susanne:	Det er en telefon. Du kan ikke bare ringe, men også sende e-post, gå på Internett og ta bilder.
Erna:	Te-post? Hva betyr te-post?
Susanne:	E-post, bestemor. Elektronisk post.
Erna:	Men det koster mye, ikke sant?

«Det er en nisse, Susanne.»

å måtte, Gegenwart: må	müssen
å få	bekommen
en klem	eine Umarmung
også [åså]	auch
her [æ]	hier
den	er/sie/es *(siehe Grammatikteil)*
å ville, Gegenwart: vil	wollen
å åpne	öffnen
først	zuerst
en telefon	ein Telefon
en smarttelefon	ein Smartphone
å kunne, Gegenwart: kan	können
bare	nur
å ringe	anrufen
men	aber
å sende [senne]	schicken, senden
(en) e-post [å]	E-Mail
å gå	gehen
på	auf, zu, in
på Internett	im Internet
å gå på Internett	im Internet surfen, ins Internet gehen
å ta	nehmen, *hier*: aufnehmen
et bilde	ein Bild
bilder	Bilder
ei bestemor	eine Großmutter
elektronisk	elektronisch
å koste [å]	kosten
mye	viel
sant	wahr
... ikke sant?	... nicht wahr?

Susanne svarer ikke. Hun vil ikke vente.

Erna: Det er en nisse, Susanne. Han heter Nils.
Susanne: Aha.
Erna: Er du ikke glad?
Susanne: Jo.

Men det er ikke sant. Erna føler det. Hun er litt trist. Susanne er ikke glad. Det kan hun se. Men hvorfor ikke? Er en telefon så mye bedre?

å svare	antworten
å vente	warten
å hete	heißen
Han heter Nils.	Er heißt Nils.
aha	aha
glad [gla]	fröhlich
jo	doch *(nach einer Frage)*
å føle	fühlen
litt	ein bisschen
trist	traurig
å se	sehen
hvorfor [vorfår]	warum
så	so
bedre	besser

Zwei Verben in einem Satz

Hun vil ikke vente.

Det kan hun se.

Jeg vil spise.

Von Verben hast du schon im ersten Kapitel gehört. Wenn du zwei Verben in einem Satz hast, steht das zweite Verb in einer Form namens *Infinitiv*.

Der Infinitiv ist die Verbform, die du auch im Wörterbuch finden würdest (also z.B. ***gehen, warten, spielen*** ...). Anders als im Deutschen, wo der Infinitiv normalerweise auf ***-en*** endet, hat er im Norwegischen keine besondere Endung. Das bedeutet, du erhältst im Norwegischen (in den meisten Fällen) den Infinitiv ganz einfach, indem du von einem Verb die Endung **–r** weglässt.

Fragen

Es gibt zwei Arten von Fragen. Beginnen wir mit denen, die du mit ***ja*** oder ***nein*** beantworten kannst. In diesen Fragen steht das Verb am Anfang.

Får jeg en gave også? → Ja.
Vil du ikke åpne den først? → Jo.
Verb

ja - jo

Das norwegische **jo** entspricht dem deutschen ***doch***.
Wenn du also eine Frage bejahen möchtest, die das Wort **ikke** (***nicht***) enthält, kannst du nicht mit **ja** antworten – du musst **jo** sagen.

In Fragen mit Fragewörtern steht dieses am Anfang (ziemlich logisch, oder?).

Hva er det?
Verb
Fragewort

den/det

Wenn wir über Personen sprechen, verwenden wir **han** für Männer und **hun** für Frauen. Natürlich können wir auch über Sachen sprechen, aber wie im Deutschen haben auch diese im Norwegischen ein Geschlecht!

- Für weibliche und männliche Sachen verwenden wir **den**.
  Susanne vil ha en telefon. Den koster mye.

- Für Gegenstände, die sächliches Geschlecht haben, verwenden wir **det**.
  Susanne vil ha et rundstykke. Det koster ikke mye.

Manchmal wissen wir nicht, worauf sich das Pronomen eigentlich bezieht. Dann kennen wir natürlich auch das Geschlecht dieser Sache nicht. In diesen Fällen verwenden wir **det**. Zum Bespiel: ***Es regnet*** (wofür ***es*** hier steht, weiß niemand so genau) wird im Norwegischen zu **det regner**.

Gratulerer med dagen!
Alles Gute zum Geburtstag!
Takk!
Danke!
Tusen takk!
Mange takk!
Takk skal du ha!
Vielen Dank!

Danke

Im Norwegischen gibt es kein eigenes Wort für ***bitte***. Das wirkt vielleicht ein bisschen unhöflich, aber dafür hat man in Norwegen viele verschiedene Ausdrücke für ***danke***. Zusätzlich zu jenen in der Abbildung kannst du dir diese merken:

Takk for maten! = Danke für das Essen!

(Wenn man in Norwegen zum Essen eingeladen ist, sagt man das, wenn die Mahlzeit beendet ist.)

Takk for sist! = Danke für das letzte Mal!

(Das sagst du, wenn du jemanden nach einiger Zeit wieder triffst. „Einige Zeit" kann eine Woche, ein Monat oder auch ein Jahr sein.)

1 Beantworte die Fragen.
a) Hva får Susanne?
b) Hvorfor er Erna trist?
c) Hvorfor er Susanne ikke glad?

2 Beantworte die Fragen mit *ja* oder *jo*.
a) Er Erna trist?
b) Får Susanne en gave?
c) Spiser hun ikke frokost?
d) Koster en smarttelefon mye?

3 Setze *det* oder *den* ein.
a) Koster en smarttelefon mye? – Ja, ___ koster mye.
b) Har du et rundstykke? – Ja, her er ____ .
c) Spiser Susanne ei brødskive? – Ja, hun spiser ___ .
d) ____ er torsdag i dag.
e) Hva er ___ ? – ____ er et egg.

4 Setze das Verb in der korrekten Form ein (Infinitiv oder Präsens).

a) vente:	Susanne vil ikke ____ .
b) vente:	Susanne ____ ikke.
c) ha:	Susanne vil ikke ____ en nisse.
d) spise:	Hun ____ et rundstykke med ost.
e) gratulere:	Erna ____ .
f) åpne:	Susanne ____ en gave.
g) forstå:	Erna ___ ikke.
h) spise:	Kan jeg ___ et rundstykke?
i) stå:	Jeg vil ikke ___ opp.
j) svare:	Susanne ___ ikke.
k) koste:	En telefon ___ mye.

5 Verbinde die Wörter in der linken Spalte mit den Wörtern in der rechten Spalte, sodass sinnvolle Sätze entstehen.

Susanne åpner	ikke sant.
Jeg forstår	ei brødskive.
Hun spiser	år gammel.
Det er	en gave.
En telefon	bare litt norsk.
Susanne er åtte	koster mye.
Kan du	ikke.
Gratulerer	med dagen.
Erna drikker	en kopp kaffe.
Jeg snakker	gjenta?

Susanne ser på Nils. Hun er skuffet. Hva skal hun gjøre med en nisse? Hun vil så gjerne ha en smarttelefon.

Hun ser ut av vinduet. Hva skal hun gjøre nå? Leke med nissen?

Hun tar Nils i hånda.

«Hei» sier hun.

Nils svarer ikke.

«Jeg heter Susanne. Jeg kommer fra Norge. Hva heter du?»

Nils svarer ikke.

«Hvor kommer du fra? Kommer du fra skogen?»

Nils sier ingenting.

«Hvor gammel er du?»

Nils svarer ikke.

«Du er kjedelig.»

Nå vil hun ikke leke med Nils lenger.

Hvor skal hun sette nissen? Ikke på senga, i hvert fall. På bordet og på kommoden er det ikke plass. Men kanskje i et skap eller på en stol? Ja, Nils kan sitte på en stol. Eller ved vinduet? Nei, han kan sitte ved siden av døra.

Han kan sitte ved siden av døra.

skuffet	enttäuscht
å skulle, Gegenwart: skal	sollen, werden
å gjøre [jø-]	tun, machen
gjerne [jær-]	gerne
å ha	haben
hun vil gjerne ha	sie hätte gerne
ut	hinaus
av [a]	von, aus
et vindu	ein Fenster
å leke	spielen (*mit Spielzeug*)
ei hånd [hånn]	eine Hand
hei	hallo
å si, Gegenwart: sier	sagen
Hva heter du?	Wie heißt du?
fra	aus
Norge [å]	Norwegen
hvor [vor]	wo
hvor kommer du fra?	woher kommst du?
en skog	ein Wald
ingenting	nichts
hvor gammel	wie alt
kjedelig [-li]	langweilig
ikke ... lenger	nicht mehr
å sette	setzen, stellen
ei seng	ein Bett
hvert [vært]	jede(r/s)
i	in
i hvert fall	auf jeden Fall
et bord [bor]	ein Tisch
en kommode	eine Kommode
(en) plass	Platz
kanskje	vielleicht
et skap	ein Schrank
eller	oder
en stol	ein Stuhl
ved [ve]	bei
ved siden av	neben
ei dør	eine Tür

Wortstellung

Norwegisch ist, was die Endungen betrifft, eine einfache Sprache (das glaubst du mir nicht? Dann geh doch in die nächste Buchhandlung und schau in ein russisches, französisches oder griechisches Grammatikbuch). Dafür ist im Norwegischen aber der Satzbau wirklich wichtig. Deshalb werden wir ihn immer wieder behandeln. Stell dir einen norwegischen Satz wie einen Zug vor. In jedem Waggon haben bestimmte Informationen einen Sitz reserviert. Der erste Waggon ist für fast alle geöffnet. Der zweite ist aber immer für das *Verb* reserviert.

Ein Satz kann aus sehr vielen Elementen bestehen. Sie sind aber nicht alle notwendig, damit es ein vollständiger Satz ist. Manche Sätze bestehen nur aus dem, was wir *Subjekt* nennen (eine Person oder ein Ding, die oder das etwas tut) und einem *Verb* (das, was getan wird). Das ist das Mindeste, das jeder norwegische Satz braucht. Der Zug kann ohne die anderen Passagiere abfahren, die übrigen Waggons bleiben einfach leer.

Das Subjekt ist sehr oft das erste Element im Satz, aber nicht immer. Wenn es das nicht ist, muss es im dritten Waggon sitzen – hinter dem Verb, denn das Verb sitzt immer im zweiten Waggon.

Betrachte es einmal aus einer anderen Perspektive: Wenn du in einem Satz nur ein Subjekt und ein Verb hast, muss das Subjekt an erster Stelle kommen, sonst stünde das Verb an erster Stelle, aber das Verb MUSS immer an zweiter Stelle stehen.

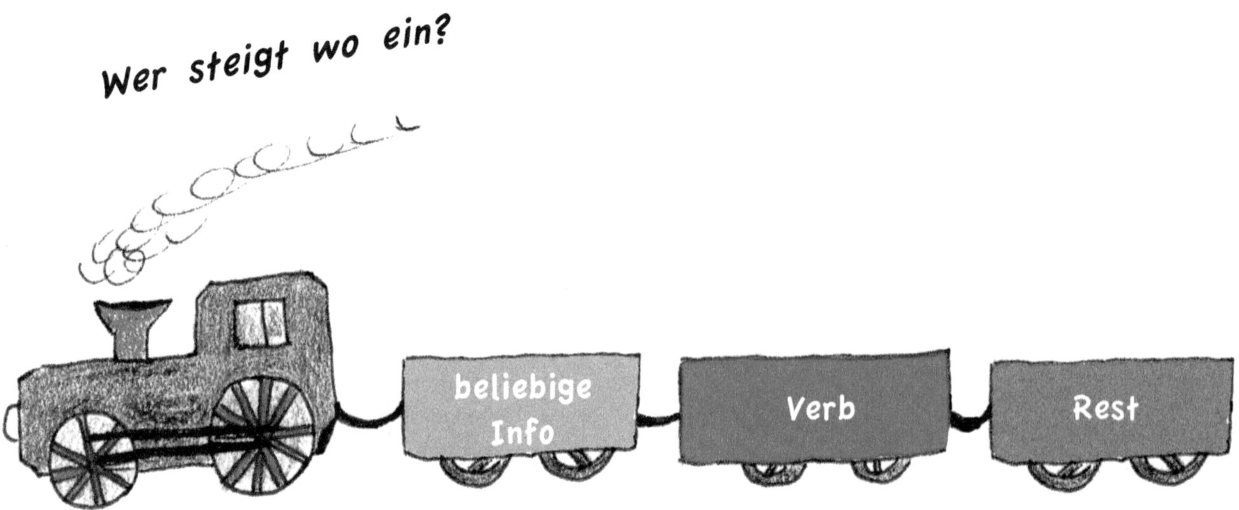

Vorerst wollen wir uns nicht zu sehr um die Waggons kümmern, die nach dem Verb kommen. Deshalb habe ich in der Abbildung auch nur einen Waggon dahinter angehängt. Die übrigen sind natürlich auch wichtig, aber für den Moment will ich dich damit nicht verwirren.

Eines noch: Die erste Information im Satz kann manchmal ziemlich lang sein. Zum Beispiel:

På bordet og på kommoden er det ikke plass.
På bordet og på kommoden → erster Waggon (zusätzliche Information über einen Ort, beantwortet die Frage "wo?")
er → Verb, im zweiten Waggon
det → Subjekt

Sätze miteinander verbinden

Mit **og** können wir Sätze verbinden. Wenn das Subjekt in beiden Sätzen das gleiche ist, brauchen wir es nicht zu wiederholen:

Erna sitter. Erna arbeider.
→ Erna sitter og (Erna) arbeider.

Zusammenfassend: Wenn du findest, dass das alles viiiiiiel zu schwierig ist, brauchst du dir vorerst nur zu merken:

Das Verb ist immer die zweite Information im Satz.

et vindu

vinduet

en nisse

nissen

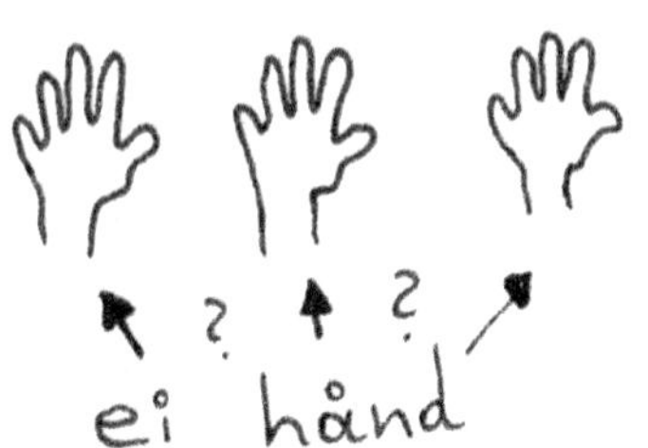
ei hånd

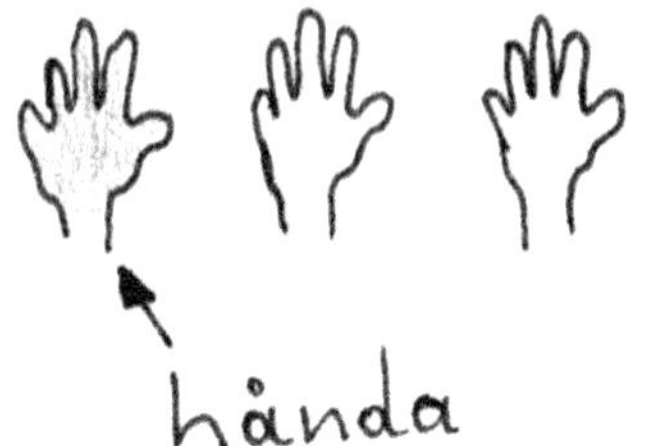
hånda

Der bestimmte Artikel

Wenn wir *irgendein* Fenster im Allgemeinen meinen, verwenden wir den unbestimmten Artikel (auf Deutsch: ***ein, eine, ein***; auf Norwegisch: **en, ei, et**). Den bestimmten Artikel (***der, die, das***) verwenden wir, wenn wir über einen *bestimmten* Gegenstand sprechen.

Im Norwegischen haben wir keine eigenen Wörter für die bestimmten Artikel (***der, die, das***). Statt dessen hängen wir den Artikel ans Ende des Wortes, zu dem er gehört. Im folgenden Beispiel kannst du das sehen:

ein Fenster → et vindu
das Fenster → vinduet

Nächster Schritt: Da es im Norwegischen drei Geschlechter gibt (siehe Kapitel 2), gibt es auch drei verschiedene bestimmte Artikel. Das Geschlecht geht aus dem Wort hervor, auf das sich der Artikel bezieht:

- sächliche Wörter bekommen die Endung **-et**
- männliche Wörter bekommen die Endung **-en**
- weibliche Wörter bekommen die Endung **-a**

Um dir das Leben etwas einfacher zu machen, kannst du auch weibliche Wörter wie männliche behandeln und ihnen die Endung **-en** geben (aber niemals umgekehrt!).

Achtung! Bei sächlichen Wörtern lautet die Endung **-et**, aber wir sprechen das **-t** nicht aus. Wir sprechen es auch am Ende des Wortes **det** nicht aus. Ansonsten ist das **t** im Norwegischen aber nie stumm.

Das unbestimmte "det"

Dieser Abschnitt ist eigentlich schon ganz schön kompliziert. Wenn du für heute genug von Grammatik hast, kannst du ihn überspringen.

Schauen wir uns den Satz von vorher noch einmal an:

På bordet og på kommoden er det ikke plass.

Auf dem Tisch und auf der Kommode ist kein Platz.

Ich habe behauptet, dass das Subjekt in diesem Satz das kleine Wörtchen **det** war.

Wenn wir nicht wissen, wer in einem Satz etwas tut, verwenden wir einfach **det**. Du erinnerst dich an **det regner**? Wer oder was regnet eigentlich? Tja, ***es regnet***. Wir wissen nicht, wer das ist, darum sagen wir **det**.

Dasselbe gilt für den Satz **På bordet og på kommoden er det ikke plass**.

På bordet og på kommoden ist nicht das Subjekt. Es sagt uns, wo etwas passiert, nicht wer es tut. Aber wer tut hier etwas? Tja, wir wissen es nicht, also **det**. Und was tut **det** hier? Es existiert einfach, also **er**.

Hört sich fast ein bisschen philosophisch an, oder?

Ich würde sagen, das ist etwas knifflig, aber keine Sorge, nach einer Weile wird es dir ganz natürlich vorkommen.

Einrichtung

Lerne die neuen Wörter und finde die dazu passenden Bilder!

en TV [teve]	ein Fernseher
et skrivebord [-r]	ein Schreibtisch
ei lampe	eine Lampe
ei bokhylle	ein Bücherregal
en komfyr	ein Herd
en ovn [å]	ein Ofen
en vask	ein Spülbecken
en kaffemaskin	eine Kaffeemaschine
et kjøleskap	ein Kühlschrank
ei dør	eine Tür
en datamaskin	ein Computer

Sich vorstellen und Small Talk machen

Die Leute in Norwegen sind nicht besonders formell. Du kannst alle Leute duzen (die alte Höflichkeitsform **de** [di] verwendet man heute praktisch gar nicht mehr), und du kannst zu allen „hei" sagen, außer zum König: „God dag, Deres Majestet" :-)

Hei!	Hallo!
Jeg heter ...	Ich heiße ...
Hva heter du?	Wie heißt du?
Hva gjør du?	Was machst du?

(das kann entweder bedeuten, was machst du gerade oder was machst du beruflich; es kommt auf die Situation an)

Jeg er elektriker.	Ich bin Elektriker/in.

(Bei Berufsbezeichnungen wird im Norwegischen fast ausschließlich die männliche Form verwendet. Weibliche Endungen wie z.B. "lærerinne" gelten als veraltet und können sogar als abwertend empfunden werden – in etwa so, als würde man eine Polizistin als "Politesse" bezeichnen.)

Hyggelig å hilse på deg. [-li]	Schön, dich kennen zu lernen. (wenn du jemanden zum ersten Mal triffst)
Hyggelig å treffe/møte deg.	Schön, dich zu sehen. (zu Leuten, die du schon kennst)
Jeg kommer fra ...	Ich komme aus ...
Hvordan går det?	Wie geht es dir?
Takk, det går bra.	Danke, gut.
Takk, ikke så verst. [æ]	Danke, ganz gut. (nicht schlecht, aber auch nicht sehr gut)
Det går dårlig.	Schlecht.
Hva med deg? [dæj]	Und dir?
God helg!	Schönes Wochenende!
I like måte! [lige måde]	Ebenfalls!

(nicht nur vorm Wochenende; du kannst es immer verwenden, z.B. wenn jemand dir einen schönen Tag wünscht)

Hvor kommer du fra?	Woher kommst du?
Hvor bor du?	Wo wohnst du?
Hvor gammel er du?	Wie alt bist du?

(Ok, vielleicht solltest du mit der letzten Frage ein bisschen vorsichtig sein ...)

Fragewörter

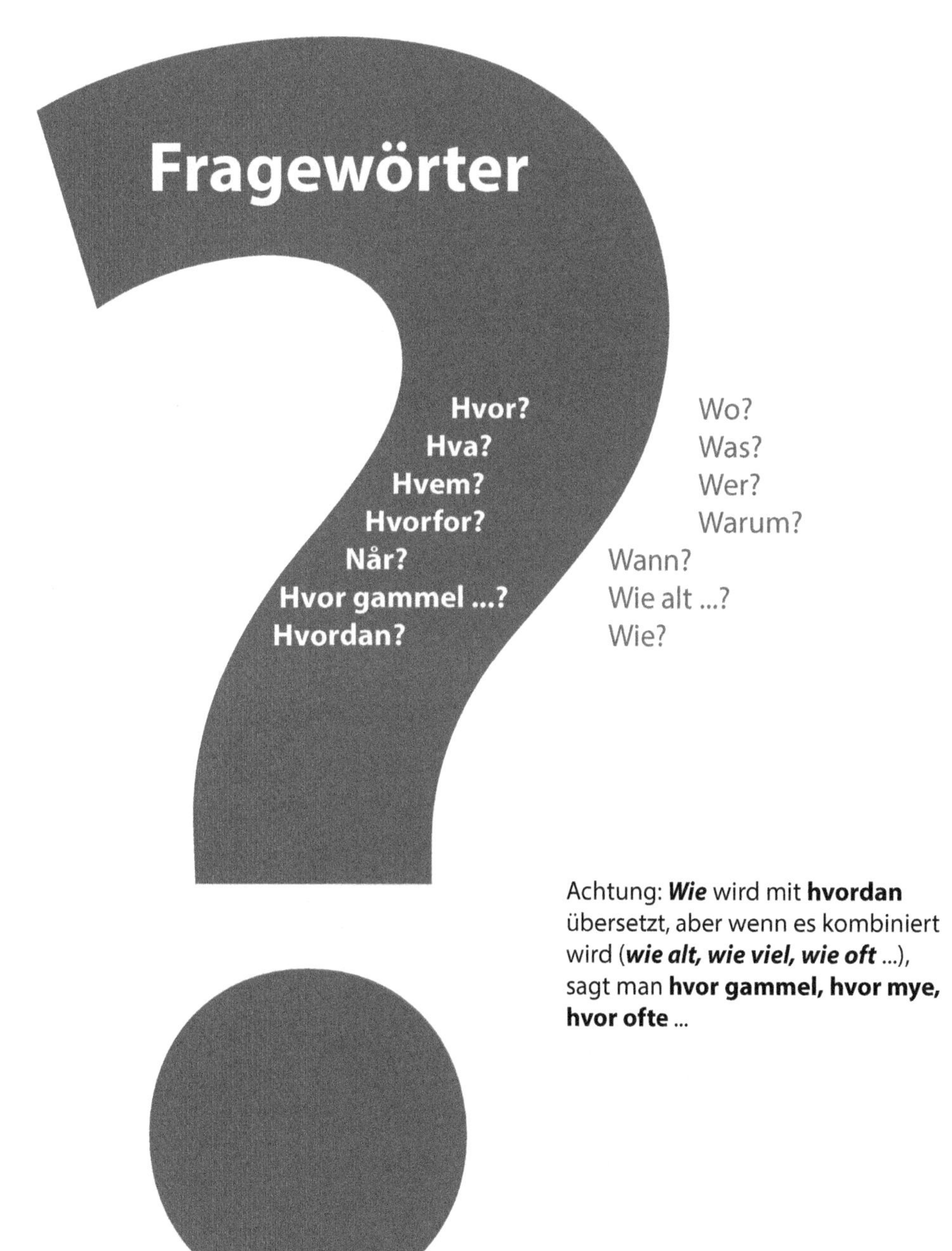

Hvor? Wo?
Hva? Was?
Hvem? Wer?
Hvorfor? Warum?
Når? Wann?
Hvor gammel ...? Wie alt ...?
Hvordan? Wie?

Achtung: ***Wie*** wird mit **hvordan** übersetzt, aber wenn es kombiniert wird (***wie alt, wie viel, wie oft*** ...), sagt man **hvor gammel, hvor mye, hvor ofte** ...

1 Du hast XXX nicht verstanden. Wie würdest du fragen?

Eksempel: Jeg heter XXX. → Hva heter du?

a) Jeg kommer fra XXX.
b) Hun heter XXX.
c) Hun vil spise XXX.
d) Nils sier XXX.
e) Jeg sitter ved XXX.
f) Jeg er XXX år gammel.
g) Vi kommer fra XXX.
h) De heter XXX.

2 Setze die Wörter in die bestimmte Form.

Eksempel: en nisse → nissen

a) et skap
b) en telefon
c) ei brødskive
d) en kommode
e) ei dør
f) en gave
g) en venn
h) et egg
i) et bord
j) en kopp
k) en stol
l) et rundstykke
m) ei hånd
n) ei seng
o) et vindu

3 Bestimmte oder unbestimmte Form?

Nils er en nisse/nissen. Susanne er ikke glad i en nisse/nissen. Hun vil gjerne ha en telefon/telefonen. Men en telefon/telefonen koster mye.
Susanne ser ut av et vindu/vinduet. Hun tar Nils i ei hånd/hånda.
Susanne har ei seng/senga. Kan Nils sitte på ei seng/senga? Nei. Han kan sitte ved siden av ei dør/døra.

4 Stelle die Sätze um, indem du mit den angegebenen Wörtern beginnst. Beachte die Wortstellung!

a) Jeg vil ikke sitte ved bordet. → Ved bordet ...
b) På bordet er det ikke plass. → Det ...
c) Jeg vil ikke spise et egg. → Et egg ...
d) Ved vinduet sitter Erna. → Erna ...
e) Hun vil ikke leke med Nils nå. → Nå ...
f) Hun har bursdag i dag. → I dag ...

5 Finde passende Antworten auf die Fragen.

Hva heter du?	Takk, ikke så verst. Hva med deg?
Hvor gammel er du?	Jeg er elektriker.
Hvor bor du?	Ha det bra!
Hvordan går det?	I Bergen.
Hva gjør du?	Jeg heter Truls.
Jeg må gå.	Jeg er fra Oslo.
Hvor kommer du fra?	Hyggelig å treffe deg! Jeg er Nils.
God helg!	Jeg er 36 år.
Hei, jeg heter Irene.	I like måte!

Dagen etter bursdagen er Susanne i stua med familien: Mora heter Lise og er 48 år gammel. Faren heter Lars og er 52 år gammel. Broren til Susanne heter Per og er 16 år gammel. Og selvfølgelig Susanne – hun er åtte år gammel. Erna er ikke der. Hun bor ikke sammen med dem.

«Susanne, hvor er Nils?», spør Lise.

«Jeg vet ikke.»

«Vil du ikke lete etter ham?»

«Nei, egentlig ikke. Jeg er ikke glad i ham.»

«Det er synd. Jeg liker Nils.»

«Du kan gjerne ha Nils. Jeg vil heller ha en smarttelefon.»

«Susanne, du må ikke være frekk. En smarttelefon er veldig dyr. Erna har ikke penger til den. Det er hyggelig av henne å gi deg en nisse. Men han kan være på kjøkkenet sammen med meg. Jeg liker Nils.»

Susanne går og henter Nils. Hun gir ham til mora.

«Vil du ikke lete etter ham?»

«Bra. Nå vil jeg se på TV med dere. Per, vil du se på TV med oss?»

etter	nach (*zeitlich*)
ei stue	ein Wohnzimmer
en familie	eine Familie
ei mor	eine Mutter
en far	ein Vater
en bror	ein Bruder
der [æ]	dort, da
å bo	wohnen
sammen	zusammen
dem	sie/ihnen
å spørre, Gegenwart: spør	fragen
å vite, Gegenwart: vet	wissen
å lete etter	suchen
ham	ihn/ihm
egentlig [-li]	eigentlich
synd [synn]	schade
det er synd	das ist schade
å like	mögen, gern haben
heller	lieber
å være, Gegenwart: er [ær]	sein
frekk	frech
veldig [-di]	sehr
dyr	teuer
penger	Geld
hyggelig [-li]	nett
henne	sie/ihr
å gi [ji]	geben
deg [dæj]	dich/dir
et kjøkken	eine Küche
meg [mæj]	mich/mir
å hente	holen
bra	gut
(en) TV	(ein) Fernseher, Fernsehen
å se på TV	fernsehen
dere	ihr/euch
oss [å]	uns

Zahlen

		alternative Form	Kommentare/Aussprache
0	null		
1	en/ei/ett		en = männlich, ei = weiblich, ett = sächlich
2	to		
3	tre		
4	fire		
5	fem		
6	seks		
7	sju	syv	
8	åtte		
9	ni		
10	ti		
11	elleve		[ellve]
12	tolv		[tåll]
13	tretten		
14	fjorten		
15	femten		
16	seksten		[sæjsten]
17	sytten		[søtten]
18	atten		Achtung: **atten** = 18, **åtti** = 80
19	nitten		
20	tjue	tyve	
21	tjueen	enogtyve	
22	tjueto	toogtyve	
30	tretti	tredve	
31	trettien	enogtredve	
40	førti	førr	
50	femti		
60	seksti		
70	sytti		[søtti]
80	åtti		
90	nitti		
100	(ett) hundre		
101	(ett) hundreogen		nach **hundre** kommt immer **og** ...
143	(ett) hundreogførtitre		
200	tohundre		
1000	(ett) tusen		
1015	(ett) tusenogfemten		... sogar, wenn gar kein **hundre** vorkommt
5130	femtusenetthundreogtretti		Hier reicht es nicht, **hundre** für ***einhundert*** zu sagen. Wenn wir Zahlen haben, die größer als 1000 sind, brauchen wir **ett hundre**.

1 000 000 en million

Manche Zahlen (7, 20, 30, 40) haben eine zweite Form.

In vielen Lehrbüchern heißen diese "alte Formen", aber sie werden auch von vielen jungen Leuten in Norwegen benutzt. Ich nenne sie also lieber "alternative Formen". Es ist egal, welche Form du verwendest – beide sind richtig, und du wirst beide hören.

Wenn du beim Zählen über zwanzig kommst, hast du zwei Möglichkeiten:

- Du kannst mit den "normalen" Formen wie auf Englisch zählen: **tjueen** (***twenty-one***)
- Du kannst mit den "alternativen" Formen wie auf Deutsch zählen: **enogtyve** (***einundzwanzig***)

Personalpronomen – Objekte

In Kapitel 4 habe ich ja schon über die Wortstellung gesprochen. Dabei habe ich Subjekte erwähnt und gesagt, das Subjekt ist eine Person (oder Sache), die etwas tut. Jeder Satz braucht ein *Subjekt*.

Sätze können aber auch noch ein oder mehrere *Objekte* haben. Ein Objekt ist eine Person (oder Sache), die nichts tut, sondern die irgendwie das "Opfer" dessen ist, was das Subjekt tut.

Han liker henne.
Hun liker ham.

Das klingt vielleicht ein bisschen verwirrend, aber überleg dir, wie nützlich das ist, um Missverständnisse zu vermeiden: ***Er mag sie*** ist definitiv etwas anderes als ***sie mag ihn***.

Stell dir folgenden Satz vor:

Susanne henter Nils.

Klar, Susanne tut etwas (sie holt Nils), während mit Nils etwas passiert (er wird geholt) – daher ist Susanne das Subjekt und Nils das Objekt.

Wir können Subjekt und Objekt auch gegen Pronomen (siehe Kapitel 1) austauschen. Die Form des Pronomens ändert sich oft, wenn das Pronomen für ein Objekt steht. Schau:

Subjekt	Objekt
jeg	meg
du	deg
han	ham (han)
hun	henne
den	den
det	det
vi	oss
dere	dere
de	dem
	seg

Han ser seg.
Han ser ham.

- Beachte den Unterschied zwischen **seg** und **ham/henne/dem**:
  ham/henne/dem = eine/r andere/n Person
  seg = sich (selbst)
- **deg/meg** = ***dir/mir*** oder ***dich/mich***
  (man unterscheidet also nicht zwischen Dativ und Akkusativ – praktisch, oder?)
- Statt **ham** kannst du auch **han** verwenden.

Jemandem gehören

broren til Susanne

Verwende das Wort **til** um auszudrücken, dass es sich um Susannes Bruder handelt. Natürlich "gehört" er nicht wirklich Susanne, aber du weißt schon, was ich meine.
Vergiss nicht, dass das Wort vor dem **til** in der bestimmten Form stehen muss. Du kannst nicht sagen ~~bror til Susanne~~.

Diese Konstruktion kannst du sowohl für Personen als auch für Dinge verwenden (**bordet til Susanne** geht zum Beispiel auch).

å like – å være glad i

Diese beiden Ausdrücke bedeuten dasselbe:

Jeg liker Nils. = Jeg er glad i Nils.

Du kannst sie übrigens auch mit einem anderen Verb kombinieren:

Jeg liker å bo i Oslo.
Jeg er glad i å bo i Oslo.

Familie

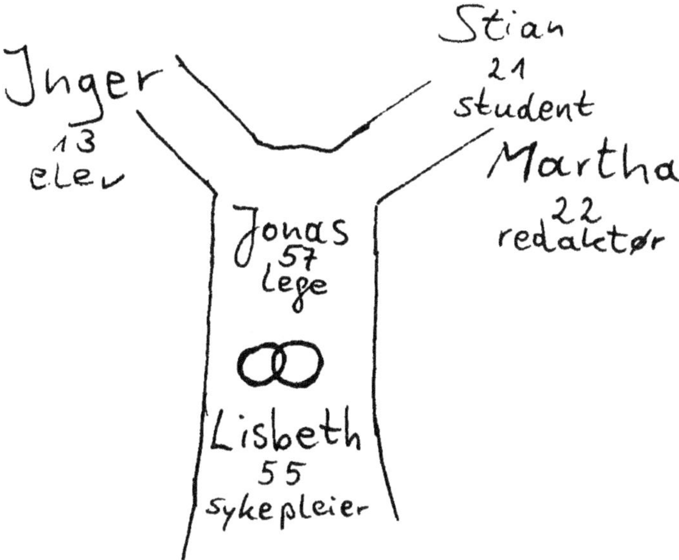

Jeg heter Stian og kommer fra Trondheim.

Nå bor jeg i Oslo, men min familie bor i Trondheim. Min familie, det er Jonas, min far, Lisbeth, min mor, og Inger, min søster.

Min far er lege, og min mor er sykepleier. Jeg studerer økonomi. Min kjæreste, Martha, arbeider som redaktør. Vi vil gifte oss snart. Mine besteforeldre arbeider ikke – de er pensjonister.

Ein paar Anmerkungen über Familienwörter: Wenn wir über Personen sprechen, verwenden wir **min** (***mein, meine***) für eine Person und **mine** für zwei oder mehrere Personen: **min far, mine besteforeldre**. Über diese Wörter wirst du in Kapitel 10 noch mehr erfahren.

Norwegisch hat eigenartige Wörter für Großeltern: Die Mutter deiner Mutter heißt **mormor**, die Mutter deines Vaters **farmor**, und so weiter.

Merke dir:
Stian er en gutt.
Inger er ei jente.
Lisbeth er ei dame.
Jonas er en mann.

en lege	ein Arzt, eine Ärztin
en sykepleier	ein Krankenpfleger, eine Krankenpflegerin
en student	ein Student, eine Studentin
en elev	ein Schüler, eine Schülerin
en redaktør	ein Redakteur, eine Redakteurin
min	mein
ei søster	eine Schwester
å studere	studieren
økonomi	Wirtschaft
en kjæreste	Freund, Freundin *(im Sinne von Geliebter, Geliebte)*
som [å]	als, wie, der/die/das
å gifte [ji-] seg [sæj]	heiraten
mine	meine (*Plural*)
(beste-)foreldre [å]	(Groß-) Eltern
en pensjonist	ein(e) Rentner(in)
en gutt	ein Junge
ei jente	ein Mädchen
ei dame	eine Frau, Dame
en mann	ein Mann
ei kone	eine Ehefrau
en mann	*hier:* ein Ehemann
et søsken	ein Bruder oder eine Schwester
en sønn	ein Sohn
ei datter	eine Tochter

Beantworte folgende Fragen:
Hva gjør Stian?
Hvor bor han?
Hva heter kona til Jonas?
Hvor bor familien til Stian?
Hva gjør foreldrene til Stian?
Hvem er Martha?
Hva gjør en pensjonist?
Hvor gammel er Jonas?
Hvem er Ingers bror?
Hvor gammel er Lisbeth?
Er faren til Stian sykepleier?
Hvem er søsknene i familien?

1 Lies die Zahlen.

18	80	17	27	14	93	22	46	64	98	12	16	23
836	5322	8818	312	4067	9900	2147	1987	1818	1511	951	777	787

2 Setze als Objekt das Pronomen in der richtigen Form ein.
a) Her kommer Per. Ser du ...?
b) Jeg er her. Ser du ...?
c) Vet du hvor Per og Susanne er? Jeg kan ikke se ...
d) Nina! Anders! Hyggelig å treffe ...!
e) Her er et rundstykke. Vil du spise ...?

3 Fülle ein passendes Pronomen in die Lücke. Pass auch hier auf, dass du die richtige Form verwendest. Es könnte die Subjekt- oder die Objektform erforderlich sein.
a) Maria er glad: Martin kommer til ... i dag. ... kommer kl. 07. Maria vil spise frokost sammen med ...
b) Jeg vet ikke hvor Runar og Karina er. Skal jeg ringe ...?
c) Liker du Karina? Jeg liker ikke ..., men ... liker Marthe.
d) Jan og jeg spiser frokost med Runar og Karina. ... spiser med ...

4 Schreibe das passende Familienmitglied des anderen Geschlechts auf.
Eksempel: bror → søster
a) bror b) mor c) far d) datter
e) bestemor f) mormor g) kone

5 Was magst du (nicht)? Was tust du (nicht) gerne? Formuliere Sätze mit *liker* und *er glad i*.
Eksempel: Jeg er glad i Norge. Jeg liker ikke å vente.

6 Beschreibe Susannes Familie.
Susanne er ... til Per.
Per er ... til Susanne.
Per er ... til Lise.
Susanne er ... til Lars.
Erna er ... til Per.
Lise er ... til Susanne.
Lars er ... til Susanne.
Lars er ... til Lise.
Lise er ... til Lars.

Klokka er seks. Nils hører noe. Hva er det? Å ja. Det er Lars, faren til Susanne. Han lager kaffe. Så spiser familien frokost. Lars spiser brød med smør og syltetøy. Susanne spiser frokostblanding med melk. Per og Lise spiser brød med ost og skinke.

«Mamma! Nils beveger seg!» roper Susanne.

Nils er skremt. Han sitter helt rolig nå.

«Susanne, nå tuller du.»

«Nei, jeg ser det!»

Per flirer. Så dum hun er! tenker han.

«Susanne, nå er det nok. Nå spiser du opp, pusser tennene, vasker deg, og så går du på skolen. Jeg vil ikke høre en dum historie», sier faren.

En dum historie? Nils er sjokkert.

Han lever ikke? Hvorfor tenker Lars, Lise og Per det? Det er bare i Susannes fantasi, tror de. Men det stemmer ikke. Selvfølgelig lever han. Han kan snakke, han kan gå, han kan bevege seg, han kan tenke, han kan glede seg – men nå er han redd. Han slutter å bevege seg og sitter helt stille. Endelig er familien ferdig med frokosten. Nå kan han slappe av og bevege seg igjen.

«Mamma! Nils beveger seg!»

ei klokke [å]	eine Uhr
Klokka er seks.	Es ist sechs Uhr.
å høre	hören
noe	etwas
(ei) skinke	Schinken
mamma	Mama
å bevege seg	sich bewegen
å rope	rufen
skremt	erschrocken
helt	ganz
rolig [-li]	ruhig
å tulle	scherzen, Unsinn reden
å flire	grinsen
dum [o]	dumm
å tenke	denken
nok [å]	genug
å pusse	putzen
tennene	Zähne
å vaske	waschen
en historie	eine Geschichte
sjokkert	schockiert
å leve	leben
(en) fantasi	Fantasie
å tro	glauben
å stemme	stimmen, richtig sein
å snakke	reden, sprechen
å glede seg	sich freuen
redd	ängstlich
å slutte	aufhören
stille	still
endelig [-li]	endlich
å slappe av	sich entspannen
igjen [ijen]	wieder

Reflexive Verben

Manchmal kann eine einzige Person das Subjekt und das Objekt zugleich sein. Zum Beispiel kannst du *dich selbst* waschen.

Verben, bei denen das möglich ist, nennen wir rückbezügliche oder *reflexive* Verben. Manche davon brauchen unbedingt ein Objekt – und wenn kein anderes Objekt vorhanden ist, beziehen sie sich eben zurück auf das Subjekt: z.B.: **å glede: jeg gleder meg, du gleder deg ...**

Jemandem gehören (Teil 2)

Anstatt **broren til Susanne** kannst du auch **Susannes bror** sagen.

Beachte, dass bei der zweiten Möglichkeit **bror** in der *unbestimmten Form* ist. Die zweite Version klingt etwas eleganter, aber im gesprochenen Norwegisch wird die erste häufiger verwendet. Wenn ein Name auf **-s, -x** oder **-z** endet, schreibt man: **Lars' far**.

Zwei Verben in einem Satz (Teil 2)

In Kapitel 3 habe ich dir erklärt, wohin die Verben gehören, wenn es in einem Satz zwei davon gibt. Erinnerst du dich? Wenn nicht, lies es nochmal nach.

Heute möchte ich über einen anderen Aspekt reden. Ist dir schon einmal aufgefallen, dass in den Wortlisten vor einem Verb im Infinitiv immer dieses kleine **å** steht? Zum Beispiel **å gjøre, å arbeide** ...

Dieses **å** entspricht dem deutschen **zu**.

Zum Beispiel:

Han slutter å bevege seg.
Er hört auf, sich zu bewegen.

Aber was ist mit diesem Satz hier?

Han kan snakke.

Snakke ist eindeutig ein Infinitiv, hat aber kein **å**. Warum? (Im Deutschen übrigens auch nicht: „er kann sprechen" – nicht „er kann zu sprechen")

Die Antwort liegt beim Wort **kan**. **Kan** ist ein *Modalverb*. Was ist ein Modalverb? Tja, wenn du zwei Linguisten nach einer Definition fragst, wirst du drei verschiedene Antworten bekommen. Ich finde, die beste ist: Modalverben erklären, was wir tun wollen/können/müssen. Mit anderen Worten: Sie sagen uns etwas über unser Verhältnis zur Handlung in einem Satz. Sieh dir die folgenden Beispiele an (Handlung = nach Hause gehen):

Jeg vil gå hjem. → Verhältnis: Wunsch
Jeg må gå hjem. → Verhältnis: Pflicht
Jeg kan gå hjem. → Verhältnis: Fähigkeit/Möglichkeit
Jeg skal gå hjem. → Verhältnis: Entscheidung
Jeg bør gå hjem. → Verhältnis: Rat

Vielleicht fällt dir auf, dass diese Verben im Norwegischen nicht immer ganz die gleiche Bedeutung haben wie im Deutschen. Zum Beispiel:

Jeg skal gå hjem.
eben nicht ~~ich soll nach Hause gehen~~,
sondern ich werde nach Hause gehen

Dazu später mehr.

Im Norwegischen sind folgende Verben Modalverben:

å ville (jeg vil)
å måtte (jeg må)
å kunne (jeg kan)
å skulle (jeg skal)
å burde (jeg bør)

... und in bestimmten Fällen (von denen du später hören wirst):

å få (jeg får)

Wenn du mit diesen Erklärungen nicht zufrieden bist, brauchst du nur diese fünf Modalverben auswendig zu lernen. Merk dir außerdem: In den Sätzen, wo das Hauptverb ein Modalverb ist, gibt es kein **å** vor dem zweiten Verb im Infinitiv.

Präteritum (optional)

Das Präteritum kommt erst ab Kapitel 12 in den Lektionstexten vor. Wenn du also denkst, es ist zu viel für dich, brauchst du es jetzt noch nicht zu lernen. Wenn du deinen norwegischen Freundinnen aber schon jetzt erzählen willst, was du *gestern* gemacht hast, dann lernst du hier, wie das funktioniert:

Wir behandeln hier das *Präteritum* (auf Norwegisch: *preteritum*). Zum Glück gibt es auch im *preteritum* nur eine Form pro Verb:

jeg gikk, du gikk, han gikk, vi gikk, dere gikk, de gikk

Das war die gute Nachricht. Und jetzt die schlechte: Woher weiß man, wie die *preteritum*-Form eines Verbs lautet? Das Verb kann *unregelmäßig* sein. Dann kannst du es gar nicht selbst herausfinden, du musst es einfach wissen. Hier ist eine Liste unregelmäßiger Verben die du schon gelernt hast:

jeg gjør → jeg gjorde
jeg går → jeg gikk
jeg (for)står → jeg (for)sto
jeg sitter → jeg satt
jeg får → jeg fikk
jeg tar → jeg tok
jeg ser → jeg så
jeg sier → jeg sa

(achte auf den Unterschied **jeg så/jeg sa**!)

jeg setter → jeg satte
jeg må → jeg måtte
jeg er → jeg var
jeg gir → jeg ga
jeg spør → jeg spurte

Wenn das Verb *regelmäßig* ist, gibt es *vier Möglichkeiten*, wie die Endung lauten kann, und herauszufinden, welche die richtige ist, kann etwas knifflig sein.

Endung –et: å våkne → jeg våknet
å arbeide → jeg arbeidet
(die meisten Verben mit zwei Konsonanten am Ende oder Infinitivendung auf -te/-de)
Endung –te: å spise → jeg spiste
(die meisten Verben mit einfachem Konsonanten am Ende)
Endung –de: å leve → jeg levde
(die meisten Verben mit Infinitivendung auf -ve, -eie)
Endung –dde: å bo → jeg bodde
(die meisten Verben, die auf einen Vokal enden)

Vielleicht wäre es gut, das *preteritum* für jedes Verb zu lernen, auch für die regelmäßigen. In den Wortlisten stehen auch die *preteritum*-Formen.

Es gibt eine kleine Rechtschreibregel, die du dir merken solltest: Wir versuchen, nie drei Konsonanten hintereinander zu schreiben. Wenn wir also einen Doppelkonsonanten am Ende eines Wortes haben und im *preteritum* mit der Endung noch einer dazukommt, streichen wir einen der beiden Doppelkonsonanten:

jeg begynner → jeg begynte

(Achtung: Dieses Verb ist eine Ausnahme für die obere Regel: es endet auf zwei Konsonanten, und trotzdem ist die Endung **-te**!)
Noch eine letzte Anmerkung: Ein paar regelmäßige Verben können zu zwei verschiedenen Gruppen gehören. Das macht es etwas einfacher für dich, da die Gefahr, einen Fehler zu machen, automatisch geringer ist. Ein typisches Beispiel ist **å lage**: du kannst lagde oder laget sagen.

Zeit

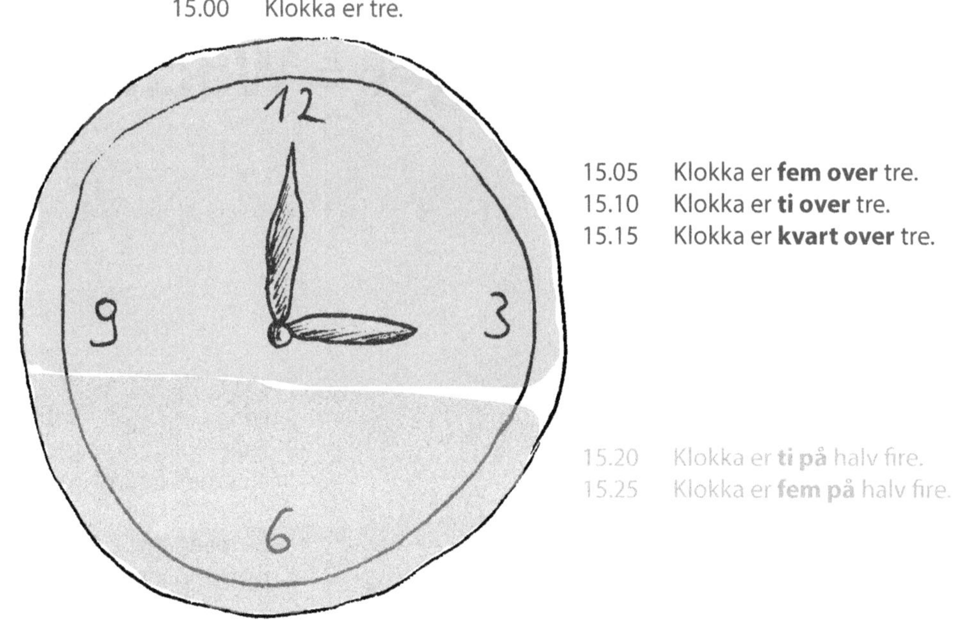

15.00 Klokka er tre.
15.55 Klokka er **fem på** fire.
15.50 Klokka er **ti på** fire.
15.45 Klokka er **kvart på** fire.
15.05 Klokka er **fem over** tre.
15.10 Klokka er **ti over** tre.
15.15 Klokka er **kvart over** tre.
12
9
3
6
15.40 Klokka er **ti over** halv fire.
15.35 Klokka er **fem over** halv fire.
15.20 Klokka er **ti på** halv fire.
15.25 Klokka er **fem på** halv fire.
15.30 Klokka er halv fire.

In Norwegen verwendet man in bestimmten Situationen, zum Beispiel am Bahnhof, die digitale Uhrzeit. In diesem Fall sagt man zum Beispiel:

18.37 atten trettisju

Wie im Deutschen zählen wir die Stunden meist bis 24 (um Missverständnisse zwischen Vormittag und Nachmittag zu vermeiden). In der Alltagssprache ist es üblich, auf fünf Minuten zu runden und die Stunden nur bis zwölf zu zählen (ob Vor- oder Nachmittag gemeint ist, ergibt sich aus dem Kontext). Wenn es also zum Beispiel 17:04 Uhr ist, sagen wir eher nicht "siebzehn Uhr vier" sondern "fünf nach fünf" (**fem over fem**).

So fragen wir nach der Zeit:

Hva er klokka?

oder: Hvor mye er klokka?

Die Antwort: Klokka er ...

Wenn du sagst, dass etwas ***um acht Uhr*** stattfindet, sag einfach **klokka åtte**:

Skolen begynner klokka åtte.

Die Schule beginnt um acht Uhr.

Ukedager = Wochentage

mandag	Montag
tirsdag	Dienstag
onsdag	Mittwoch
torsdag [å]	Donnerstag
fredag	Freitag
lørdag	Samstag
søndag	Sonntag

i dag	heute
i går	gestern
i morgen [mårn]	morgen
på mandag	diesen/letzten Montag
på mandager	jeden Montag

1 Setze das richtige Pronomen ein.

a) Jeg vasker ...
b) Vi vasker ...
c) Dere vasker ...
d) Du vasker ...
e) Han vasker ...
f) De vasker ...
g) Hun vasker ...

2 Hva er klokka?

08.00 12.00 06.00 19.00 21.00 14.00 15.30 07.30 10.30 22.30 21.15 09.15
03.10 15.50 09.45 08.55 16.50 05.05 17.25 13.40 13.00 06.40 11.35 23.25

3 Når gjør du hva? Wann machst du was?

In dieser Übung gibt es ein paar neue Wörter. Schreibe sie auf und lerne sie.

Kl. 06.30 ...	spiser jeg frokost.
Kl. 11.30 ...	begynner skolen.
Kl. 20.00 ...	står jeg opp.
Kl. 08.00 ...	spiser jeg kveldsmat.
Kl. 06.45 ...	spiser jeg lunsj.
Kl. 16.00 ...	legger jeg meg.
Kl. 22.30 ...	spiser jeg middag.

4 Setze in jede Lücke ein passendes Wort ein.

Per sier:
Jeg ... Per. Jeg kommer ... Norge. Jeg er 16 ... gammel og bor i Oslo. Jeg ... på skolen. Skolen ... kl. 8, mandag til fredag. Jeg liker skolen, men jeg er ... glad i engelsk. Jeg har ... søster. Hun heter Susanne. Hun ... bare åtte år gammel. Egentlig liker jeg ..., men hun er ofte frekk.

5 Finde eine Alternative für folgende Ausdrücke.

Eksempel: Susannes bror → broren til Susanne

a) Lises far
b) familien til Susanne
c) Ernas telefon
d) kommoden til Erna
e) Lars' skap
f) Susannes kopp
g) døra til Per
h) Kristines brød
i) kjøkkenet til Lise

6 Infinitiv mit oder ohne *å*?

a) Jeg må (å) vaske opp.
b) Hun slutter (å) flire.
c) Nils kan ikke (å) høre noe.
d) Vil du endelig (å) være stille?
e) Når vil du (å) stå opp?
f) Lars begynner (å) arbeide kl. 08.00.

7 Hva gjør du på mandag? Hva gjør du på tirsdag? ...

8 Vergangenheit (optionale Übung): Setze folgende Texte ins *preteritum*.

Klokka er seks. Nils hører noe. Hva er det? Å ja. Det er Lars, faren til Susanne. Han lager kaffe. Så spiser familien frokost. Lars spiser brød med smør og syltetøy, Susanne spiser frokostblanding med melk. Per og Lise spiser brød med ost og skinke.

Nils slutter å bevege seg og sitter helt stille. Endelig er familien ferdig med frokosten. Nå kan han slappe av og bevege seg igjen.

Etter frokost, rundt klokka sju, går Susanne og Per til skolen. Lise og Lars går på jobb. Da er det helt stille i huset. Nå kan Nils gjøre hva han vil. Han ser seg rundt på kjøkkenet. På bordet ser han kopper, glass og tallerkener. Nils vil hjelpe litt. Han vil rydde bordet. Han hopper opp på bordet og tar en kopp. Så hopper han til oppvaskmaskinen, med koppen i hånda. Da hører han plutselig et skrik: «Stopp! Er du gal? Hva driver du med?»

Nils er redd. Han ser mot døra. Men han kan ikke se noen der.

«Ta koppen ut av oppvaskmaskinen», sier personen. Hvem sier det? Da – plutselig – ser Nils en bevegelse. En liten, brun bamse står ved siden av kjøkkenbenken og ser opp mot oppvaskmaskinen. «Hei», sier Nils. Han er veldig usikker. «Hvem er du?»

Bamsen svarer ikke – han gjentar bare: «Ta koppen ut av oppvaskmaskinen, og sett den tilbake på bordet.» «Men hvorfor?» sier Nils. «Det bor mennesker her. De tenker: Du lever ikke, og du kan ikke bevege deg. Men du kan det. De må ikke vite det.» «Hvorfor ikke?» «Sett koppen tilbake, så forklarer jeg det til deg.»

Nils tar koppen og setter den tilbake på bordet.

«Er du gal? Hva driver du med?»

Bamsen smiler. «Unnskyld. Jeg er veldig direkte, men jeg vil ikke skremme deg. Jeg heter Emil.» «Hyggelig å treffe deg. Jeg heter Nils.» «Hvor kommer du fra, Nils?» «Jeg vet ikke.»

«Du vet ikke? Det må du finne ut. Er du veldig ung?» «Ja, det tror jeg.» «Ok, da vet du ikke mye. Jeg skjønner. Kom til stua. Jeg vil forklare deg noe.»

rundt	ungefähr
en jobb [å]	ein Job, eine Arbeit
på jobb	in der Arbeit
da	da, zu dieser Zeit
et hus	ein Haus
å se seg rundt	sich umsehen
et glass	ein Glas
en tallerken	ein Teller
å hjelpe [je-]	helfen
å rydde	aufräumen
å hoppe [å]	hüpfen
en oppvaskmaskin	eine Spülmaschine
plutselig [-li]	plötzlich
et skrik	ein Schrei
stopp [å]	halt, stopp
gal	verrückt
å drive	tun, verfolgen, treiben
å drive med	tun, sich beschäftigen mit
mot	gegen/in Richtung von
noen	jemand
en person [æ]	eine Person
hvem [vem]	wer
en bevegelse	eine Bewegung
brun	braun
en bamse	ein Teddybär
en kjøkkenbenk	eine Arbeitsplatte (*in der Küche*)
usikker	unsicher
å gjenta [jen-]	wiederholen
tilbake	zurück
et menneske	ein Mensch
å forklare [får-]	erklären
å smile	lächeln
unnskyld [-yll]	Entschuldigung
direkte	direkt
å skremme	erschrecken
å treffe	treffen
å finne	finden
å finne ut	herausfinden
ung [o]	jung
å skjønne	verstehen

Aus eins mach zwei

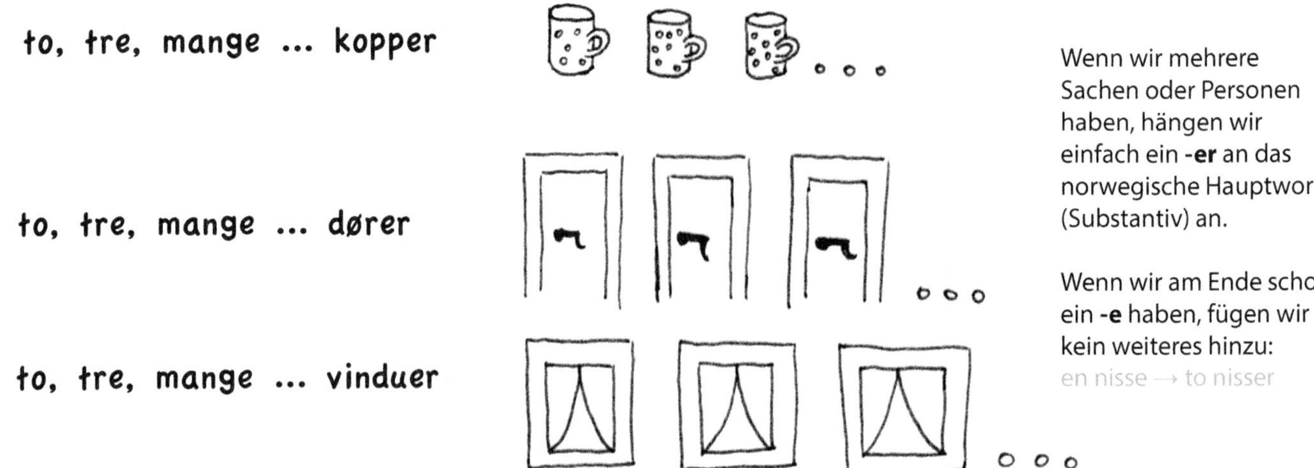

to, tre, mange ... kopper
to, tre, mange ... dører
to, tre, mange ... vinduer

Wenn wir mehrere Sachen oder Personen haben, hängen wir einfach ein **-er** an das norwegische Hauptwort (Substantiv) an.

Wenn wir am Ende schon ein **-e** haben, fügen wir kein weiteres hinzu:
en nisse → to nisser

Aber Achtung! Kurze, sächliche Wörter, die aus nur einer Silbe bestehen, verändern sich nicht:

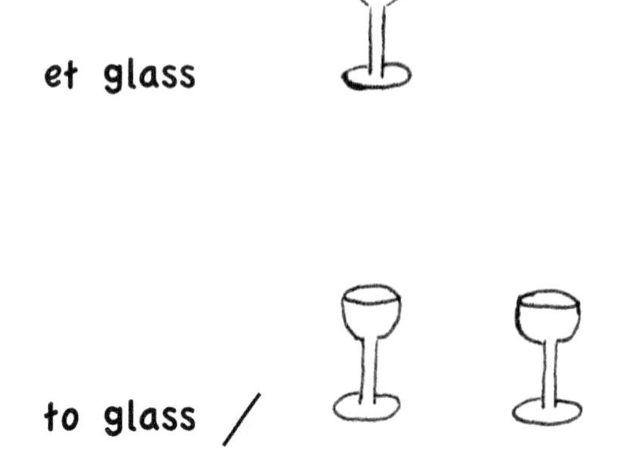

Leider gibt es auch ein paar unregelmäßige Pluralformen.
Ab diesem Kapitel führen wir die unregelmäßigen Pluralformen auch in den Wortlisten an. Die folgenden Wörter, die du bereits kennst (du hast schließlich immer brav deine Hausaufgaben gemacht, oder?), bilden den Plural unregelmäßig:

ei hånd → to hender
ei mor → to mødre
en bror → to brødre
en far → to fedre
ei søster → to søstre
ei datter → to døtre
en mann → to menn

noe/noen

Das -n ist entscheidend:
noe = etwas
noen = jemand

Aufträge erteilen

Ein direkter Weg, jemandem zu sagen, was er zu tun hat, ist eine Form, die wir *Imperativ* nennen. Wir bilden ihn, indem wir das **-e** des Infinitivs wegnehmen (wenn es eines gibt). Wenn dann ein **-mm** oder **-rr** im Auslaut ist, streichen wir noch ein **m/r** weg.

å ta → Ta koppen.
å sette → Sett den på bordet.
å komme → Kom til stua.
å spørre → Spør meg.

Wenn du etwas höflicher sein möchtest, kannst du auch eine Frage mit **kan** + *Infinitiv* stellen.

Kan du ta koppen?
Kan du sette den på bordet?
Kan du komme til stua?

In Kapitel 13 wirst du lernen, wie du dich noch höflicher ausdrücken kannst.

På kjøkkenet
In der Küche

Jeg trenger: Ich brauche:

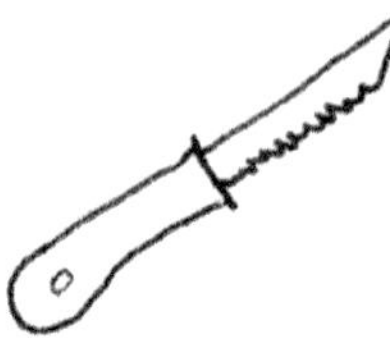

en kniv — ein Messer
en gaffel — eine Gabel
ei skje — ein(en) Löffel

Kan du vaske opp? Kannst du das Geschirr abwaschen?
Kan du dekke bordet? Kannst du den Tisch decken?
Kan du rydde bordet? Kannst du den Tisch abräumen?
Kan du skjære opp brødet? Kannst du das Brot aufschneiden?
Kan du gi meg vannet? Kannst du mir das Wasser geben?

Vi koker suppe.
å koke [å] kochen (*auf 100°C erhitzen, nicht Essen zubereiten*)
ei suppe eine Suppe

Vi steker fisk.
å steke braten
fisk = Fisch

Vi baker kaker.
å bake backen
ei kake ein Kuchen

allgemein:
Vi lager mat.
Wir machen Essen ("kochen").

Ein typischer Tagesablauf

Lies den Text, lern die Wörter und versuche, deinen eigenen Tagesablauf aufzuschreiben, indem du die untenstehenden Phrasen verwendest.

Jeg står opp klokka 7. Så spiser jeg frokost og dusjer. Kl. 8 går jeg ut av huset og tar bussen til byen. Jeg er på kontoret kl. 9. Der arbeider jeg til kl. 11. Da spiser vi lunsj.

Fra kl. 11.30 til kl. 17 arbeider jeg igjen. Etterpå tar jeg bussen hjem og spiser middag. Kl. 19 spiller jeg tennis med en venn. Så ser jeg på TV og spiser kveldsmat. Kl. 23 legger jeg meg og sover.

Hvordan er din dag?

Jeg står opp kl. ...	Um ... Uhr stehe ich auf
Så ...	Dann ...
Etterpå ...	Danach...
Kl. ...	Um ... Uhr ...
Da ...	Zu dieser Zeit/da...
Fra ... til ...	Von ... bis ...

å dusje	duschen
en buss	ein Bus
en by	eine Stadt
et kontor	ein Büro
etterpå	danach
å spille	spielen *(ein Instrument oder eine Sportart)*
tennis	Tennis
å sove [å]	schlafen
din	dein, deine

1 Aus eins mach zwei (oder mehr)

Eksempel: et vindu → mange vinduer

ei seng → et bord → en kommode → en stol → et egg →
et rundstykke → et år → en kopp → ei brødskive → en gave →
en telefon → et bilde → et skap → et rom → ei dør →
et kjøkken → en historie → ei stue →

Es gibt auch einige unregelmäßige Pluralformen. Erinnerst du dich?

ei hånd → ei mor → en bror → en far → ei søster →

2 Familien: Finde ein passendes Wort für jede Lücke.

Hvert menneske har en ... og ei mor. Vi har to bestefedre og to ...: en ..., ei farmor, en morfar og ei .... Noen har også søstre og ....

Susanne har bare en ... Han heter Per. ... heter Lars, og ... heter Lise. ... heter Erna. Hun er mora til Lise – derfor er hun ... til Susanne. Susanne er ... til Lise og Lars, og Per er ... til Lise og Lars.

3 Hva trenger du?

Was brauchst du, um folgende Dinge zu tun? Verwende *for å = um zu*.

Eksempel: å skjære brød → Jeg trenger en kniv for å skjære brød.

å dekke bordet → å vaske opp → å drikke kaffe → å spise suppe → å spise fisk →

4 Setze die Sätze in den Imperativ oder vom Imperativ in die Form mit *må*.

Eksempel: Du må gjøre noe! → Gjør noe!

Gå!
Svar nå!
Du må ringe meg i dag!
Spør Erik!
Du må spise frokost!
Vent på meg!
Du må komme til meg!
Sitt og ta litt mat!
Du må sitte og arbeide!
Gjør noe!

«Sånn. Nå vil jeg fortelle deg noe», sier Emil og hopper opp i sofaen.

«Du vet jo allerede en viktig ting: Folk må ikke skjønne at du lever. Det betyr: Du må ikke bevege deg når noen kan se deg. Du må heller ikke si noe, og du må alltid komme tilbake til samme sted.»

«Ja, jeg skjønner. Men Emil, vi lever jo. Hvorfor må vi skjule det for menneskene?»

«Det kan være farlig for dem. Ikke for barn, men for voksne. Mange barn tenker at vi lever. Men voksne tenker ikke det. De blir overrasket eller sjokkert når de ser noe rart – ja, de kan til og med dø av skrekk.»

«Og de tenker: Det er rart at vi lever?»

«Å. Og de tenker: Det er rart at vi lever?»

«Ja. Faktisk. *Det* er rart, ikke sant?»

«Absolutt.»

«Derfor sier vi ikke at vi lever, og vi viser det ikke. Det er en viktig avtale mellom alle bamser, nisser og dukker. Én ting til: Vet du hva en eske er?» spør Emil.

«Nei», sier Nils.

«En eske er en stor beholder. Når et menneske kommer med

sånn	*hier:* ok, also dann
å fortelle [å]	erzählen
en sofa	ein Sofa
viktig [-i]	wichtig
en ting, mange ting	eine Sache, ein Ding
folk [å] (plural)	Leute
at	dass
når	wann/sobald
heller ikke	auch nicht
alltid [-ti]	immer
samme	gleich
et sted, mange steder	ein Ort
jo	*hier: bestätigend ("wir leben doch")*
å skjule noe (for)	etwas verstecken (vor)
farlig [-li]	gefährlich
et barn, mange barn, barna	ein Kind
en voksen [å], mange voksne	ein Erwachsener, eine Erwachsene
å bli	werden
overrasket [å]	überrascht
rar	eigenartig
noe rart	etwas Eigenartiges
til og med	sogar
å dø	sterben
(en) skrekk	Angst, Schrecken
faktisk	tatsächlich
absolutt	absolut
å vise	zeigen
en avtale	eine Vereinbarung
mellom	zwischen
alle	alle
en dukke	eine Puppe
til	*hier:* noch
én ting til	noch eine Sache
en eske	eine Schachtel
stor	groß
en beholder [-håller]	ein Behälter

en eske, må du prøve å gjemme deg så fort som mulig. Store esker betyr nemlig at folk rydder opp. Og da legger de deg kanskje i en eske, og du må bo i en bod eller i en kjeller, eller for eksempel i et mørkt skap. Det er dumt, ikke sant?»

«Ja, selvfølgelig.»

«Så du må alltid passe på det. Ellers kan du egentlig ikke gjøre så mye galt. Hva vil du gjøre i dag? Vil du kanskje se deg litt rundt i leiligheten?»

å prøve	probieren
å gjemme [je-] (seg)	verstecken
fort	schnell
mulig [-li]	möglich
så fort som mulig	so schnell wie möglich
nemlig [-li]	nämlich
å rydde opp	aufräumen
å legge	legen
en bod	ein Abstellraum
en kjeller	ein Keller
for eksempel	zum Beispiel
mørk	dunkel, finster
å passe på	aufpassen
ellers	ansonsten, sonst
galt	falsch
en leilighet [leilihet]	eine Wohnung

Adjektive

Adjektive sind Wörter, die erklären, wie Sachen oder Personen sind (z.B. ***grün, groß, teuer, dunkel, möglich*** ...)
Wir verändern Adjektive

- je nach Geschlecht des Wortes, das sie beschreiben
- je nach Anzahl dieser Dinge (Singular oder Plural)

en stor kopp
ei stor brødskive
et stort rundstykke
mange store kopper/brødskiver/rundstykker

Es gibt eine Ausnahme: Adjektive, die auf **-ig** enden (**mulig, farlig, viktig** ...), bekommen kein **-t**.

et hyggelig_ rom

Der bestimmte Artikel (Plural)

In Kapitel 4 hast du gelernt, dass Substantive im Norwegischen drei Geschlechter und entsprechend die Endungen **-en, -a** oder **-et** als Artikel haben.

Im Plural gibt es keinen Unterschied zwischen den Geschlechtern, wir verwenden immer dieselbe Endung: -ene.

koppene	die **Tassen**
brødskivene	die **Brotscheiben**
rundstykkene	die **Brötchen**

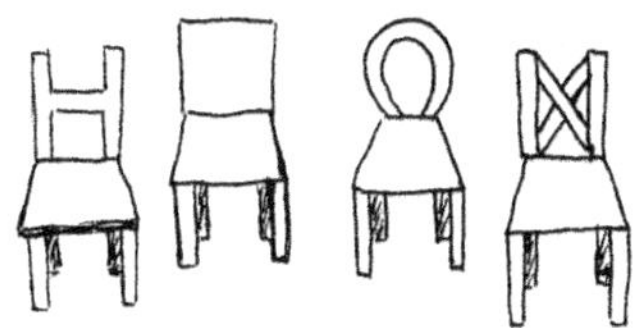

Her er det mange stoler.

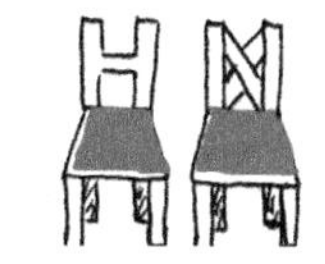

Stolene **der er oransje.**

Wortstellung (schon wieder)

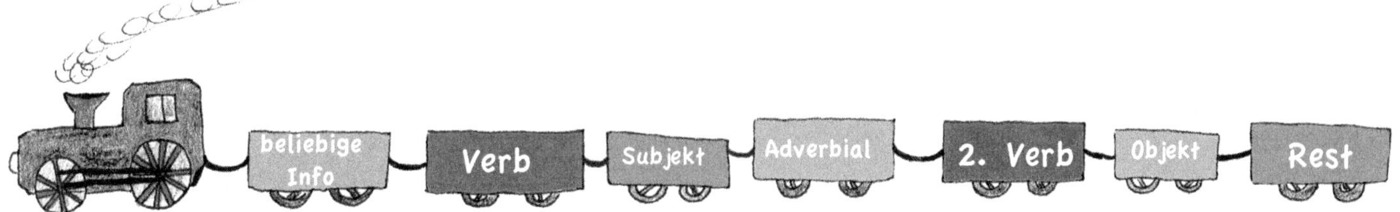

Weißt du noch, dass es eine sehr wichtige Regel in Bezug auf die Wortstellung gab? Erinnerst du dich, was es war? Richtig: Das Verb steht immer an zweiter Stelle.

Ok. Aber was ist mit dem zweiten Verb, wenn es ein solches gibt? Bevor ich dir das verrate, hänge ich zwei neue Waggons an unseren „Satz-Zug".

Der erste ist für *Objekte*. Objekte haben wir ja eigentlich schon besprochen, nicht wahr? Du hast in Kapitel 5 die Wörter **meg, deg** und so weiter gelernt. Wir stellen sie nach das zweite Verb (wenn es eines gibt).

Aber zwischen den Verben sind noch immer zwei Waggons. Einer von ihnen ist für das Subjekt reserviert. Aber in vielen Sätzen (ich würde sogar sagen, in den meisten) steht das Subjekt bereits vor dem Verb im grauen Waggon. Das bedeutet, dass der Subjektwaggon nach dem ersten Verb oft leer bleibt. Er wird nur besetzt, wenn wir den Satz mit etwas anderem als dem Subjekt beginnen.

Nach dem Subjektwaggon haben wir noch einen Waggon. Dieser ist für das *Adverbial* reserviert. Aber was ist das eigentlich? Ich gebe dir ein paar Beispiele: **ikke, gjerne** und **egentlig**. Adverbiale geben dem ganzen Satz eine andere Bedeutung. Schau dir zum Beispiel **ikke** an: Es verändert die Bedeutung des Satzes zu 100%, oder?

Jeg er fra Norge.
Jeg er ikke fra Norge.

Gjerne und **egentlig** verändern die Bedeutung nicht unbedingt vollkommen, sie modifizieren sie aber etwas. Wir könnten auch sagen, sie geben der Bedeutung einen anderen „Anstrich". Diese Wörter werden zwischen den Verben platziert.

Ellers kan du egentlig ikke gjøre så mye galt.

Zur Erinnerung: Wir brauchen eigentlich nur ein Subjekt und das erste Verb in einem Satz. Die anderen Elemente sind nicht notwendig, sie können also vorhanden sein oder auch nicht. Wenn sie nicht da sind, bleiben ihre Waggons einfach leer.

Hvor er ...?

Wo ist ...?

i/på

Grundsätzlich verwenden wir **i**, wenn etwas irgendwo drinnen ist (z.B. **i skapet**) und **på**, wenn etwas irgendwo drauf ist (**på bordet**). Leider stimmt das nicht zu 100%. Schau dir die folgenden Beispiele an:

på rommet	im Zimmer
på kjøkkenet	in der Küche
på kino	im Kino
på restaurant	im Restaurant
	Aber:
i stua	im Wohnzimmer

Wenn wir über Orte reden, verwenden wir **i** für Städte und Länder und **på** für Inseln und kleinere Orte:

i Norge, i Oslo
på Grønland, på Finnsnes

over

over bordet über dem Tisch

ved

ved vinduet beim Fenster
ved døra neben der Tür

bak/ved

bak bordet hinter dem Tisch
ved bordet am Tisch (nicht ***auf*** dem Tisch)

foran

foran bordet vor dem Tisch

under

under bordet unter dem Tisch

1 Finn den riktige artikkelen og bruk ordet *stor* i den rette formen.
Finde den richtigen Artikel und verwende das Wort *stor* (groß) in der richtigen Form.

Eksempel: vindu → et stort vindu

seng →	rom →	dør →	rundstykke →	kopp →	brødskive →
gave →	telefon →	bilde →	kjøkken →	stue →	bord →
kommode →	stol →	egg →	skap →		

2 Finn så mange meningsfylte kombinasjoner som mulig.
Finde so viele sinnvolle Kombinationen wie möglich.

en	stor	far
ei	ung	skog
et	hyggelig	rom
	mørk	person
	viktig	kjeller
		leilighet
		eske
		vindu

3 Svar på spørsmålene.
Beantworte die Fragen.

a) Hvor er Emil?
b) Hva må Nils alltid gjøre?
c) Hvorfor er esker farlige?

4 Lag setninger med alle ordene. Pass på ordstillingen.
Bilde Sätze mit allen Wörtern aus einer Zeile. Beachte die Wortstellung.

a) ofte lager mat han
b) for å trenger seng sove jeg ei
c) å begynner jeg arbeide kl. 7.00
d) ikke åpne skal du døra
e) frokostblandingen koster mye ikke
f) vil en leke barnet venn med
g) fra kommer jeg England
h) bor Oslo gjerne jeg i
i) spørre kan meg du
j) i hører noen jeg kjelleren
k) deg tenker på ofte jeg

l) jeg forklare det skal
m) stua må vi rydde i
n) familien hjelpe Nils vil

5 Familiehuset – hvem bor hvor? Finn ut hvem som bor i hvilket rom. Bruk bildet av huset som hjelp og skriv ned hva du allerede vet.
Finde heraus, wer in welchem Zimmer wohnt. Verwende die Abbildung als Hilfe und notiere dir, was du schon weißt.

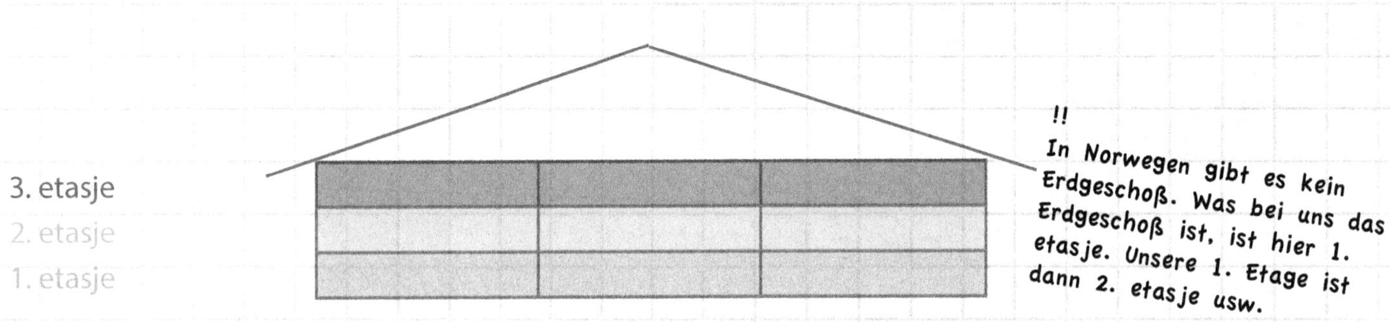

3. etasje
2. etasje
1. etasje
!!
In Norwegen gibt es kein Erdgeschoß. Was bei uns das Erdgeschoß ist, ist hier 1. etasje. Unsere 1. Etage ist dann 2. etasje usw.

Huset har ni rom, og de er på tre etasjer. Seks mennesker bor i huset.
Ingen bor over dattera (Lise).
Mora og faren til Lise har soverommet ved siden av badet.
Ingen bor i rommet under soverommet til foreldrene.
Lises mormor og morfar bor mellom stua og boden.
Over mora og faren bor Lises bror Per.
Ingen bor mellom stua og kjøkkenet: Der har vi døra.
Under soverommet til besteforeldrene er stua.
Boden er ved siden av rommet til broren.

en etasje	ein Stockwerk, eine Etage
ingen	niemand
et soverom	ein Schlafzimmer
et bad	ein Badezimmer
foreldre	Eltern (*immer Plural*)
besteforeldre	Großeltern (*immer Plural*)

Nils liker leiligheten. Rommene er store og fine. Fra stua og fra kjøkkenet ser man ei trang gate, og fra soverommene ser man en bakgård. Det er mange fine møbler i leiligheten. Skapene i stua er svært gamle, forteller Emil. Men stolene og sofaen er moderne.

Kjøkkenet kjenner Nils allerede. De går videre til badet. Emil forklarer: «Menneskene vasker seg og dusjer. Derfor har de et bad. Dette er en dusj, dette er en vask, og dette er et toalett.»

Gangen er lang. Nils liker gulvene. De er av tre. Men de har tepper i stua.

«Sånn, Nils. Det er alt», sier Emil. «Men nå må vi finne ut: Hvor kommer du fra? Hva husker du?»

«Jeg husker en bursdag. Jeg husker ikke noe mer.»

«En bursdag? Susannes bursdag?»

«Ja. Susannes, ja.»

«Aha. Da vet jeg det. Du kommer fra Erna. Du er en bursdagsgave fra Erna til Susanne.»

«Dette er en dusj, og dette er et toalett.»

«Hvordan vet du det?»

«Jeg vet det av Lise. Hun snakker om deg av og til. Da snakker hun om en nisse, og nissen er en gave fra Erna, sier hun.»

Nils er fornøyd. Nå vet han mer om seg selv.

fin	schön, fein
man	man
trang	eng
ei gate	eine Straße
et rom, rommet, mange rom, rommene	ein Zimmer
et soverom [såv-]	ein Schlafzimmer
en bakgård [-går]	ein Hinterhof
møbler (plural)	Möbel
svært	sehr
moderne [modær-]	modern
å kjenne	kennen
videre	weiter
et bad	ein Badezimmer
dette	dieses, dies, das
en dusj	eine Dusche
et toalett	eine Toilette
en gang	ein Gang
lang	lang
et gulv	ein Boden
av tre	aus Holz, hölzern
et teppe	ein Teppich
alt	alles
å huske	sich an ... erinnern
mer	mehr
en bursdagsgave	ein Geburtstagsgeschenk
å snakke om [åm]	über ... sprechen
av og til	ab und zu
fornøyd [får-]	zufrieden
seg selv [sæj sell]	sich selbst

Unregelmäßige Adjektive

Weißt du noch, dass Adjektive wie **viktig** und **rolig** niemals ein **-t** als Endung bekommen? Leider gibt es noch ein paar andere Ausnahmen, die du dir merken solltest. Wir fangen am besten mit den leichten an.

Manche Adjektive verändern sich nie:

en moderne leilighet – et moderne hus
mange moderne leiligheter/hus

Kein zusätzliches **-t**

Die meisten Adjektive auf **-sk** und viele auf **-t** bekommen kein zusätzliches **-t**:

et norsk hus
et svart bord

(Eine **-e**-Endung im Plural bekommen sie aber sehr wohl: mange norske hus)

Doppeltes **-t**

Manche Adjektive bekommen in der sächlichen Form statt eines einfachen **–t** ein **–tt** als Endung. Das sind im Prinzip die kurzen Adjektive:

et nytt hus/et blått hus/et grått hus

ny = neu
blå = blau
grå = grau

Blå und **grå** brauchen im Plural kein **-e**:

mange blå hus, mange grå hus (aber: mange nye hus)

Noch schnell zwei Anmerkungen zur richtigen Schreibweise:

1) Wir vermeiden es, drei aufeinanderfolgende Konsonanten zu schreiben. Beim Adjektiv **grønn** zum Beispiel schreiben wir also:

et grønt hus (wir streichen ein **n**)

2) Wir versuchen, die Kombination **e-Konsonant-e** am Wortende zu vermeiden:

en gammel historie – to gamle historier

(wie du siehst, ist das auch ein Beispiel für die erste Regel, denn wir streichen hier auch ein **m**)

man

Wenn wir nicht wissen, wer etwas tut, verwenden wir genau wie im Deutschen **man**.

Man ser ei trang gate.

Man muss natürlich kein Mann sein. Sowohl Frauen als auch Männer werden damit bezeichnet.

Stelle dich vor

Hva driver du med?	Was machst du?
Har du (fast) jobb?	Hast du einen (festen) Job?
Jeg studerer medisin.	Ich studiere Medizin.
Jeg leter etter en jobb.	Ich suche Arbeit.
Jeg er pensjonist.	Ich bin in Pension.
Jeg går på skolen.	Ich gehe in die Schule.

Wenn du deinen Beruf nennst, verwendest du, wie im Deutschen, keinen Artikel:

Jeg er lærer.	Ich bin Lehrer.
Hege er elektriker.	Hege ist Elektrikerin.
Mario er kokk.	Mario ist Koch.

So kannst du deine Nationalität benennen:

Jeg er tysk.	Ich bin Deusche(r)/aus Deutschland.
Hege er norsk.	Hege ist Norwegerin/aus Norwegen.
Mario er italiensk.	Mario ist Italiener/aus Italien.

Natürlich kannst du auch sagen:
Jeg kommer fra Tyskland/Norge/Italia ...

Noch ein paar Details über dich:

Alter:	**Jeg er … år gammel.**
Wohnort:	**Jeg bor i …**
Was du magst:	**Jeg liker …**

En travel dag
Ein hektischer Tag

Jeg ...

... gjør papirarbeid.

... har en idé.

... leter etter
- en binders
- ei saks

... ringer en kunde.

... gjør notater.

... lager kaffe.

... skriver en rapport.

... sender en e-post.

en idé	eine Idee
(et) arbeid	Arbeit
(et) papirarbeid	Büroarbeit, "Papierkram"
en binders	eine Büroklammer
ei saks	eine Schere
å ringe	anrufen
en kunde	ein(e) Kunde/Kundin
å gjøre notater	Notizen machen
en rapport	ein Bericht
en e-post [å]	eine E-Mail

Hva gjør du?

Farger
Farben

Die Farben sind gute Beispiele für die unterschiedlichen Arten von Adjektiven – regelmäßige wie unregelmäßige. Versuche, die Farben zu erraten, bevor du auf die deutsche Übersetzung schaust.

gul	rød	blå	grønn	svart	hvit	grå	oransje	brun
gelb	rot	blau	grün	schwarz	weiß	grau	orange	braun

Folgende Farben sind unregelmäßig:

- **Oransje** verändert sich nie.
- **Svart** bekommt nie ein zusätzliches **-t** (aber **hvit** schon!).
- **Blå**, **grå** und **grønn**: siehe oben im Text über Adjektive.

1 Finde die Nummer, die zu der Farbe passt.

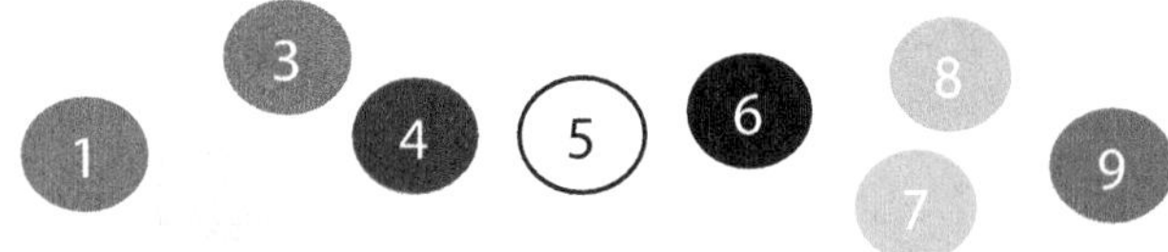

svart – brun – gul – hvit – blå – grå – grønn – rød – oransje

2 Mach die erste Übung noch einmal, aber verdecke diesmal die Wörter für die Farben.

3 Welche Farben haben diese Dinge? Verwende den bestimmten Artikel.
Eksempel: Vinduet er grått.

4 Beschreibe, wo die Dinge auf dem Bild sind. Beziehe dich immer auf ein anderes Objekt.
Eksempel: Telefonen er på bordet.

5 Wähle das richtige Wort: *å kjenne* oder *å vite*? Finde auch die richtige Verbform.
a) Emil ... Nils.
b) Nils ... ikke Oslo.
c) Emil ... mye.
d) Nils ... hvor han kommer fra.

6 Beschreibe deine Wohnung.

Det er natt. Nils sover i senga. Det er egentlig ikke hans seng – det er ei lita pute på Lises stol på kjøkkenet. Men han bruker puta hennes som seng.

Plutselig våkner han. Rommet er mørkt. Han ser nesten ingenting. Men han har veldig vondt i magen. Og han er kvalm, så kvalm. Hva skal han gjøre?

Han hopper ut av senga. Smertene blir ikke bedre av det – nei, de blir bare verre.

Kanskje kan Emil hjelpe? Ja, selvfølgelig. Han må finne Emil. Men Nils må også være forsiktig. Menneskene må ikke våkne. Han husker historien med kaffekoppen og oppvaskmaskinen. Han går til stua. Der ser han ingen. Men han hører noe. Noen ligger på sofaen og sover. Er det Emil? Nils går litt nærmere. Ja, han kjenner ham igjen. «Emil!» roper han. Bamsen våkner med en gang. «Nils! Hva gjør du midt på natta?» «Jeg er syk. Jeg føler meg kvalm. Og så har jeg forferdelig vondt i magen.» «Har du vondt i brystet ditt også?» «Nei, det har jeg ikke.» «Det er bra. Smerter i brystet kan være veldig farlige.» «Kan du hjelpe meg?» «Jeg er verken lege eller sykepleier. Men jeg skal prøve så godt jeg kan. Ta av deg skjorta di.»

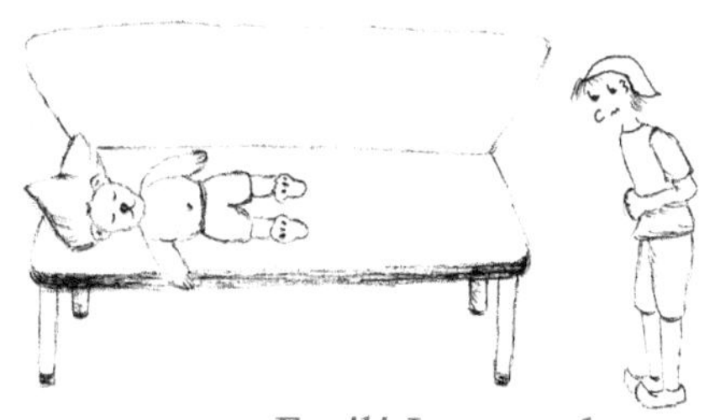

«Emil! Jeg er syk.»

Nils gjør det. Da begynner Emil å trykke på magen. «Gjør det vondt?» «Ja, men ikke mer enn før.» «Aha. Kanskje bør jeg lytte

ei natt, netter	eine Nacht
hans	sein, seine
liten/lita/lite	klein
ei pute	ein Kissen
å bruke som [såm]	als ... verwenden
hennes	ihr, ihre
å ha vondt	Schmerzen haben
en mage	ein Magen/Bauch
vondt i magen	Magenschmerzen, Bauchschmerzen
kvalm	übel
en smerte [æ]	ein Schmerz
verre [æ]	schlechter, schlimmer
forsiktig [å]	vorsichtig
svak	schwach
å ligge	liegen
nærmere	näher
med en gang	sofort
midt på natta	mitten in der Nacht
syk	krank
forferdelig [fårfærdeli]	schrecklich, furchtbar
et bryst	eine Brust
din/di/ditt/dine	dein, deine
verken ... eller [vær-]	weder ... noch
å ta av	*hier:* ausziehen
ei skjorte	ein Hemd
å trykke	drücken
(mer) enn	(mehr) als
før	vorher, vor (*zeitlich*)
å burde, Gegenwart: bør	sollen
å lytte på	zuhören, *hier:* abhören

på lungene dine. Det gjør alle leger.» Emil legger øret på brystet hans. «Nei, det er ikke noe galt her, tror jeg.» Han kjenner på magen igjen. «Men det er noe rart her. Jeg tror du har noe i magen din. Kanskje et lite stykke papir.»

«Papir? Hva er papir?» «Menneskene skriver på papir. Bøker er av papir også.» «Men hvorfor skriver noen i magen min?» «Jeg vet ikke, men papirlappen gjør sikkert veldig vondt.»

«Så hva skal jeg gjøre?» «Snu deg et par ganger. Da blir det sikkert bedre snart.»

«Er det nok?» «Ja. Jeg kan ikke gjøre noe mer uansett.»

Nils setter seg ned på sofaen og snur seg. Én gang, to ganger, tre ganger, fire ganger. Han føler seg fortsatt kvalm, men smertene er bedre. Kanskje blir han snart frisk igjen?

en lunge [o]	eine Lunge
et øre	ein Ohr
å kjenne på	fühlen
et stykke	ein Stück
(et) papir	Papier
et stykke papir	ein Stück Papier
å skrive	schreiben
ei bok, bøker	ein Buch
av papir	aus Papier
en papirlapp	ein Zettel
sikkert	sicherlich, bestimmt
å snu	umdrehen
én gang	einmal
et par	ein Paar, *hier*: einige
et par ganger	ein paar Mal
uansett	sowieso, ohnehin
ned [ne]	hinunter
fortsatt [å]	noch immer
frisk	gesund

Liten
Klein

Liten ist ein völlig unregelmäßiges Adjektiv. Leider musst du die Formen auswendig lernen:

en liten gutt	ein kleiner Junge
ei lita dør	eine kleine Tür
et lite hus	ein kleines Haus
mange små gutter/dører/hus	viele kleine Jungen/Türen/Häuser

Mange – mye

Wenn Dinge zählbar sind, verwenden wir **mange**: mange dører
Wenn Dinge unzählbar sind, verwenden wir **mye**: mye papir

Verken – eller

Keine Erklärung nötig, oder?

Dinge (und Personen) besitzen

Natürlich haben wir die kleinen Wörter **mein, meine, dein, deine** und so weiter auch im Norwegischen (sie heißen übrigens *Possessivpronomen*). Du musst auch hier auf Geschlecht und Zahl aufpassen:

min kopp
min brødskive
mitt rundstykke
mine kopper/brødskiver/rundstykker

Es gibt noch eine zweite Art, genau dasselbe auszudrücken, und an diese solltest du dich gewöhnen:

leiligheten min
brødskiva mi
huset mitt
leilighetene/brødskivene/husene mine

Beachte zwei Dinge:

1. Wenn das Pronomen vorne steht, verwenden wir die *unbestimmte* Form des Substantivs (**mitt hus**). Wenn wir das Pronomen nach hinten stellen, verwenden wir die *bestimmte* Form (**huset mitt**). Andere Kombinationen sind nicht möglich (sag also niemals ~~**mitt huset**~~ oder ~~**hus mitt**~~).

2. Ich habe geschrieben: **min brødskive**, aber **brødskiva mi**. Das fehlende **-n** ist kein Versehen. Die weibliche Form des Possessivpronomens verwenden wir nur, wenn es am Ende steht. Ansonsten verwenden wir das männliche Pronomen auch für weibliche Wörter.
   Fragst du dich jetzt, ob die Leute in Norwegen Probleme mit Geschlechtszugehörigkeit haben? Tja ...

Auf der nächsten Seite findest du die vollständige Übersicht.

min sønn	sønnen min
min datter	dattera mi
mitt barn	barnet mitt
mine sønner	sønnene mine

din sønn	sønnen din
din datter	dattera di
ditt barn	barnet ditt
dine sønner	sønnene dine

hans sønn	sønnen hans
hans datter	dattera hans
hans barn	barnet hans
hans sønner	sønnene hans

hennes sønn	sønnen hennes
hennes datter	dattera hennes
hennes barn	barnet hennes
hennes sønner	sønnene hennes

vår sønn	sønnen vår
vår datter	dattera vår
vårt barn	barnet vårt
våre sønner	sønnene våre

deres sønn	sønnen deres
deres datter	dattera deres
deres barn	barnet deres
deres sønner	sønnene deres

deres sønn	sønnen deres
deres datter	dattera deres
deres barn	barnet deres
deres sønner	sønnene deres

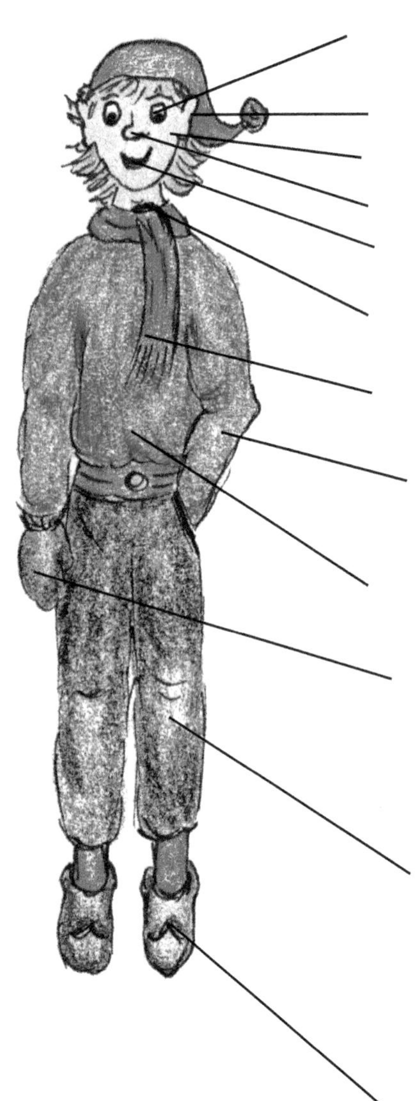

Kroppen
Der Körper

Verdecke die deutsche Übersetzung und versuche, Nils' Körperteile richtig zu benennen.

et hode	ein Kopf
et kne, knær	ein Knie
et øre	ein Ohr
en hals	ein Hals
en arm	ein Arm
et bryst	eine Brust
ei nese	eine Nase
en munn	ein Mund
ei hånd, hender	eine Hand
en mage	ein Bauch/Magen
en fot, føtter	ein Fuß
et øye, øyer/øyne	ein Auge

Hos legen
Beim Arzt

Bevor du dir die deutsche Übersetzung ansiehst, versuche herauszufinden, welche Sätze die Ärztin sagt und welche zum Patienten gehören.

Det gjør vondt her.	Hier tut es weh.
Jeg har vondt i magen.	Ich habe Bauchschmerzen.
Jeg har diaré.	Ich habe Durchfall.
Kan du ta av skjorta?	Würden Sie das Hemd ausziehen?
Pust inn / pust ut.	Einatmen/ausatmen, bitte.
Jeg må kaste opp.	Ich muss mich übergeben.
Du må ta legemidler.	Sie müssen Medikamente nehmen.
Kan jeg kjøpe det på apoteket uten resept?	Kann ich das ohne Rezept in der Apotheke kaufen?
Temperaturen din er høy.	Sie haben Fieber.
Du må holde senga	Sie müssen im Bett bleiben.
Må du hoste ofte?	Husten Sie oft?

Vielleicht ist dir aufgefallen, dass wir in diesen Sätzen **du** mit ***Sie*** übersetzt haben – nur zur Erinnerung daran, dass du in Norwegen überall geduzt werden wirst, auch von Leuten, die du noch nie zuvor getroffen hast. Die norwegische Sprache kennt zwar eine Höflichkeitsform wie im Deutschen, die aber seit den 60er Jahren nur noch sehr selten angewendet wird. Manche Behörden verwenden sie z.B. noch in Schriftstücken. Aber du machst auf jeden Fall nichts verkehrt, wenn du Norweger immer und überall duzt.

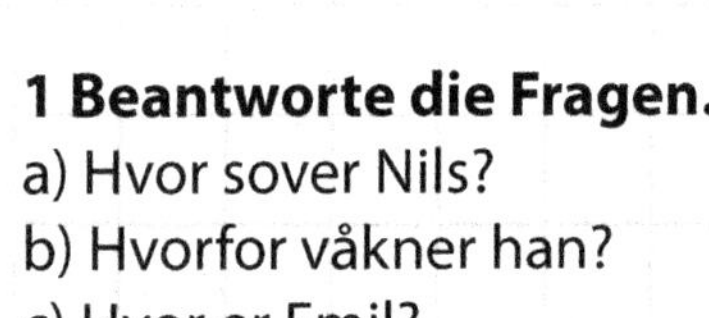

1 Beantworte die Fragen.

a) Hvor sover Nils?
b) Hvorfor våkner han?
c) Hvor er Emil?
d) Hva gjør Emil?
e) Hvorfor har Nils vondt?
f) Hva skal Nils gjøre?

2 Bilde so viele sinnvolle Sätze wie möglich. Beachte die Wortstellung.

Nils	våkner	med Emil	vondt
Emil	han	ikke	i sofaen
Derfor	må	snakke	i magen
Smertene	har	verre	i brystet
Han	blir	seg	
	snur	et par ganger	
	sover		

3 Füge ein passendes Pronomen in der Objektform ein (*meg, deg* ...).

Nils sier til Emil: «Kan du hjelpe ...?»
Emil sier: «Ja, jeg kan hjelpe ...»
Emil hjelper Nils. Han hjelper ...

Vi er syke. Kan legen hjelpe ...?
Ja – legen sier: «Jeg kan hjelpe ...»

Susanne er syk. Kan Emil hjelpe ...?

Susanne og Per er syke. Kan legen hjelpe ...?

4 Optional: Setze den Text von Kapitel 10 in die Vergangenheit (natürlich nur, wenn du das Präteritum schon gelernt hast).

5 *Mange* oder *mye*? Vergiss nicht, die Substantive in den Plural zu setzen, wenn du *mange* verwendest.

Eksempel: Har vi nok melk til å bake ei kake? Nei, vi har ikke så mye melk.

Forstår dere litt fransk? – Ja, vi forstår ______ _________.
Kjenner du alle menneskene her? – Nei, ikke så ______ __________.
Vil du ha mer mat? – Ja, ______ _________, takk!
Har du venner i Amerika? – Ja, jeg har ______ ___________ der.
Er det noen som vil spise rundstykker? – Ja, jeg vil spise ______ ___________.
Har du brødre? – Ja, jeg har _______ __________.
Trenger du fem personer for å hjelpe deg? – Nei, ikke så _________ ___________.
Har du kjøpt sju kilogram smør? – Nei, ikke så ______ _________.

6 Setze die richtige Form des Possessivpronomens ein.

a) min/mi/mitt/mine

For å jobbe trenger jeg ...
____ kunder, kundene _____,
____ saks, saksa _____,
____ binders, bindersen _____,
____ idéer, idéene ______,
____ rom, rommet ______.

b) din/di/ditt/dine

For å jobbe trenger du ...
____ kaffe, kaffen _____,
____ e-poster, e-postene _____,
____ skrivebord, skrivebordet _____,
i ____ stue, i stua _____,
____ rapport, rapporten _____.

c) vår/vårt/våre

Vi liker ...
____ arbeid, arbeidet _____,
____ mor, mora _____,
____ jobber, jobbene _____,
____ bror, broren _____,
____ barn, barnet _____.

7 Verwende ein Possessivpronomen.

Eksempel: telefon (du) → din telefon/telefonen din

a) kjøkken (vi)
b) brødre (jeg)
c) kniv (hun)
d) gafler (han)
e) skje (de)
f) tallerkener (du)
g) glass (dere)
h) mat (jeg)
i) bord (han)
j) restaurant (de)
k) kake (du)
l) syltetøy (vi)
m) kaffe (dere)
n) skinke (hun)

Heute schon Vokabeln wiederholt?

Neue Wörter zu wiederholen ist eine der wichtigsten Aufgaben beim Sprachenlernen. Warum? Rechnen wir ein bisschen.

In deiner Muttersprache verwendest du aktiv zwischen 10000 und 15000 Wörtern. Dein passiver Wortschatz (also die Wörter, die du zwar verstehst, aber selbst nicht benutzt) ist noch um einiges größer. Wenn du es schaffst, täglich ein neues Wort zu lernen, brauchst du über 30 Jahre, um eine Sprache auf muttersprachlichem Niveau zu beherrschen. Wenn du es schaffst, pro Tag zehn neue Wörter zu lernen, wirst du dieses Ziel in drei Jahren erreichen.

10000
so viele Wörter kann ein Muttersprachler

Ist das realistisch? Wahrscheinlich nicht. Erstens wirst du das nicht jeden Tag tun. Vielleicht bist du zu beschäftigt oder vergisst es einfach. Zweitens setzt meine Rechnung voraus, dass du dir diese Wörter auch wirklich alle merkst. Jetzt, wo du mit Norwegisch schon einiges an Erfahrung hast: wie oft musst du ein Wort im Durchschnitt wiederholen, bevor du es dir für immer merkst? Wahrscheinlich 3-5 Mal. Das bedeutet: um dir wirklich 10 neue Wörter pro Tag zu merken, müsstest du 30-50 Wörter pro Tag wiederholen, und das 365 Tage pro Jahr.

Das ist einer der ganz einfachen Gründe, warum es praktisch unmöglich ist, eine Sprache in drei Jahren auf muttersprachlichem Niveau zu erlernen.

4000
so viele Wörter kann jemand, der eine Fremdsprache fließend spricht

Aber ich habe auch eine gute Nachricht für dich: Du musst bei Weitem nicht so viele Wörter wie in deiner Muttersprache können, um fließend zu sprechen! 500 Wörter werden im Urlaub ausreichen, 2000, wenn du solide Kenntnisse haben möchtest – doch wenn du eine Sprache wirklich gut sprechen willst, brauchst du etwa 4000 Wörter. Wie kannst du dieses Ziel erreichen?

Das geht nur, indem du regelmäßig lernst. Gewöhne dir also an, neue Wörter täglich zu wiederholen. Setze dir selbst ein Ziel, zum Beispiel 3-5 Wörter pro Tag, nicht mehr. Die meisten Leute (mich eingeschlossen) finden es ziemlich schwierig, täglich daran zu arbeiten. Es ist so leicht, eine Pause zu machen, und plötzlich hat man eine Woche nichts gelernt. Es gibt ein paar Dinge, die es dir leichter machen können: Du kannst unseren Vokabeltrainer verwenden (www.skapago.eu/nils). Du kannst auch deine Freundin, dein Kind oder deinen Mitbewohner bitten, dich täglich daran zu erinnern, deine Vokabeln zu wiederholen. Ich empfehle dir außerdem, eine bestimmte Tageszeit dafür zu reservieren, zum Beispiel zehn Minuten vor dem Frühstück oder gleich wenn du nach Hause kommst oder direkt bevor du schlafen gehst - einfach was am besten für dich passt. Wichtig ist nur, dass es wie Zähneputzen zur Gewohnheit wird. Am effizientesten lernst du, wenn dich in diesen zehn Minuten niemand stören kann (wenn deine Chefin dich in diesen zehn Minuten anruft, heb nicht ab, ruf sie zurück – Ausnahmen gibt es nur, wenn es in deinem Haus brennt).

2000
so viele Wörter musst du können, um im Alltag zurechtzukommen

500
so viele Wörter brauchst du als Tourist

Wie kannst du das Lernen möglichst sinnvoll gestalten? Eine gute Möglichkeit ist es, die Wörter auf Karteikarten zu schreiben, auf einer Seite auf Norwegisch, auf der anderen Seite auf Deutsch. Schreib bei Substantiven auch den unbestimmten Artikel, bei Verben das *preteritum* sowie alle unregelmäßigen Formen dazu. Schreibe täglich 3-5 neue Karten, vermische sie und wiederhole sie. Schau beim Wiederholen nicht auf die norwegische Seite. Das wäre zu einfach, nicht wahr? Du willst die norwegischen Wörter ja nicht nur verstehen, sondern auch aktiv können. Schau also auf die andere Seite, versuche auf die Lösung zu kommen, schreib sie auf und drehe dann erst die Karte um, um zu kontrollieren, ob du Recht hattest. Wenn nicht, leg die Karte auf die Seite. Wiederhole diese schwierigen Karten so oft wie nötig, um sie dir zu merken. Wiederhole dann die Karten vom Vortag nach dem selben System. Wiederhole auch einmal in der Woche die Karten der vorherigen Woche und nimm einmal im Monat ein paar alte Karten zur Hand.

3 Jahre
8 Monate
3 Wochen
5 Tage
wenn du 4 Wörter am Tag lernst, kannst du eine Sprache nach dieser Zeit fließend

Eins noch: Wenn du einmal einfach keine Lust mehr hast, mach für diesen Tag Schluss und mach am nächsten Tag weiter. Sei nicht zu streng zu dir selbst. Es soll schließlich Spaß machen, eine Sprache zu lernen, nicht wahr?

Erna kjøper mye i dag. Hun trenger mye mat fordi alle skal komme på besøk i morgen og spise middag hos henne. Hun vil lage fiskesuppe, karbonader med poteter og grønnsaker – og vaniljepudding til dessert. Nå er hun i butikken.

Trenger hun noe mer? Kanskje noe av den billige osten på tilbud? Eller det gode brødet fra bakeriet i byen?

Hva slags grønnsaker skal hun kjøpe?

Hun tenker på gulrøtter, løk og selvfølgelig poteter. Er det bedre med store eller med små poteter? Erna tenker litt. Så tar hun en liten pose med de små potetene. Hvilken kaffe skal hun kjøpe? Og så må hun kjøpe litt såpe, toalettpapir og en ny oppvaskbørste. Den gamle oppvaskbørsten er nemlig ødelagt.

Nå har hun alt. Hun vil betale.

«Vil du ha en pose?» spør kassereren.

«Ja, takk.»

Erna kjøper mye i dag.

å kjøpe	kaufen
(en) mat	(ein) Essen
fordi [å]	denn, weil
et besøk	ein Besuch
å komme [å] på besøk	zu Besuch kommen
(en) middag	(ein) Abendessen *(in Norwegen meist zwischen 15.00-18.00)*
hos	bei *(jemandem zu Hause)*
ei suppe	eine Suppe
en fisk	ein Fisch
ei fiskesuppe	eine Fischsuppe
en karbonade	*traditionelles norwegisches Fleischbällchen*
en potet	eine Kartoffel
grønnsaker (immer Mehrzahl)	Gemüse
en pudding	ein Pudding
vanilje	Vanille
en dessert [dessær]	ein Dessert
en butikk	ein Geschäft *(nicht nur für Kleidung – kann alles verkaufen)*
billig [-li]	billig
et tilbud	ein Angebot
på tilbud	im Sonderangebot
et bakeri	eine Bäckerei
en slags	eine Art, eine Sorte
ei gulrot, gulrøtter	eine Karotte
(en) løk	(eine) Zwiebel
best	besser
en pose	eine Tüte
hvilken, hvilket, hvilke	welcher, welche, welches
(ei) såpe	(eine) Seife
toalettpapir	Toilettenpapier
ny	neu
en børste	eine Bürste
en oppvaskbørste [åpp-]	eine Spülbürste
ødelagt	kaputt
å betale	bezahlen
en kasserer, mange kasserere	ein Kassierer, eine Kassiererin

«Medlemskort?»
«Hva sier du?»
«Har du medlemskort?»
«Nei, jeg er ikke medlem.»
«Betaler du med kort?»
«Ja, vær så snill.»
«Sånn, da setter du kortet inn i kortleseren, og så må du slå koden.»
Erna venter litt.
«Kvitteringen?» spør kassereren.
«Nei, takk.»
Erna legger alt i en pose og går.
«Ha det bra, og god helg!» sier kassereren.
«Takk, i like måte!» svarer Erna.
Da hun kommer ut av butikken, ser hun en ung mann. Han står på fortauet og kommer rett bort til henne. Så spør den unge mannen: «Unnskyld, jeg leter etter jernbanestasjonen. Hvor er den?»

et kort [å]	eine Karte
et medlem, medlemmet, mange medlemmer	ein Mitglied
et medlemskort	eine Mitgliedskarte
hva sier du?	wie bitte? (*wörtlich*: was sagst du?)
vær så snill	bitte (*wörtlich*: sei so lieb)
inn	hinein
en kortleser, mange kortlesere	ein Kartenlesegerät
å slå	schlagen, *hier*: eingeben
en kode	ein Code
å slå koden	den Code eingeben
en kvittering	eine Quittung
å stå	stehen
et fortau	ein Gehsteig
rett	direkt
bort	weg, zu
en stasjon	eine Station/Bahnhof
en jernbane [jæ-]	eine Bahn
en jernbanestasjon	ein Bahnhof

Auswählen: hvilken

Hvilken bedeutet ***welche(r/s)***. Wie immer unterscheiden wir nach Geschlecht und Zahl:

Hvilken kaffe **skal hun kjøpe?**	männlich
Hvilken dør **skal hun åpne?**	weiblich
Hvilket hus **liker du?**	sächlich
Hvilke poteter **skal hun kjøpe?**	Plural

Adjektive – Die bestimmte Form

In Kapitel 8 hast du schon von *Adjektiven* gehört. Ich habe dir erzählt, dass ihre Endung von Geschlecht und Zahl abhängig ist. Nun ja, damals wollte ich die schreckliche Wahrheit vor dir verbergen, aber nun ist die Zeit gekommen, um es dir zu verraten: bei Adjektiven unterscheiden wir auch noch zwischen der *bestimmten* und der *unbestimmten* Form.

Bevor wir weitermachen, wiederholen wir doch am besten, was das für Substantive bedeutet: In der unbestimmten Form sprechen wir über irgendwelche Personen (oder Dinge), in der bestimmten Form über bekannte Personen (oder Dinge). Zum Beispiel:

en kopp (eine Tasse) → **irgendeine Tasse** → **unbestimmt**
koppen (die Tasse) → **eine ganz bestimmte Tasse** → **bestimmt**

Stellen wir uns jetzt eine ***große*** Tasse vor. In der unbestimmten Form sagen wir:

en stor kopp

Aber angenommen, es ist nicht irgendeine Tasse, sondern eine ganz *bestimmte*: ***die große Tasse***. In diesem Fall sagen wir:

den **store koppen**

und bei den anderen Geschlechtern:

den **store brødskiva**
det **store rundstykket**

und im Plural:

de **store koppene/brødskivene/rundstykkene**

Merk dir zwei Dinge:
1) Die Endung der bestimmten Form ist immer **-e**. Ganz einfach!
2) In der bestimmten Form will das Adjektiv nicht mit dem Substantiv allein sein. Hast du bemerkt, dass es immer zusammen mit **den** (bei männlichen/weiblichen Substantiven), **det** (bei sächlichen Substantiven) und **de** (im Plural) steht? Wenn du immer deine Hausaufgaben gemacht hast, kennst du diese Wörter bestimmt schon, allerdings in einem anderen Zusammenhang (wenn du dir nicht mehr sicher bist, sieh unter Kapitel 3 nach).

Wir könnten sagen, dass diese Wörter ***der, die, das*** und ***die*** (Plural) bedeuten, aber das wäre nicht vollkommen korrekt. Immerhin übersetzen wir ja ***die Tasse*** mit **koppen** (und nicht mit ~~**den koppen**~~), nicht wahr? Wenn du nicht gerade ein Übersetzerexamen bestehen musst, führt diese Diskussion vielleicht etwas zu weit; wichtig ist aber: Immer wenn wir ein Adjektiv in der bestimmten Form verwenden, müssen wir auch den passenden *Adjektivartikel* (das ist in der Grammatik die korrekte Bezeichnung für die Wörter **den**, **det** und **de** in diesem Kontext) verwenden.

Erinnerst du dich noch an das Adjektiv **liten**? (Gehe zurück zu Kapitel 10, um die Formen zu wiederholen!)
Die bestimmte Form ist **lille** (**den lille gutten, den lille jenta, det lille huset**) und im Plural **små** (**de små guttene, de små jentene** ...).

Vergleichen wir noch einmal:

koppen <-> den store koppen

... aber ~~**store koppen**~~ ist falsch.

Wenn dir die bestimmte Form nicht gefällt, habe ich gute Nachrichten für dich: wenn das Adjektiv erst *nach* dem Wort kommt, das es beschreibt, steht es immer in der unbestimmten Form. Zum Beispiel:

Den store kjelleren **er** mørk.
Det store rommet **er** mørkt.
De store rommene er mørke.

Zukunft

Dinge, die in der Zukunft passieren werden, können auf unterschiedliche Arten ausgedrückt werden.

Alle skal komme på besøk.
Erna vil lage fiskesuppe.

Es gibt einen Bedeutungsunterschied zwischen **skal** und **vil**: Wenn du etwas sicher tun wirst, sagst du **skal**. Wenn du nicht vollkommen sicher bist, verwendest du **vil**. Merke dir das folgende Beispiel:

Jeg skal gå på kino kl. 20.00.	= Ich habe schon eine Karte gekauft.
Jeg vil gå på kino kl. 20.00.	= Ich habe noch keine Karte gekauft.

Beachte, dass **skal** und **vil** auch eine zweite Bedeutung haben, die mit der Zukunft nicht unbedingt etwas zu tun hat.

Hva skal hun kjøpe?	= Was soll sie kaufen? (Rat)
Hun vil betale.	= Sie möchte bezahlen. (Wunsch)

Eine Sache noch zu **vil**: Wenn etwas passieren wird, das wir nicht beeinflussen können, verwenden wir **vil**. **Skal** benutzen wir nur für Dinge, die wir selbst entschieden haben.

Det vil regne i morgen.	= Morgen wird es regnen.

(Wir haben keinen Einfluss auf das Wetter, deshalb können wir **skal** hier nicht verwenden.)

Slags

Das Wort **slags** verwirrt dich vielleicht, weil sich der Artikel je nachdem verändert, welches Wort *nach* **slags** kommt (komisch, oder?). Singular und Plural sind gleich. Wir sagen:

en slags potet	eine Sorte/Art Kartoffeln
en slags ost	eine Sorte/Art Käse
et slags brød	eine Sorte/Art Brot
mange slags ost/poteter	viele Sorten Käse/Kartoffeln

Wenn dir **en slags** nicht gefällt, kannst du auch **en type** verwenden:

mange typer ost/poteter

Kiwi
CATARATAS
Erzeugergemeinschaft
Hamburg eG
Amador

Essen

Suche die Speisen von der Wortliste auf den Bildern. Was magst du? Was magst du nicht? Was isst man gerne in deiner Heimat?

en melon	eine Melone
en appelsin	eine Orange
frukt	Obst
en paprika	eine Paprika
en salat	ein Salat
en sopp [å]	ein Pilz
en agurk	eine Gurke
en banan	eine Banane
(mange) druer	Weintrauben
(en) laks	Lachs
(et) kjøtt	Fleisch
(et) svinekjøtt	Schweinefleisch
ei reke	eine Garnele
(en) kylling	(ein) Huhn
(ei) skinke	Schinken
ei kake	ein Kuchen
en tomat	eine Tomate
(et) pålegg	*alles, was aufs Brot kommt*
(en) pasta	Nudeln
ei pære	eine Birne
et eple	ein Apfel

	I Norge:	I hjemlandet ditt:
Når spiser vi frokost?	ca. kl. 7	
Når spiser vi lunsj?	ca. kl. 11	
Når spiser vi middag?	ca. kl. 16	
Når spiser vi kveldsmat?	ca. kl. 20	

Was kaufe ich wo?

Welche Dinge kannst du in welchem Geschäft kaufen? Was kannst du wo erledigen? Finde die richtigen Geschäfte. Wann haben diese Läden geöffnet? Wie kannst du bezahlen?

Eksempel: Bensinstasjonen er døgnåpen. Bakeriet er åpent fra kl. 8 til 16 mandag til fredag og fra kl. 9 til 12 på lørdager. På apoteket kan man betale kontant eller med kort.

brød
bensin
et tidsskrift
sko
ei avis
melk
kosmetikk
legemidler
mat
klær
ei kake
en billett
ost

en matbutikk	ein Lebensmittelladen
et apotek	eine Apotheke
et legemiddel, legemidler	ein Medikament
en klesbutikk	ein Geschäft für Kleidung
klær (nur Mehrzahl)	Kleidung
(en) kosmetikk	Kosmetik
en kiosk	ein Kiosk
en billett	ein Ticket
ei avis	eine Zeitung
et tidsskrift	eine Zeitschrift
en skobutikk	ein Schuhgeschäft
en sko, mange sko	ein Schuh
en bensinstasjon	eine Tankstelle
(en) bensin	Benzin
å betale kontant/med kort	bar zahlen/mit Karte zahlen
å kjøpe på kreditt	auf Kredit kaufen
døgnåpen	24 Stunden geöffnet
åpningstider	Öffnungszeiten

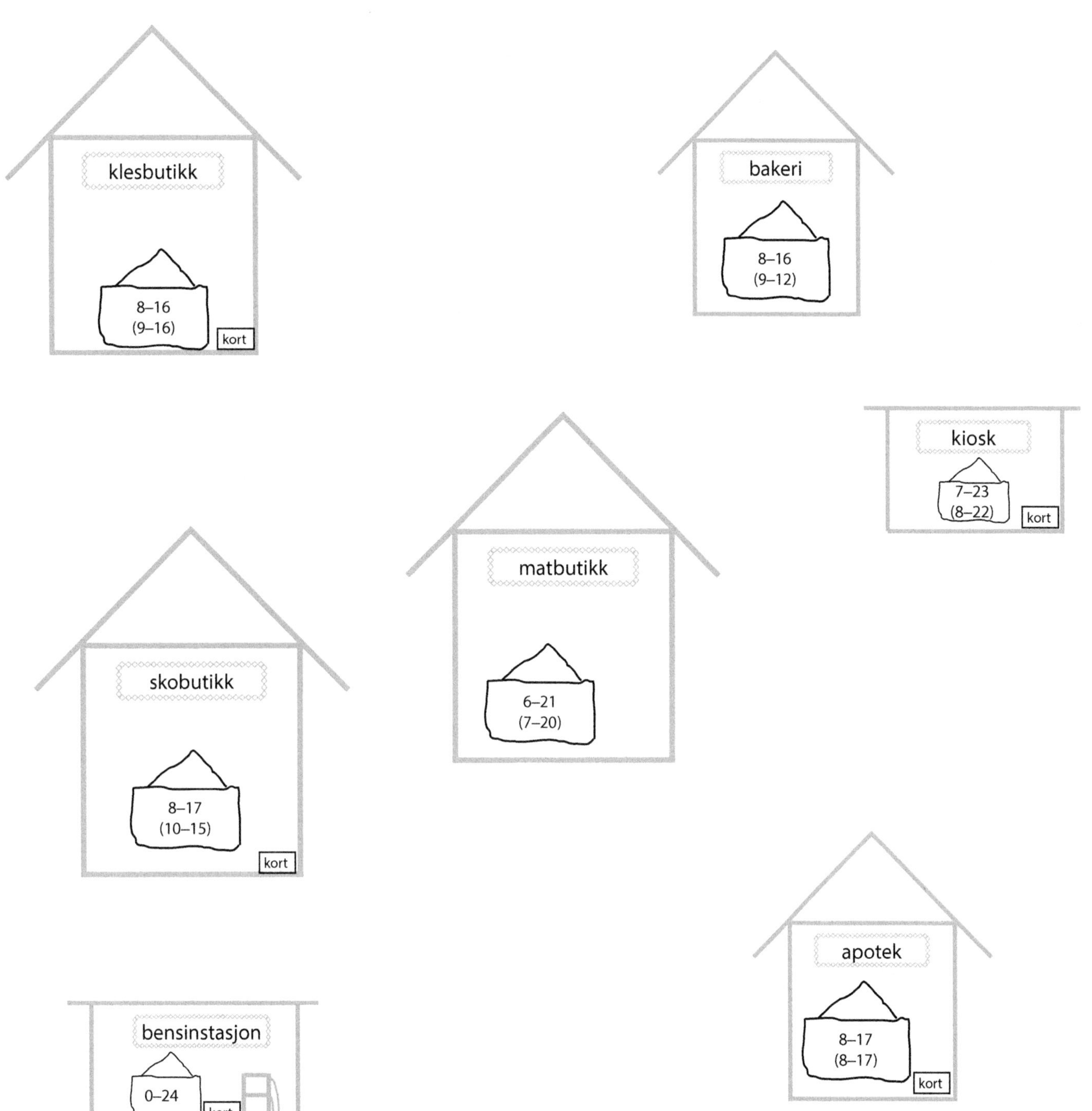
klesbutikk
8–16
(9–16)
kort
bakeri
8–16
(9–12)
kiosk
7–23
(8–22)
kort
matbutikk
6–21
(7–20)
skobutikk
8–17
(10–15)
kort
apotek
8–17
(8–17)
kort
bensinstasjon
0–24
kort

Länder

Verbinde die passenden Sprachen (rechts) mit den Ländern (links).

Eksempel: I Norge snakker man norsk.

Norge
Hellas
Brasil
Canada
Tyrkia
Sveits
Storbritannia
Østerrike
Russland
Argentina
Polen
Island
Vatikanstaten
Sverige

engelsk
svensk
fransk/tysk/italiensk
portugisisk
polsk
russisk
italiensk/latin
spansk
islandsk
tyrkisk
tysk
gresk
fransk/engelsk
norsk

1 Bilde die bestimmte Form.

Eksempel: en dyr leilighet → den dyre leiligheten

a) et brunt skap
b) en varm kopp
c) et stort brød
d) ei rød dør
e) røde senger
f) store vinduer
g) en rar person
h) et rolig hus
i) en mørk skog

2 Setze das Adjektiv in die richtige Form.

god	Brødet er ...
billig	Rundstykkene er ...
liten	Jeg vil ha en ... leilighet.
stor	Huset er ...
god	Jeg vil kjøpe fem ... rundstykker.
fin	Vi trenger mange ... poteter.
dyr	Dette huset er ...
billig	Dette er et ... hus.

3 Flaggen, Länder und Farben

Welche Farben haben diese Flaggen?
Finde die richtigen Nationen, verwende die bestimmte Form (es ist schließlich "die" italienische Flagge) und vergiss nicht, auch die Adjektive in die richtige Form zu setzen.
et flagg = eine Flagge
Eksempel: Det norske flagget er rødt, hvitt og blått.

irsk – svensk – gresk – italiensk – tysk – sørafrikansk – østerriksk

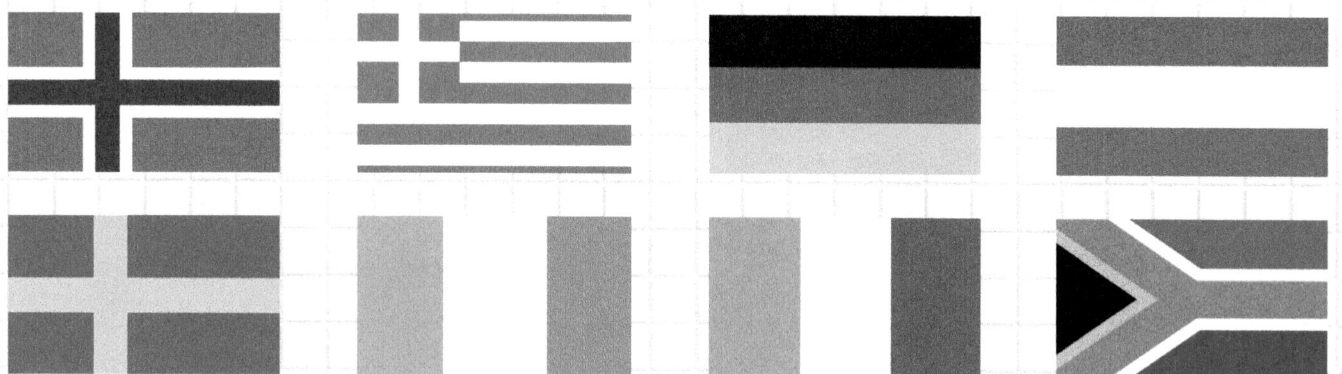

4 Beschreibe deine Wohnung. Erzähle, wo sie liegt, wie sie aussieht, wieviele Zimmer es gibt, welche Möbel du hast, welche Geschäfte in der Nähe liegen, ob du mit jemandem zusammenwohnst.

5 Hva liker du å spise? Hva spiser du til frokost/lunsj/middag?

6 Setze *hvilken/hvilket/hvilke* ein.

a) _____ hus bor du i?
b) _____ telefon ringer?
c) _____ bilder liker du?
d) _____ oppvaskmaskin er god?
e) _____ jobb vil du ha?
f) _____ smerter er farlige?
g) _____ butikk er billig?
h) _____ bord vil du kjøpe?

Erna er forvirret. En turist spør etter jernbanestasjonen. Det er egentlig ikke noe uvanlig med det. Men hun har følelsen av å være i en gammel film igjen. En ung mann – blid, høflig – spør etter veien. Han bærer en koffert. Slik var det den gang også. Nøyaktig her. For så mange år siden.

«Vet du ikke hvor den er?» spør den høflige unge mannen.

Erna våkner av dagdrømmen. «Jo, det vet jeg. Du går ned denne gata, og så går du til høyre ved det første krysset. Ser du disse små, grønne husene der borte? Der må du gå til høyre. Etter omtrent 100 meter går du til venstre, rett ved et lite hotell. Deretter går du rett fram til du ser stasjonen.»

«Vet du ikke hvor den er?»

«Tusen takk!» Den unge mannen smiler og går. Han smiler ... nøyaktig som en annen ung mann smilte, og på nøyaktig det samme stedet, for mange, mange år siden. Den andre unge mannen hadde også en koffert med seg. Bare klærne – han hadde selvfølgelig andre klær på seg. Men ansiktet, ansiktet! Det var så kjent. Og språket – dette språket. Det var nøy-

å forvirre, forvirret [å]	verwirren
forvirret [å]	verwirrt
en turist	ein Tourist
uvanlig [-li]	ungewöhnlich
en følelse	ein Gefühl
en film	ein Film
blid [bli]	fröhlich, freundlich
høflig [-li]	höflich
en vei	eine Straße, *hier*: ein Weg
å spørre etter veien, spurte	nach dem Weg fragen
å bære, bar	tragen
tung [o]	schwer
en koffert	ein Koffer
slik	so
var (*pret. von* å være)	war
den gang	damals
nøyaktig [-ti]	genau
for ... siden	vor (*zeitlich*)
en drøm, drømmer	ein Traum
en dagdrøm	ein Tagtraum
denne	dieser/diese
til høyre	rechts, nach rechts
et kryss	eine Kreuzung
borte	weg
omtrent	ungefähr
til venstre	links, nach links
et hotell	ein Hotel
deretter [dær-]	danach
rett fram	geradeaus
en annen	ein anderer
ei anna	eine andere
et annet	ein anderes
den/det/de andre	der/die/das andere
et ansikt	ein Gesicht
kjent	bekannt
et språk	eine Sprache

aktig den samme uttalen ...

Den gang bodde Erna ikke her ennå, men hun dro ofte til byen. Da møtte hun den unge mannen – han sto her på dette fortauet, spurte etter veien, hadde en koffert i hånda ...

Alt etterpå er så trist. Hun kan aldri glemme det, men hun kan heller ikke snakke om det. Hun føler at hun må snakke om det. Men det er så vanskelig. Så utrolig vanskelig.

Minnene kommer tilbake, som en stor bølge. Erna kan ikke gå hjem nå. Nei, hun må ordne tankene først.

en uttale	eine Aussprache
ennå	noch
å dra, dro	*hier:* reisen
ofte [å]	oft
aldri	nie
å glemme, glemte	vergessen
vanskelig [-li]	schwierig
utrolig [-li]	unglaublich
et minne	eine Erinnerung
en bølge	eine Welle
hjem [jem]	nach Hause
å ordne, ordnet [å]	ordnen
en tanke	ein Gedanke

denne – dette – disse

Diese drei Wörter können als *Demonstrativpronomen* verwendet werden. Das heißt, sie funktionieren wie die Wörter ***dieser, diese, dieses*** im Deutschen:

denne koppen
denne brødskiva
dette rundstykket
disse koppene/brødskivene/rundstykkene

Wie üblich gibt es ein Wort für das männliche und das weibliche Demonstrativpronomen, eins für das sächliche und eins für den Plural. Aber bei all deiner Erfahrung mit norwegischer Grammatik beeindruckt dich das wahrscheinlich kaum mehr.

Pass aber auf, dass du nach **denne/dette/disse** immer die *bestimmte* Form des Substantivs und des Adjektivs (wenn du eins brauchst) verwendest. Warum? Ganz klar! Wenn du ***dieser/diese/dieses*** sagst, sprichst du nie über *irgendeine* Person oder Sache, sondern immer über eine *bestimmte.*

Außerdem verwenden wir **dette**, wenn wir ***das ist ...*** sagen wollen. Wir sagen dazu **dette er ...** . Wir verwenden auch auf Norwegisch immer die sächliche Form, selbst wenn das folgende Substantiv nicht dazu passt:

Dette er en dusj.

(Du sagst ja auch auf Deutsch nicht ***~~Die ist eine Dusche.~~***)

Bewegung und Stillstand

Diese Wörter haben eines gemeinsam: Immer wenn wir uns bewegen, benutzen wir die linke Form (meist ohne die Endung **-e**). Wenn wir uns nicht bewegen, benutzen wir die rechte Form.

Han opp.	Han er oppe.
... ned	... nede
... inn	... inne
... ut	... ute
... hjem	... hjemme
... dit	... der
... hit	... her
... bort	... borte

Vergangenheit

Zeit zurückzuschauen! Du wusstest, es würde irgendwann kommen – jetzt ist es an der Zeit, die Vergangenheit zu lernen, wenn du das nicht schon getan hast. Also geh bitte zurück zu Kapitel 6. Wir treffen uns danach wieder hier!

Hier siehst du alle Verben, die du bis jetzt gelernt hast, aufgeteilt in die *preteritum*-Gruppen, zu denen sie gehören:

-et

å arbeide
å dekke
å dusje
å gifte
å glede
å hente
å hete
å hoppe
å hoste
å huske
å kaste
å koste
å lage
å lytte
å ordne
å passe på
å pusse
å puste
å rydde
å slappe av
å slutte
å snakke
å trykke
å tulle
å vaske
å vente
å våkne
å åpne

-dde

å bety
å bo
å snu
å tro

-te

å bake
å begynne
å betale
å bevege
å bruke
å flire
å forklare
å føle
å gjemme
å glemme
å hilse
å høre
å kjenne
å kjøpe
å koke
å leke
å like
å ringe
å rope
å sende
å skjule
å skjære
å skjønne
å skremme
å smile
å spille
å spise
å steke
å stemme
å studere
å svare
å tenke
å trenge
å trykke
å vise

-de

å dø
å lage
å leve
å prøve

Leider gibt es auch einige unregelmäßige Verben (*uregelmessige verb*), die du auswendig lernen musst. Auch diese hast du schon gesehen:

Infinitiv	**Presens**	**Preteritum**
å bære	bærer	bar
å bli	blir	ble
å burde	bør	burde
å dra	drar	dro/drog
å drikke	drikker	drakk
å drive	driver	drev
å få	får	fikk
å finne	finner	fant
å forstå	forstår	forsto
å fortelle	forteller	fortalte
å gå	går	gikk
å gi	gir	gav/ga
å gjenta	gjentar	gjentok
å gjøre	gjør	gjorde
å ha	har	hadde
å hjelpe	hjelper	hjalp
å komme	kommer	kom
å kunne	kan	kunne
å ligge	ligger	lå
å måtte	må	måtte
å se	ser	så
å sette	setter	satte
å sitte	sitter	satt
å skrive	skriver	skrev
å skulle	skal	skulle
å slå	slår	slo
å sove	sover	sov
å spørre	spør	spurte
å stå (opp)	står	sto/stod
å ta	tar	tok
å treffe	treffer	traff
å være	er	var
å ville	vil	ville
å vite	vet	visste

Wegbeschreibungen geben (und verstehen)

Unnskyld, hvordan kommer jeg til … / hvor ligger … / hvor er … ?

… skolen (3)?
Du går til venstre ved det første krysset (2). Ved det andre krysset (7) ser du skolen til høyre (3).

… parkeringsplassen (5)?
Du går til venstre ved det første krysset (2). Så går du rett fram. I rundkjøringen tar du første utkjørsel (4). Så ligger parkeringsplassen til høyre.

Jetzt bist du dran:

- Hvor ligger restauranten (9)?
- Hvordan kommer man fra parkeringsplassen til parken (10)?
- Hvordan kommer man fra restauranten (9) til kinoen (8)?

en parkeringsplass	ein Parkplatz
en rundkjøring [runn-]	ein Kreisverkehr
en utkjørsel	eine Ausfahrt
en restaurant [-rang]	ein Restaurant
en bar	eine Bar
en kino	ein Kino

8
10
2
1
?

1 Svar på spørsmålene. (Beantworte die Fragen.)

a) Hvor er Erna?
b) Hva vet du om turisten?
c) Hvorfor er Erna forvirret?
d) Hva slags minner har Erna?
e) Hvorfor kan hun ikke gå hjem?

2 Setze *denne/dette/disse* ein.

Hva skal Erna kjøpe? Kanskje ... gulrøttene? Eller ... potetene?
... oppvaskbørsten er for dyr. Men hun skal i hvert fall kjøpe ... osten. Er ... brødet godt?

3 Hvordan var dagen din?

Erinnerst du dich an den Tagesablauf, den du in Kapitel 7 erstellt hast? Setze den Text in die Vergangenheit. Schreibe dann deinen eigenen Tagesablauf für gestern auf – ebenfalls in der Vergangenheit.

4 Übe *preteritum*.

Wenn du *preteritum* erst jetzt gelernt hast, solltest du auch die optionalen Übungen aus Kapitel 6 (Nr. 8) und Kapitel 10 (Nr. 4) nachmachen.

5 Wähle die richtige Form.

a) Er butikken (der/dit)?
b) Hvor er bakeriet? – Du må gå (nede/ned) denne gata.
c) Apoteket ligger (her/hit).
d) Kommer du (hjem/hjemme)?
e) Skal han vente (der/dit)?
f) Det er to senger her, men jeg vil ikke sove (oppe/opp).
g) Vi må sende (ut/ute) mange e-poster i dag.
h) Vil du gå (ut/ute) med oss på lørdag?
i) Må vi sitte (inn/inne) i dag?
j) I dag arbeider Stian (hjem/hjemme).
k) Kommer du (her/hit)?
l) Bakeriet er (der/dit) (borte/bort).

Erna sitter på en rolig kafé. Hun har nettopp drukket to kopper kaffe, og kaffen var sterk. Nå føler hun seg litt bedre.

«Vil du ha noe å spise også?»

Erna er litt usikker. Skal hun bestille noe? Hun kan ikke bare drikke kaffe. Hun har ikke spist ennå. «Ja, takk. Kan jeg få menyen?» «Ja, et øyeblikk.»

Servitøren kommer tilbake. Menyen er ikke særlig fristende. Hamburger, pizza, kjøttkaker, kylling. Har de ikke salater eller fisk? Jo, der: Dagens fisk med ris og grønnsaker. «Jeg tar dagens fisk», sier Erna til servitøren.

Og så tenker hun på Susannes bursdag.

Hun venter på maten og ser ut av vinduet. Det snør nå, og det blåser ganske kraftig. Hun tenker på den unge mannen. Og så tenker hun på Susannes bursdag. Susanne likte ikke gaven. Det var en dum idé å gi henne nissen. Og det var en dum idé med papirlappen også. Hvorfor la hun lappen i nissen? Susanne vil aldri finne denne lappen! Men Erna vil absolutt gjøre noe med denne saken. Hun har aldri snakket om den. Hun har alltid ventet.

Det vil si – én person vet det. Hun må vite det. De har aldri snakket om det, men det med hytta var jo Heges idé.

en kafé	ein Café
nettopp [å]	genau
å drikke, drakk, drukket [o]	trinken
sterk [ær]	stark
å bestille, bestilte	bestellen
en meny	eine Speisekarte
et øyeblikk	ein Augenblick, *hier*: einen Augenblick, bitte
en servitør	ein Kellner, eine Kellnerin
særlig [-li]	besonders
fristende [-enne]	verlockend
ei kjøttkake	eine Frikadelle
(en) fisk	(ein) Fisch
dagens fisk	der Fisch des Tages
(en) ris	Reis
å snø, snødde	schneien
å blåse, blåste	blasen; windig sein
ganske	ziemlich, ganz schön
kraftig [-ti]	kräftig
en sak	eine Sache, Angelegenheit
Det vil si …	Das bedeutet …
ei hytte	eine Hütte

Hun har aldri stilt spørsmål. Men hun vet sikkert alt. Kanskje bør hun besøke Hege? Hun klarer det sikkert med Heges hjelp. Men Hege bor i Tromsø nå.

Papirlappen var en typisk Erna-idé: Man kan ikke både holde noe hemmelig og samtidig fortelle om det. Enten må hun snakke om teksten på lappen med familien eller holde det skjult for resten av livet.

Servitøren kommer med maten. «Vær så god!»

Erna begynner å spise, men maten smaker ikke.

Nå har hun levd med denne hemmeligheten i så lang tid. Og hun er gammel. 84 år. Hun føler seg frisk, men det er på tide å fortelle sannheten til familien. Eller er det allerede for sent?

«Kan jeg få regningen?»

«Så klart. Vil du betale kontant?»

«Nei, med kort.»

«Det blir 243 kroner.»

Erna slår koden, bekrefter og tar kvitteringen.

«Takk skal du ha. Ha en fin dag!» sier servitøren.

«Takk, i like måte. Ha det bra!» svarer Erna.

Erna går ut av kaféen. Det har snødd i mange timer, og det er vanskelig å gå. Hun må være forsiktig.

å stille, stilte spørsmål	Fragen stellen
å besøke, besøkte	besuchen
å klare, klarte	schaffen
Tromsø	*Stadt in Nordnorwegen*
typisk	typisch
både – og	sowohl – als auch
å holde, holdt, har holdt [hålle]	halten
hemmelig [-li]	geheim
samtidig [-di]	gleichzeitig
å fortelle om, fortalte om [får-]	erzählen von
enten – eller	entweder – oder
en tekst	ein Text
skjult	versteckt
en rest	ein Rest
resten av	der Rest von
et liv	ein Leben
vær så god	bitte (sehr, schön)
å smake, smakte	kosten
en hemmelighet	ein Geheimnis
en tid	eine Zeit
det er på tide å ...	es ist an der Zeit zu ...
(en) sannhet	(eine) Wahrheit
sent, for sent	spät, zu spät
en regning [ræj-]	eine Rechnung
så klart	selbstverständlich
det blir ...	Das macht ...
å bekrefte, bekreftet	bestätigen
ha en fin dag	schönen Tag noch
en time	eine Stunde

Zeit

Klokka er 14.30.

14.20 → for ti minutter (*Minuten*) siden
14.40 → om ti minutter
fra kl. 14.20 til kl. 14.30 → i ti minutter

Sobald du die nächste Seite durchgearbeitet hast, solltest du noch einmal hierher zurückkehren und das Gelernte mit dem verbinden, was du dann über *preteritum* und *perfektum* weißt:

Jeg har ventet på deg i ti minutter. → Ich warte schon seit 14.20 Uhr.
Jeg ventet på deg i ti minutter. → Ich habe zum Beispiel ab 14.15 gewartet und du bist um 14.25 gekommen.

Höflich sein

Wie du schon gelernt hast, gibt es im Norwegischen kein Wort für ***bitte***. Dafür gibt es viele verschiedene Möglichkeiten, ***danke*** zu sagen (siehe Kapitel 3).

Wenn du um etwas bittest, kannst du auf verschiedene Arten höflich sein, ohne ein Wort für ***bitte*** zu verwenden:

- eine Frage stellen:
  Kan jeg få menyen?
  statt ~~Jeg vil få menyen~~.
- verwende **kunne** (*preteritum* von **kan**):
  Kunne jeg få menyen? Kunne du hjelpe meg?
  Das ist höflicher, als einfach **kan** zu sagen.
- verwende **gjerne**:
  Jeg vil gjerne ha en kopp kaffe.
  statt ~~Jeg vil ha en kopp kaffe.~~
- verwende **vennligst** oder **vær så snill**:
  Vennligst legg igjen en beskjed etter pipetonen (Bitte hinterlasse eine Nachricht nach dem Signalton.).
  Vær så snill og hjelp meg.
  Das entspricht beinahe dem Deutschen ***bitte***, aber wir verwenden es nur in formellen Situationen oder im schriftlichen Norwegisch.
- sage **takk,** nachdem du um etwas bittest:
  Jeg vil gjerne ha et glass vann, takk.

Für das deutsche ***bitte***, das wir ins Englische mit ***you're welcome*** übersetzen (also das ***bitte*** als Antwort auf ***danke***), gibt es im Norwegischen durchaus einen Ausdruck:
Vær så god!
Wenn du also in Norwegen hörst, dass es in anderen Sprachen einfacher sei, höflich zu sein, solltest du widersprechen. Es gibt genug Möglichkeiten, auch im Norwegischen höflich zu sein!

Perfektum (Perfekt)

Erinnerst du dich noch an das *preteritum*? Es gibt noch eine zweite Vergangenheit: das *perfektum*. Da du das *preteritum* schon kennst, wird das hier ziemlich einfach für dich sein. Im Grunde ist alles, was du tun musst, **har** + *perfektum* zu kombinieren. Dazu musst du nur die *perfektum*-Form für jedes Verb kennen. Zuerst die schlechte Nachricht: Wenn das Verb unregelmäßig ist, musst du die Form auswendig lernen. Tut mir leid! Diese Formen findest du auf der nächsten Seite. Wenn das Verb aber regelmäßig ist, ist es sehr einfach, vom *preteritum* zum *perfektum* zu kommen: Du nimmst einfach das *preteritum* und streichst das **-e** am Ende weg. Und wenn es am Ende kein **-e** gibt, wie in **våknet**? Dann brauchst du gar nichts zu verändern.

Endung –et: å våkne → jeg har våknet
Endung –t: å spise → jeg har spist
Endung –d: å leve → jeg har levd
Endung –dd: å bo → jeg har bodd

Wozu brauchen wir das *perfektum* überhaupt, wenn wir schon das *preteritum* haben? Die wichtigste Regel dazu: Wenn das Geschehene irgendeine Verbindung zur Gegenwart hat, verwenden wir *perfektum*.

Schauen wir uns ein paar Beispiele aus dem Text an:

Erna har drukket to kopper kaffe.
→ Nå føler hun seg litt bedre.

Dass Erna Kaffee getrunken hat, wirkt sich auf die Gegenwart aus (sie fühlt sich besser). Hier verwenden wir also *perfektum*.

Hun har ikke spist ennå.

Die Verbindung zur Gegenwart ist nicht im Text, aber sie ist offensichtlich: Erna möchte etwas zu essen bestellen. Die Tatsache, dass sie noch nicht gegessen hat, beschreibt ihre momentane Situation.

Die "Verbindung zur Gegenwart" kann auch bedeuten, dass eine Handlung, die in der Vergangenheit begonnen hat, noch immer andauert:

Hun har alltid ventet.

... und sie wartet noch immer.

Vergleiche diese Bespiele mit folgender Situation, in der wir *preteritum* verwenden:

Susanne likte ikke gaven.

Das passierte in der Vergangenheit, hat aber keine direkten Auswirkungen auf die Gegenwart.

Natürlich kann man sich manchmal (oder eigentlich sogar ziemlich oft) ganz schön darüber streiten, ob ein Ereignis in der Vergangenheit nun für die Gegenwart relevant ist oder nicht. Sieh dir zum Beispiel den folgenden Satz an:

Det var en dum idé å gi henne nissen.

Wenn Erna das einfach nur als Tatsache feststellt, ist *preteritum* eine gute Wahl. Sie fragt sich vielleicht aber, ob sie Susanne ein anderes Geschenk hätte geben sollen. Dann wäre *perfektum* eine bessere Entscheidung gewesen.

Wir müssen daraus jetzt aber keine Wissenschaft machen. Du wirst viele Norweger treffen, die die "falsche" Zeitform verwenden, also zerbrechen wir uns darüber lieber nicht zu sehr den Kopf, ok?

Das Einzige, das du dir unbedingt merken solltest, ist Folgendes:

Ida og Per har vært gift i tre år.

Perfektum – sie sind immer noch verheiratet.

Ida og Per var gift i tre år.

Preteritum – sie sind jetzt geschieden.

Zusammenfassend – wir verwenden:

Preteritum

- für Dinge, die vorbei sind
- wenn wir sagen, zu welcher Zeit etwas passiert ist

Perfektum

- für Dinge, die noch weitergehen
- für Dinge, die eine Verbindung zur Gegenwart haben

Unregelmäßige Verben

å bære	har båret	å kunne	har kunnet
å bli	har blitt	å ligge	har ligget
å burde	har burdet	å måtte	har måttet
å dra	har dradd/dratt	å se	har sett
å drikke	har drukket	å sette	har satt
å drive	har drevet	å sitte	har sittet
å få	har fått	å skrive	har skrevet
å finne	har funnet	å skulle	har skullet
å forstå	har forstått	å slå	har slått
å fortelle	har fortalt	å sove	har sovet
å gå	har gått	å spørre	har spurt
å gi	har gitt	å stå (opp)	har stått (opp)
å gjenta	har gjentatt	å ta	har tatt
å gjøre	har gjort	å treffe	har truffet
å ha	har hatt	å være	har vært
å hjelpe	har hjulpet	å ville	har villet
å komme	har kommet	å vite	har visst

Essen gehen

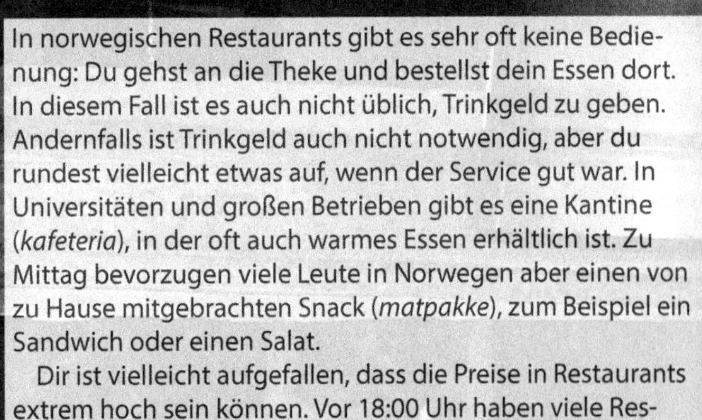

In norwegischen Restaurants gibt es sehr oft keine Bedienung: Du gehst an die Theke und bestellst dein Essen dort. In diesem Fall ist es auch nicht üblich, Trinkgeld zu geben. Andernfalls ist Trinkgeld auch nicht notwendig, aber du rundest vielleicht etwas auf, wenn der Service gut war. In Universitäten und großen Betrieben gibt es eine Kantine (*kafeteria*), in der oft auch warmes Essen erhältlich ist. Zu Mittag bevorzugen viele Leute in Norwegen aber einen von zu Hause mitgebrachten Snack (*matpakke*), zum Beispiel ein Sandwich oder einen Salat.

Dir ist vielleicht aufgefallen, dass die Preise in Restaurants extrem hoch sein können. Vor 18:00 Uhr haben viele Restaurants allerdings besondere Angebote. Es lohnt sich also unter Umständen, früher zu Abend zu essen.

Lies folgende Sätze und finde eine passende Antwort:

Har du et ledig bord for fire personer?	Ja. Kan vi få menyen?
Kan vi sitte her?	Selvfølgelig. Det er mulig.
Vil dere spise?	Jeg tar et glass øl, takk.
Kan du anbefale noe?	Nei, dessverre.
Hva vil du drikke?	Ja, det kan du. Hvordan vil du betale?
Har dere italiensk rødvin?	Ja, selvfølgelig.
Er det mulig å få dagens suppe uten kjøtt?	Ja, men den står ikke på menyen.
Er det svinekjøtt i denne retten?	Ja, her ved vinduet.
Har dere vegetariansk mat også?	Nei, bare kylling.
Kan jeg få regningen?	Ja, dagens fisk, for eksempel.

ledig [-di]	frei
å anbefale, anbefalte	empfehlen
(en) rødvin	(ein) Rotwein
en rett	ein Gericht
vegetariansk	vegetarisch
en regning [ræj-]	eine Rechnung
(et) øl	(ein) Bier
en øl	ein Glas Bier
dessverre [-ærre]	leider

1 Beantworte die Fragen.

a) Hvor er Erna?
b) Liker hun menyen?
c) Hva bestiller hun?
d) Hva vil hun klare med Heges hjelp?
e) Har hun snakket om hemmeligheten med Hege?
f) Hvorfor er det på tide å snakke om hemmeligheten?
g) Hvordan betaler Erna?
h) Hvorfor må hun gå forsiktig?

2 Stelle sinnvolle Mahlzeiten zusammen. Es gibt verschiedene Möglichkeiten, abhängig von deinem Geschmack. Verwende ein Wörterbuch für die Wörter, die du nicht kennst.

potetsalat	med	potetmos
råkost	med	grønnsaker og potet
kokt laks	med	ertestuing, brun saus og potet
kjøttkaker	med	fiskegrateng
stekte pølser	med	kylling
svinekotelett	med	kald roastbeef
ris og salat	med	potet og agurksalat

3 Setze folgende Sätze ins *perfektum*.

a) Per våkner.
b) Maria kommer til kaféen.
c) Hun spiser sjokolade.
d) Hun begynner ikke å arbeide.
e) Stefan åpner vinduet.
f) Han sender en e-post.
g) Susanne får en gave.
h) Hun går på Internett.
i) Jeg tar bussen kl. 6.40.
j) Jeg venter i en time.
k) De ser ikke det grønne huset.
l) Jeg gjør mye i dag.
m) Martha bor i Bergen.
n) Hun sier ikke mye.
o) Jeg spør etter veien.
p) Jeg ser det på TV.
q) Jeg hører deg.
r) Stefan slutter å arbeide.
s) Han snakker med meg.
t) Barnet prøver å gjemme seg.
u) Nils føler seg bedre.
v) Jeg lytter på radio.
w) Pål skriver ei bok.
x) Det snør i to timer.
y) Erna kjøper mat.
z) Familien kommer på besøk.
æ) Hun betaler 345 kroner.
ø) Jeg drar til Oslo.
å) Mannen står på fortauet.

4 Tor ist kein besonders höflicher Mann. Wie könnte er folgende Sätze etwas höflicher ausdrücken?
a) Du må hjelpe meg.
b) Kom til meg.
c) Jeg vil ha en kopp kaffe.
d) Gi meg menyen.
e) Nå betaler jeg.

5 Ersetze die unterstrichene Passage durch einen Ausdruck mit *i/om/for … siden* und *timer/dager …*
Det er onsdag. Klokka er 17.00.
a) <u>Kl. 19.00</u> skal jeg treffe en venn.
b) <u>Kl. 16.00</u> var jeg ferdig på jobben.
c) <u>På fredag</u> skal jeg reise til Oslo.
d) <u>På lørdag, søndag og mandag</u> skal jeg være i Oslo.
e) <u>På mandag</u> var jeg i Bergen.
f) <u>Fra kl. 20.00 til kl. 22.00</u> skal jeg snakke med Tor.
g) <u>Kl. 23.00</u> skal jeg legge meg.

6 Wiederhole folgende Sätze mit eigenen Worten. Verzichte auf die unterstrichenen Wörter.
Eksempel: Maten er ikke særlig <u>god</u>.
→ Maten er ikke særlig fristende.
a) Dagens suppe er ikke <u>veldig</u> dyr. →
b) Det er <u>helt</u> rolig i huset. →
c) Den unge mannen <u>stiller mange spørsmål</u>. →
d) Erna har <u>skjult</u> papirlappen i Nils. →
e) Det <u>stemmer</u> ikke. →
f) Jeg har <u>levd</u> i Oslo i 20 år. →
g) <u>Vær så snill</u> å gi meg menyen. →
h) Det <u>blir</u> 340 kroner. →
i) Han <u>bærer</u> en eske. →
j) Maten koster <u>rundt</u> 200 kroner. →
k) <u>Deretter</u> skal jeg legge meg. →
l) Erna er <u>norsk</u>. →

7 Welche Körperteile haben welche Funktion? Schlage die Wörter, die du nicht kennst, im Wörterbuch nach.
Eksempel: ei hånd (hender) – å gripe
→ Med hendene kan man gripe.

et øye (øyne)	å se
en fot (føtter)	å gå
en nese	å nikke
en finger	å spise og å drikke
en munn	å føle
ei tunge	å tenke
et øre	å smake
et hode	å puste
en hjerne	å lukte
en lunge	å bite
en tann (tenner)	å høre
en hud, en finger	å gripe

Natten har vært tung. Nils har følt seg veldig syk. Men nå er han mye bedre. Magen har sluttet å gjøre vondt, og han er ikke kvalm lenger.

Det er ganske sent. Nils hører verken Lars eller barna, de har gått på skolen og på jobb. Bare Lise er hjemme. Hun er på badet, og man hører dusjen. Etterpå pusser hun tennene. Så kommer hun ut av badet. Hun bærer ei bøtte med vann. På kjøkkenet begynner hun å vaske gulvet. Så går hun tilbake til badet med bøtta, tømmer den i doen og tar støvsugeren ut av et skap. Støvsugeren bråker forferdelig. Nils klarer nesten ikke å vente til hun er ferdig. Endelig slår Lise av støvsugeren.

Hva skjer nå? Lise kommer tilbake og begynner å rydde. Å nei, tenker Nils. Kommer hun med en eske? Han er nervøs. Men Lise tar bare ei bok fra bordet og setter den inn til de andre bøkene i hylla. Så tar hun koppene, knivene, gaflene, skjeene, tallerkenene og glassene og setter dem i oppvaskmaskinen. Etter det støvsuger hun i stua og i gangen. Det tar lang tid.

Lise kommer tilbake og begynner å rydde.

Så kommer hun tilbake og ser på Nils.

Med et fast grep tar Lise ham, går inn i stua, setter seg på sofaen sammen med Nils og slår på TV-en.

hjemme [je-]	zu Hause
ei bøtte	ein Eimer
å tømme, tømte	leeren
en do	eine Toilette/ein Klo
en støvsuger	ein Staubsauger
å bråke, bråkte/bråket	Lärm machen
til	*hier:* bis
å skje, skjedde	passieren, geschehen
nervøs [nær-]	nervös
ei hylle	ein Regal
et grep	ein Griff
fast	fest

Die Grammatik auf diesen beiden Seiten ist *optional!* Du kannst sie jetzt lernen oder wenn du zu Kapitel 25 kommst. Oder irgendwann dazwischen ...

Höher, schneller, weiter

Im Norwegischen ist es nicht sehr schwierig, Dinge zu vergleichen:

I Trondheim er det kaldere enn i Oslo.

Alles, was du tun musst, ist **-ere** an ein Adjektiv anzuhängen. Zum Glück ist die so entstehende Form **kaldere** (wir nennen diese Form *Komparativ*) für alle Geschlechter und jede Zahl die selbe:

Den er kaldere/det er kaldere/de er kaldere ...

Doch keine Regel ohne Ausnahme. An manche Adjektive kann kein **-ere** angehängt werden. Stattdessen verwenden wir für sie das Wort **mer**:

Min leilighet er mer moderne enn din leilighet.

Das gilt für

- lange Adjektive, oft aus anderen Sprachen, wie **moderne**, **interessant**
- lange Adjektive, die auf **-sk** enden: **politisk**, **skandinavisk**
- Adjektive, die von Verben abgeleitet sind: **skuffet** (kommt von **å skuffe**)
- ... und Adjektive auf **-s**, aber die sind sehr selten, also vergiss das gleich wieder.

Manchmal verwenden wir den Komparativ, ohne wirklich etwas zu vergleichen:

en eldre mann

Wir könnten auch **en gammel mann** sagen, aber wir wollen etwas höflicher sein. Um dieses Prinzip besser zu verstehen, stell dir vor, dass wir hier mit etwas *Durchschnittlichem* vergleichen:

en eldre mann → älter als ein durchschnittlicher Mann

Am höchsten, am schnellsten ...

Der *Superlativ* ist genauso einfach wie der *Komparativ*. Statt **-ere** (Komparativ) verwenden wir **-est:**

kald - kaldere - kaldest

Bei jenen Adjektiven, bei denen wir im Komparativ **mer** verwenden, verwenden wir im Superlativ **mest**:

moderne - mer moderne - mest moderne

Adjektive, die auf **-ig** enden, bekommen nur die Endung **-st**:

viktig - viktigere - viktigst

Manche Norwegischlehrbücher schreiben **den kaldeste** statt **kaldest**. Das ist eigentlich nicht 100%ig richtig. Die Sache ist die: **den kaldeste** ist die bestimmte Form, und diese wird im Zusammenhang mit dem Superlativ fast immer verwendet.

Warum? Nun ja, es gibt vielleicht *viele schnelle* Läuferinnen, aber nur *eine* von ihnen ist *die schnellste,* und weil sie den Rekord hält, ist sie nicht irgendeine Läuferin, sondern eben eine bekannte, deshalb verwenden wir die *bestimmte* Form. Das gilt jedoch nicht immer. Sieh dir das folgende Beispiel an:

Oslo er den største byen i Norge.

Aber:

Oslo er størst.

Im ersten Satz beschreibt **største** das darauf folgende Wort **byen**. Im zweiten Satz aber kommt **størst** nach dem Wort, das es beschreibt (in diesem Fall **Oslo**). Immer wenn das der Fall ist, verwenden wir das Adjektiv in der *unbestimmten* Form, nicht wahr? (Wenn du das nicht mehr gewusst hast, schau nochmal in Kapitel 11 nach.)

Leider gibt es auch einige unregelmäßige Adjektive. Tut mir leid, aber du musst sie auswendig lernen. Du findest sie auf der nächsten Seite.

Unregelmäßige Adjektive

få	færre	færrest
bra/god	bedre	best
gammel	eldre	eldst
lang	lengre	lengst
lite(n)	mindre	minst
mange	flere	flest
mye	mer	mest
stor	større	størst
tung	tyngre	tyngst
ung	yngre	yngst
ille/ond/vond	verre	verst

enn/som

Eine letzte Sache noch zu den Vergleichen: Wenn es einen Unterschied gibt, verwende *Komparativ* und **enn**:

Oslo er større enn Bergen. — Oslo ist größer als Bergen.

Wenn es aber keinen Unterschied gibt, verwende **like/så** und **som**:

Skien er like stor som Sarpsborg. — Skien ist so groß wie Sarpsborg.
Skien er så stor som Sarpsborg.

Arbeiten im Haushalt

Hva må hun gjøre?

Hun må ...
... vaske gulvet.
... mate katten.
... leke med barnet.
... ringe tante Hilde.
... stryke klær.
... gå en tur med hunden.
... vaske klær.
... feie trappa.

å mate, matet	füttern
en katt	eine Katze
å stryke, strøk, har strøket	bügeln
å gå en tur, gikk, har gått	eine Runde gehen, spazierengehen
en hund [hunn]	ein Hund
å feie, feide [æ]	fegen
ei trapp	eine Treppe

1 Infinitiv mit oder ohne *å*? Wiederhole die Erklärungen aus Kapitel 6, wenn du dir nicht sicher bist.

a) Kan du (å) snakke fransk?
b) Liker du (å) lage mat?
c) Mia prøver (å) skrive norske tekster.
d) Har du prøvd (å) ringe meg?
e) Skal jeg (å) hjelpe deg med oppvasken?
f) Min far begynner (å) arbeide kl. 7.00.
g) Hva vil du (å) ha til middag?
h) I går måtte vi (å) dra til legen med sønnen vår.
i) Han kan ikke (å) se.
j) Jeg vil (å) reise til Amerika.
k) Er du glad i (å) lage mat?

2 Setze ein Modalverb in der richtigen Form ein.

I dag ... Stefan rydde opp. Det ser ikke bra ut på rommet hans. Telefonen ligger på gulvet, og man kan nesten ikke se ut av vinduene. Først ... han vaske vinduene. Men han ... ikke åpne dem. Det snør ute! Derfor begynner han med gulvet. ... han bare støvsuge, eller ... han også vaske gulvet? Marit, Stefans kone, sier: «Du ... også vaske, ikke bare støvsuge.»

3 Zeit, zu wiederholen! Setze den folgenden Text ins *preteritum*.

Det er ganske sent. Nils hører dusjen. Lise pusser tennene. Så kommer hun ut av badet. Hun bærer ei bøtte med vann. På kjøkkenet begynner hun å vaske gulvet. Så går hun tilbake til badet med bøtta, tømmer den i doen og tar støvsugeren ut av et skap. Støvsugeren bråker forferdelig. Endelig slår Lise av støvsugeren. Med et fast grep tar Lise Nils, går inn i stua, setter seg på sofaen sammen med Nils og slår på TV-en.

4 Hast du deine Vokabeln gelernt? Fülle die Lücken aus.

Stian ... kl. 5.00. Han hadde veldig ... i magen, og ... var kvalm. ... skulle han gjøre?

Han sto ... Skulle han vente? Han prøvde å ... ei bok. Men ... ble bare verre.

Han måtte snakke ... en lege. Kl. 7.00 ringte han til legekontoret.

Han sa: «Hei, jeg ... Stian Jensen. Jeg føler ... kvalm, og jeg ... veldig vondt i magen.»

«Har du ... i brystet også?»

«Nei, det har jeg ....»

«Det er bra. Kan ... komme kl. 9.30?»

«Ja, ... kan jeg.»

«Takk, ha det ...!»

Nå er Stian ... legen. Legen trykker ... magen og sier:

«Gjør det vondt her?»

«Ja, litt.»

«Kan du ... munnen?»

Stian åpner munnen.

Legen sier: «Temperaturen er normal. Du har spist ... galt. Legg deg i senga og vent ... i morgen, så blir det ...»

Warum dein Norwegisch noch immer schlecht ist
(obwohl du dieses Buch liest)

Mit neuen Schülerinnen und Schülern bei Skapago fangen wir meistens damit an, an der Aussprache zu arbeiten. Warum wir das tun? Um ehrlich zu sein, weil die Aussprache der meisten ziemlich schlecht ist. Aber das ist in Ordnung, denn wir sind eine Sprachschule, und die Leute kommen schließlich zu uns, um etwas zu lernen.

Das gilt allerdings nicht nur für Anfänger. Wir haben auch Fortgeschrittene mit reichem Wortschatz und guten Grammatikkenntnissen, die einen starken Akzent haben.

Du glaubst vielleicht, das hängt davon ab, was ihre Muttersprache ist – manche haben einfach einen starken Akzent. Da liegst du aber falsch. Der Grund für mangelhafte Aussprache ist, dass diese Leute nicht ausreichend daran gearbeitet haben. Aber warum arbeiten sie nicht an ihrer Aussprache? Und warum sollten sie? Lass mich die letzte Frage zuerst beantworten.

- Missverständnisse entstehen viel häufiger aufgrund von Aussprachefehlern als aufgrund von Grammatikfehlern.
- Dein Hörverständnis hängt von deiner Aussprache ab. Du trainierst deine Ohren, Laute zu unterscheiden, an die du nicht gewöhnt bist. Beispielsweise ist es im Norwegischen sehr wichtig, zwischen U, Y und I zu unterscheiden.
- Du wirst ausgelacht.

Dieser letzte Punkt ist wichtiger, als du vielleicht denkst. Die Wissenschaft hat bestätigt, dass Muttersprachler Leute mit einem starken fremden Akzent unbewusst für weniger intelligent halten. Mal ehrlich: hast du dir nie "Die Simpsons" angesehen und dich über Apu lustig gemacht?

Wenn du eine Sprache lernst, spürst du, dass Muttersprachler so denken, selbst wenn es keine Absicht ist, und es wird dich frustrieren. Du wirst unwillkürlich denken: "Diese arroganten Norweger! Mir reicht's!" Und was ist die Folge? Du willst keiner von ihnen sein, du willst nicht mit ihnen sprechen, und du willst auch nicht wie sie sprechen.

Es ist, wie du siehst, ein Teufelskreis: Deine Aussprache ist schlecht, weil du tief im Herzen kein Norweger sein möchtest. Deshalb wirst du von Norwegern auch nicht wie einer von ihnen behandelt. Deshalb findest du sie arrogant. Deshalb möchtest du nicht wie sie sein. Deshalb ist deine Aussprache schlecht.

Jetzt weißt du, warum Leute nicht an ihrer Aussprache arbeiten.

Von einigen Lehrkräften hörst du vielleicht, dass ein Akzent eine Frage des Alters sei. Ich bin überhaupt nicht dieser Meinung. Es ist eine Frage der Einstellung. Unsere Art zu sprechen – unsere Aussprache – ist ein Teil unserer persönlichen Identität. Viele Erwachsene haben so eine enge Beziehung zu ihrer ersten Kultur, dass sie Angst haben, ihre Identität zu verlieren, wenn sie ihre Aussprache verändern, indem sie eine Fremdsprache lernen. Nur wenn du erkennst, dass diese Ängste grundlos sind, wirst du eine neue Sprache gut lernen können. Und warum sind diese Ängste grundlos? Nun, deine "neue" Identität wird deine "alte" nicht ersetzten, sondern viel eher erweitern. Wie der tschechische Philosoph Tomáš Garrigue Masaryk sagte: "So viele Sprachen du sprichst, so oft bist du ein Mensch."

Du siehst: Die Aussprache ist ein viel umfassenderes Problem als eines, das nur deine persönlichen Sprachkenntnisse betrifft. Sie beeinflusst dein Selbstbewusstsein, deine Einstellung zu Norwegen und deine Beziehungen zu Muttersprachlern. Die gute Nachricht ist: Du kannst all das verbessern, nur indem du an deiner Aussprache arbeitest. Also los! Tipps findest du hier: www.skapago.eu/nils – und wenn du Fragen hast, schreib eine E-Mail an Nils: nils@skapago.eu

«Sånn, Nils, nå skal vi se 'Hotell Augustus'. Det er en kjempefin TV-serie. Hvor er det blitt av fjernkontrollen?»

Nils er spent. Hva kommer til å skje? Hva er en fjernkontroll? Og hva gjør man egentlig med en TV?

Lise finner fram en liten, svart boks – det er nok fjernkontrollen – og trykker på en knapp. Nils er forbauset. Han ser bilder på skjermen! Dette er altså «å se på TV». Lise har det gøy. Hun ler ofte. Men Nils kjeder seg. Historien er ikke interessant, synes han. Han forstår ikke alt. Må han nå vente foran TV-en til historien er over?

Han vil så gjerne bytte kanal.

«Nå kommer det reklame. Da bytter vi kanal», sier Lise. Hun trykker på en knapp på fjernkontrollen, og bildet forsvinner. Nå ser man en gammel mann. Mannen sitter bak et bord og leser noe. Så ser han opp og sier langsomt: «Det var kveldsnyhetene for i dag – vi ses igjen i morgen klokka halv sju.» Mannen er borte igjen. Nå ser man et stort kjøkken. Ei dame står ved komfyren.

hvor er det blitt av ...	wo ist ... geblieben? was ist aus ... geworden?
kjempe-	sehr, wirklich (*um etwas zu betonen*)
kjempefin	wunderbar, wirklich gut
en TV-serie	eine Fernsehserie
en fjernkontroll [fjærnkontråll]	eine Fernbedienung
å være spent	gespannt sein
å finne fram noe	etwas heraussuchen, herausholen
en boks [å]	eine Schachtel
nok [å]	*hier:* vielleicht, wohl
en knapp	ein Knopf
forbauset	erstaunt
en skjerm [æ]	ein Bildschirm
altså	also
gøy	lustig
å ha det gøy	es lustig haben, Spaß haben
å le, ler, lo, har ledd	lachen
å kjede seg, kjedet	sich langweilen
interessant	interessant
å synes, syntes	meinen, denken, finden
over [å]	über
en reklame	eine Werbung
å bytte, byttet	(aus-)tauschen
en kanal	ein Kanal, Fernsehsender
å bytte kanal	umschalten (*zwischen Fernsehsendern*)
bak	hinter
å forsvinne, forsvant, har forsvunnet [får-]	verschwinden
å lese, leste	lesen
langsomt [å]	langsam
en nyhet	eine Neuigkeit, Nachricht
kveldsnyhetene [kvell-]	Abendnachrichten
Vi ses! = Vi sees!	Wir sehen uns!
halv [hall]	halb

Hun legger kjøtt og grønnsaker i ei stor panne. «Hei og velkommen til 'Veras kjøkken'», sier hun.

Da ringer telefonen. Lise står opp fra sofaen og går raskt ut i gangen.

«Hei, det er Lise ... Marit! Takk for sist! Så hyggelig å høre fra deg igjen.»

Nils ser mot gangen. «Veras kjøkken» er også ganske kjedelig. Han vil så gjerne bytte kanal. Vil Lise huske at de har sett på «Veras kjøkken»?

Nils nøler litt – men så tar han sjansen.

Han trykker på fjernkontrollen. «Veras kjøkken» er borte.

ei panne	eine Pfanne
velkommen til ... [å]	willkommen in/bei ...
raskt	schnell
å nøle, nølte	zögern
en sjanse	eine Chance
å ta sjansen	es riskieren

synes – tro

Boka er god, synes jeg. = Jeg har lest boka.
Boka er god, tror jeg. = Jeg har ikke lest boka.

Wir verwenden **synes**, wenn wir eine Meinung ausdrücken wollen. Wenn wir uns nicht sicher sind, wenn wir also etwas ***glauben***, aber ***nicht wissen***, verwenden wir **tro**.

kommer til å ...

In Kapitel 11 hast du gelernt, die *Zukunft* auf verschiedene Arten auszudrücken. Es gibt noch eine weitere Art, die im gesprochenen Norwegisch sehr häufig ist.

Hva kommer til å skje? Was wird passieren?
= Hva vil skje?

Wir verwenden diesen Ausdruck, wenn wir von Dingen reden, die passieren werden, ohne dass wir sie ändern können.

Vi kommer alle til å dø.
(Ok, das ist ein ziemlich drastisches Beispiel, aber so ist es eben, oder?)

Adverbien

In den vergangenen Kapiteln habe ich viel über Adjektive gesprochen. Du erinnerst dich bestimmt, dass Adjektive Sachen oder Personen beschreiben. Farben zum Beispiel sind typische Adjektive. Jetzt sieh dir aber einmal folgenden Satz an:

Lise går raskt ut i gangen.

Nach all deinem Grammatiktraining ist dir eines bestimmt gleich aufgefallen: warum hat das Wort **raskt** die Endung **-t**? Deine erste Annahme ist wahrscheinlich, dass es sich um ein Adjektiv handelt, das einen sächlichen Gegenstand beschreibt – du erinnerst dich doch, dass Adjektive, die sächliche Dinge beschreiben, die Endung **-t** bekommen.

Aber was ist in diesem Satz denn sächlich? Die Antwort ist einfach: gar nichts. Lise ist weiblich (kein Zweifel) und **gangen** ist männlich.

Um das Geheimnis zu lüften, stelle ich dir eine Frage: welche Sache (oder Person) beschreibt **raskt**?

Gangen bestimmt nicht, aber Lise vielleicht? Leider falsch. Schau nochmal genauer: der Satz sagt nicht, dass Lise schnell *ist*, sondern er sagt, wie sie *geht*. Also noch einmal, welche Sache oder Person beschreibt **raskt**?

Die Antwort lautet: **raskt** beschreibt das Verb **går**. Da es also keine Sache oder Person beschreibt, ist es auch kein Adjektiv. Es ist ein *Adverb* (leicht zu merken: ein *Adverb* beschreibt *Verben* und ein *Adjektiv* beschreibt *Objekte* und *Subjekte*).

Oft können wir Adverbien aus Adjektiven bilden. **Rask** ist ein gutes Beispiel. Ich kann sagen:

	en rask bil	ein schnelles Auto	(Adjektiv)
	et raskt fly	ein schnelles Flugzeug	(Adjektiv)
Aber:	Lise går raskt.	(Adverb)	

Wenn wir also ein Adverb aus einem Adjektiv bilden, verwenden wir einfach die sächliche Form des Adjektivs (die normalerweise, aber nicht immer die Endung **-t** hat).

Ein letztes Wort zu dieser Sache: Nach dem Verb **å være** kommt nie ein Adverb. Quasi per Definition ist alles, was uns sagt, wie jemand (oder etwas) *ist*, ein Adjektiv. Vergleiche:

Susanne går raskt.	(Adverb)
Susanne er rask.	(Adjektiv)

Susanne er rask.

Susanne går raskt.

Medien

Der Umgang mit Medien ist zwischen den verschiedenen Generationen sehr unterschiedlich. Manche der folgenden Sätze beziehen sich auf Erna, manche auf Susanne – manche vielleicht auf beide.

Versuche folgende Fragen zu beantworten:

- Hva gjør Susanne?
- Hva gjør Erna?
- Hva gjør du?

Hun leser avisa hver dag.
Hun sender tekstmeldinger til en venn.
Hun chatter med ei venninne.
Hun lytter på radio.
Hun leser ei bok om kvelden.
Hun er på Facebook.
Hun går på kino.
Hun ser TV-serier på datamaskinen.
Hun lytter på musikk på nettet.

en tekstmelding [-melling]	eine Kurznachricht, SMS
å chatte [æ]	chatten
ei venninne	eine Freundin
en radio	ein Radio
(en) musikk	Musik
«**nettet**»**= (et) Internett**	Internet

1 Bilde Sätze. Setze das Verb ins *preteritum* und verwende ein Adverb.

Eksempel: han, å gå, rask → Han gikk raskt.

a) turisten, å spørre, høflig
b) hun, å bevege seg, rar
c) Susanne, å snakke, frekk
d) Lise, å gå, rask
e) Fredrik, å arbeide, god
f) de, å gå, lang

2 Adjektiv oder Adverb? Verwende die richtige Form.

a) En lærer snakker (høflig) med Susanne. Den (høflig) læreren sier: «Du arbeider (rask), Susanne.» Læreren er (god). Han forklarer (god).
b) Hvorfor snakker denne mannen så (rar)? Han må være (gal).
c) Er klokka 19.00 allerede? Nei, klokka går (gal).

3 Verbinde die Wörter mit gegenteiliger Bedeutung.

interessant	foran
huske	ned
dyr	gammel
bak	kjedelig
opp	rask
langsom	glemme
ung	billig

4 Verbinde die Wörter links mit den Wörtern rechts, sodass sie sinnvolle Sätze ergeben.

På kjøkkenet	er av tre.
Gulvet i gangen	teppe til stua.
Vi må kjøpe et nytt	er det to senger.
Oppvaskmaskinen	man bakgården.
På dette soverommet	i det lille skapet ved døra.
Fra vinduet ser	i sofaen i stua?
Vil du sitte	er ødelagt.
Glassene er	har vi en stor komfyr.

5 Hvilket TV-program liker du? Hvorfor?
Welche Fernsehsendung gefällt dir? Warum?

6 Setze *synes* oder *tro* ein.

a) Disse møblene er fine, ... jeg.
b) Telefonen ringer. Hvem er det? – En kunde, ... jeg.
c) Hvor er saksa? – Den ligger på bordet, ... jeg.
d) Han ... det var en dårlig idé.
e) Når sendte han denne e-posten? – I går, ... han.
f) Hva gjør Marthe? – Jeg ... hun er kokk.
g) Er hun en god kokk? – Ja, det ... jeg.

Nå ser Nils noe helt annet på TV. De nye bildene er fantastiske. Kameraet står på et høyt fjell. Man ser ned på en lang fjord og noen små øyer. Midt på ei lang øy ligger en ganske stor by. Nils er begeistret. Landet på TV-skjermen er fantastisk. Han ønsker å besøke et slikt land.

Bildet fra det høye fjellet er nå borte. Nils ser – en nisse! Han har aldri sett en annen nisse før. En mann forteller: «I dette landet bor nissene. En nisse er vanligvis ganske snill.» Nils er enig. Han er virkelig snill, tenker han.

Mannen fortsetter: «Men noen nisser er ikke snille. Man må behandle nissene godt. Ellers kan de skade menneskene. Den moderne julenissen er en blanding av Sankt Nikolaus og den norske nissen.»

Han må bli kjent
med dette landet!

Da bestemmer Nils seg: Han må bli kjent med dette landet! Men hvor er dette landet? Han må finne Emil. Emil vet så mye – han har sikkert en idé. Lise må ikke se ham – men det glemmer han helt. Heldigvis er hun veldig opptatt med å snakke i telefonen.

fantastisk	fantastisch
et kamera	eine Kamera
høy	hoch
et fjell	ein Berg
en fjord [fjor]	ein Fjord
ei øy	eine Insel
begeistret [æi]	begeistert
et land [lann]	*hier:* Landschaft, *auch:* Land
å ønske, ønsket	wünschen
vanligvis [-livis]	normalerweise, gewöhnlich
snill	nett, lieb
å være enig [eni]	zustimmen, sich einig sein
virkelig [-li]	wirklich
å fortsette, fortsatte, har fortsatt [fårtsj-]	fortsetzen
å behandle, behandlet [-hannle]	behandeln
å skade, skadet	beschädigen, *auch*: schaden, verletzen
en julenisse	*norwegisches mythologisches Wesen ähnlich dem Weihnachtsmann*
en blanding [blanning]	eine Mischung
å bestemme seg, bestemte	sich entscheiden
å bli kjent (med)	kennenlernen
heldigvis [-divis]	glücklicherweise
opptatt [å]	beschäftigt

annen

Annen hat zwei Bedeutungen: ***der/die Zweite*** und ***der/die andere.***

en annen nisse	ein anderer „Nisse"
det andre huset til venstre	das zweite Haus links

Das sind die Formen von **annen**:

en annen kopp
ei anna dør
et annet vindu
mange andre kopper/dører/vinduer
den andre koppen/døra ...

Eine Frage für Grammatiknerds!

Nå ser Nils noe helt annet.

Warum verwenden wir hier die sächliche Form?
Um die Frage zu beantworten, musst du herausfinden, welches Wort **annet** beschreibt.
Selbstverständlich: **noe**. Und da **noe** sächlich ist, brauchen wir **annet**.

noen + Substantive

Du hast gelernt, dass **noe** ***etwas*** und **noen** ***jemand*** bedeutet. **Noen** kann aber auch ***einige/ein paar*** bedeuten, wenn wir es mit Substantiven im Plural kombinieren.

noen små øyer	einige kleine Inseln

In Kapitel 18 erfährst du noch mehr über **noe** und **noen**.

Været (Das Wetter)

Temperatur = *Temperatur*

Wir verwenden Celsius und sagen zum Beispiel: **Det er 15 grader i dag.** Wir verwenden verschiedenste Wörter, um zwischen Plus- und Minusgraden zu unterscheiden: **Minusgrader** oder **kuldegrader** und **plussgrader** oder **varmegrader**. Beispiel: Trondheim -10° → **Det er 10 kuldegrader i Trondheim.**

(en) temperatur	Temperatur
en grad	ein Grad
en kuldegrad = minusgrad	Minusgrad
en varmegrad = plussgrad	Plusgrad

Vind = *Wind*

Norwegen ist ein windiges Land. Es gibt viele Wörter für unterschiedliche Windstärken. In der Tabelle sind sie von schwach bis stark geordnet.

en vind [vinn]	Wind
en bris	eine Brise
en kuling	ein starker Wind
en storm [å]	ein Sturm
en orkan	ein Orkan

Nedbør = *Niederschlag*

Norwegen ist auch ein nasses Land. Die meisten Bezeichnungen für Niederschlag haben direkte Entsprechungen im Deutschen, aber es gibt zum Beispiel auch **sludd** (eine Mischung aus Regen und Schnee) und **yr** (eine Mischung aus Nebel und Regen).

(ei) tåke	Nebel
(et) regn [ræjn]	Regen
en regnbyge	ein Schauer
(en) snø	Schnee
sludd	Schneeregen
(et) yr	Nieselregen, Sprühregen

Skydekke = *Bewölkung*

Da es so oft regnerisch und windig ist, ist auch der Himmel meist mit Wolken bedeckt, und zwar auf verschiedene Arten: **Overskyet** bedeutet, der Himmel ist völlig grau, **klart** bedeutet, er ist blau (man könnte auch sagen, **sola skinner** = ***die Sonne scheint***). **Opphold** bedeutet, dass es aufhört zu regnen. Meist bedeutet das auch recht mildes Wetter, aber diesbezüglich gibt es viele beschönigende Worte in norwegischen Wetterberichten.

overskyet [å]	bewölkt
delvis skyet	teilweise bewölkt
opphold [åpp-håll]	*siehe Erklärung*
klart	klar

Jahreszeiten

Beschreibe das typische Wetter in Norwegen und in deinem Heimatland während der folgenden Jahreszeiten:

vår	Frühling
sommer	Sommer
høst	Herbst
vinter	Winter

Grammatiktipp: Alle Jahreszeiten sind männlich. Außerdem verwenden wir folgende Ausdrücke:

om våren	im Frühling
i vår	diesen/letzten Frühling
tidlig på våren	früh im Frühling
sent på våren	spät im Frühling

Monate & wichtige Ereignisse

Was für ein Chaos! Der Kalender ist völlig durcheinander geraten. Kannst du die Ereignisse nach den Monaten ordnen, in die sie gehören?

januar	fellesferie
februar	jul
mars	
april	høstferie
mai	mørketid (bare i Nord-Norge)
juni	
juli	påske
august	17. august – Norges nasjonaldag
september	midnattssol (bare i Nord-Norge)
oktober	
november	sankthans
desember	nyttår

Das Datum

Dafür brauchst du die Ordnungszahlen (***die Erste, der Zweite***, ***das Dritte***, ...):
Alle weißen Ordnungszahlen sind unregelmäßig. Du wirst sie also auswendig lernen müssen. Tut mir leid! Aber mit den anderen ist es leichter. Du nimmst einfach die Grundzahlen (das sind die "normalen" Zahlen, wie zum Beispiel ***fünfzehn***) und hängst **-ende** hinten an. Wenn die Zahl bereits auf **-e** endet, hängst du nur **-nde** an. Endet sie auf **-en**, brauchst du nur noch **-de**.

		alternative Form
1.	første	
2.	andre	
3.	tredje	
4.	fjerde [fjære]	
5.	femte	
6.	sjette	
7.	sjuende	syvende
8.	åttende	
9.	niende	
10.	tiende	
11.	ellevte	
12.	tolvte [tållte]	
13.	trettende	
14.	fjortende	
15.	femtende	
16.	sekstende [sæjs-]	
17.	syttende [søtt-]	
18.	attende	
19.	nittende	
20.	tjuende	tyvende
21.	tjueførste	enogtyvende
22.	tjueandre	toogtyvende
30.	trettiende	tredevte

Wie du siehst, gibt es genau wie bei den Grundzahlen auch alternative Formen. Such dir einfach die aus, die dir besser gefallen. Hören wirst du in Norwegen bestimmt beide. Ab 40 gibt es nur noch eine Form (**førtiende**, **femtiende** ...) aber du kannst sie trotzdem mit alternativen Formen kombinieren:

førtiandre – toogførtiende

Wie im Deutschen zeigen wir die Ordnungszahlen mit einem Punkt an. Grundsätzlich verwenden wir mit den Ordnungszahlen den bestimmten Artikel (eigentlich logisch oder? Es ist schließlich meistens ***das Erste*** und nicht ***ein Erstes***).

Gut, das war der erste und schwierigste Schritt auf dem Weg, das Datum richtig zu sagen. Der Rest ist einfach. Was die Monate betrifft, kennst du die Namen ja bereits. Wenn wir Monate schreiben, verwenden wir oft Abkürzungen aus drei Buchstaben (z.B. **jan.** für **januar**). Die Jahre werden in Grundzahlen genannt (z.B.: 2014 **totusenogfjorten**). Die Jahre vor 2000 werden in zwei Teile aufgeteilt, z.B.: 1981 **nitten åttien** (wie 19 81). Manche Leute machen das auch bei den Jahren ab 2000 (z.B.: 2014 **tjue fjorten**). Hier ist ein Beispiel:

05. okt. 2013 den femte oktober totusenogtretten

Wenn du Herausforderungen magst, kannst du auch den Monat als Ordnungszahl aussprechen. In diesem Fall setzen wir ein **i** vor den Monat:

05.10.2013 den femte i tiende totusenogtretten

1 Setze die richtige Form von *annen* ein.

a) Jeg vil ikke kjøpe dette huset – jeg vil kjøpe et ... hus.
b) Ser du denne mannen? Nei, ikke denne – den ... mannen.
c) Per vil ha en ... telefon.
d) Den ... telefonen er ganske dyr.
e) Han vil også ha ei ... klokke.
f) Her har de bare én slags sjokolade, men i den ... butikken har de mange ... slags sjokolade.

2 Beschreibe das Wetter in diesen Städten. Berücksichtige die Wortstellung.

Eksempel: I Hammerfest skinner sola.

Oslo	regn	Kristiansand	tåke	Bergen	vind
Ålesund	sol	Bodø	sludd	Tromsø	opphold
Kirkenes	snø				

3 Lies folgende Datumsangaben laut.

01.08.1998	12.12.1813	14.02.2015	17.09.2011	03.07.2020	05.06.2002	09.04.1714
02.06.2008	06.07.2017	30.02.1917	19.05.2016	15.12.1970	10.01.1934	04.11.2011
12.03.2012	08.03.2018	07.10.1965	31.10.1916	16.05.2011	18.09.1808	20.08.2013
13.01.2010	11.04.2009	21.03.1332	25.11.2019			

4 Svar på spørsmålene.

a) Når har du bursdag?
b) Når har mora di bursdag?
c) Når har faren din bursdag?
d) Når er det jul?
e) Når er Norges nasjonaldag?

5 Bilde Sätze in der Zukunft. Beachte, dass nicht in jedem Satz alle Varianten (*skal, vil, kommer til å*) möglich sind.

a) Det – regne i morgen.
b) På torsdag – jeg besøke min tante, men jeg må ringe henne først.
c) – du få denne jobben?
d) Jeg har så mye å gjøre! Jeg – vaske opp, mate hunden og skrive en e-post til bestefaren min.
e) Når – du gå hjem?
f) Hvor – du bo?
g) – du spise lunsj med oss?
h) Martin – betale kontant.
i) Jeg – studere økonomi.

«Emil! Endelig fant jeg deg!» roper Nils.

«Hva er det, Nils?»

«Jeg må fortelle deg noe. Jeg ser en film som er helt fantastisk. Den handler om et veldig fint land som jeg har lyst til å se! Du må hjelpe meg. Jeg vet ikke hvor det ligger.»

Emil er litt forvirret. Nils har aldri vært ute av huset, så vidt han vet. Og nå vil han reise til utlandet?

Han tar en titt på skjermen – og så må han le. «Men Nils, dette landet – det er jo Norge! Byen som du ser, heter Tromsø. Vi bor i dette landet.»

«Jaså? Men når jeg ser ut av vinduet her, er det bare ei trang gate – ingen lange fjorder, små øyer, røde hus ...» – «Ja, selvfølgelig, Nils. Vi er jo midt i Oslo. Det er ikke særlig typisk for Norge.»

«Ja, men Emil, jeg må se dette. Jeg vil dra til den lange fjorden, det høye fjellet og de små øyene som vi ser her.»

«Hva er denne Hurtigruten?»

«Tja, Nils, da må du reise en del. Dette som du ser her i filmen, er Nord-Norge. Du kan jo ta fly til Tromsø, eller Hurtigruten, hvis du vil.»

«Fly? Hurtigruten? Hva er det for noe? Kan jeg ikke bare gå?»

Emil puster dypt. Dette her blir komplisert.

å handle om [åm], handlet	handeln von
å ha lyst til å ...	Lust haben zu ... , wollen
ute	draußen
så vidt ...	so weit ...
å reise til, reiste	reisen nach
(et) utland [ut-lann]	Ausland
en titt	ein Blick
å ta en titt på	einen Blick werfen auf
Jaså.	Aha.
***aber*: Jaså?**	Wirklich? (*ironisch*)
Oslo	*Hauptstadt Norwegens*
Tja!	Tja!
en del	ein Teil, *hier*: ziemlich
nord [noor]	der Norden
et fly	ein Flugzeug
ei hurtigrute [hurtirute]	*norwegisches Passagier- und Frachtschiff, das entlang der Westküste fährt*
hvis [viss]	wenn, falls
å puste, pustet	atmen
dyp	tief
komplisert	kompliziert

«Nils, det er mer enn tusen kilometer fra Oslo til Tromsø. Du kan ikke gå. Du kan ta tog til Trondheim og Hurtigruten derfra, eller så kan du ta fly direkte fra Oslo. Det går veldig fort med fly, for det går gjennom lufta. Det tar bare to timer.»

«Gjennom lufta? Nei, det er skummelt. Hva er denne Hurtigruten?»

«Det er en båt som går hver dag. Det tar to dager med Hurtigruten fra Trondheim til Tromsø. Toget fra Oslo tar noen timer. Du kan prøve det. Men vi har et problem.»

«Ja?»

«Du er en nisse, Nils. Du kan ikke bare kjøpe en billett og ta toget. Vi må finne på noe.»

en kilometer	ein Kilometer
et tog [tåg]	ein Zug
Trondheim [Trånnheim]	*eine Stadt in der Mitte Norwegens*
derfra [dær-]	von dort
gjennom [jennåm]	durch
(ei) luft	Luft
skummel	unheimlich
en båt	ein Boot, Schiff
hver [vær]	jeder, jede, jedes
et problem	ein Problem

som

Das Wort **som** verbindet zwei Sätze. Es steht für das Subjekt oder das Objekt, das im vorhergehenden Satz vorgekommen ist.

> Jeg ser en film. Filmen er helt fantastisk.
> → Jeg ser en film som er helt fantastisk.

In diesem Beispiel ist **som** das Subjekt des zweiten Satzes.

> Den handler om et veldig fint land. Jeg har lyst til å se dette landet.
> → Den handler om et veldig fint land som jeg har lyst til å se.

Im zweiten Beispiel ist **som** ein Objekt im zweiten Satz.

QUIZ

Hva vet du om Norge?

1 Hvor mange innbyggere har Norge?
a) 3 millioner mennesker og 10 000 reinsdyr
b) 4 millioner mennesker og 10 000 reinsdyr
c) 5 millioner mennesker og 200 000 reinsdyr

2 Hva er riktig?
a) Oslo har alltid vært Norges hovedstad.
b) Oslo er hovedstaden i dag, men før var det Bergen.
c) Bergen er egentlig hovedstaden, men regjeringen og kongen er i Oslo.

3 Hva er et fylke?
a) en del av Norge
b) folk som bor i et land
c) folk som bor i en del av landet

4 Hva heter de fem norske landsdelene?
a) Sør-Norge, Midt-Norge, Nord-Norge, Øst-Norge, Vest-Norge
b) Sørlandet, Midtlandet, Nordland, Østlandet, Vestlandet
c) Sørlandet, Trøndelag, Nord-Norge, Østlandet, Vestlandet

5 Hva gjør kongen hver fredag kl. 11.00?
a) Han snakker på radio.
b) Han kjører på hytta.
c) Han møter regjeringen.

6 Hva er *ikke* en del av Norge?
a) Finnmark
b) Finland
c) Nordland

en innbygger	ein Einwohner, eine Einwohnerin
en million	eine Million
et reinsdyr	ein Rentier
hoved-	haupt-
en hovedstad	eine Hauptstadt
riktig [-ti]	richtig, wahr
en regjering [reje-]	eine Regierung
en konge [å]	ein König
et fylke	*norwegischer Regierungsbezirk*
en landsdel	eine Region, Landesteil
å kjøre, kjørte	fahren

7 Hva stemmer *ikke*?
a) I Tromsø kan det være -25 grader om vinteren.
b) Haakon VII, Norges konge fra 1905 til 1957, var dansk, og kona hans var engelsk.
c) I mange norske byer varmer man opp fortauene om vinteren.

8 Hva er riktig?
a) Oslo var den første europeiske byen med trikker.
b) Bergen var den første norske byen med telefon.
c) Hammerfest var den første norske byen med elektrisk gatelys.

9 Hva betyr *Utkant-Norge*?
a) utenfor Norge
b) Norge i unionstiden (1814–1905)
c) regioner i Norge langt fra byene

10 Hva stemmer *ikke*?
a) Vardø ligger like langt øst som Istanbul.
b) Folk som bor i Vardø, må kjøre tre timer til sykehuset.
c) I Vardø kan det være 25 grader om sommeren.

11 Hvilken informasjon om din nabo er offentlig i Norge?
a) hvor mye han tjener
b) hvor han er født
c) hvor han arbeider

12 Hovedgata i Oslo heter *Karl Johans gate*. Men hvem var egentlig Karl Johan?
a) en dansk musiker
b) en svensk konge
c) en norsk kunstner

dansk	dänisch
å varme opp	aufwärmen, heizen
europeisk	europäisch
en trikk	eine Straßenbahn
elektrisk	elektrisch
et gatelys	eine Straßenlaterne/Straßenbeleuchtung
en utkant	*Erklärung: siehe Auflösung des Quiz*
utenfor	außerhalb
en region	eine Region
langt fra	weit von
et sykehus	ein Krankenhaus
en informasjon	eine Information
en nabo	ein Nachbar, eine Nachbarin
offentlig [å]	öffentlich
å tjene, tjente	verdienen
født	geboren
en musiker, musikere	ein(e) Musiker/Musikerin
en kunstner, kunstnere	ein(e) Künstler/Künstlerin

1 Verbinde die beiden Sätze, indem du *som* verwendest.

a) Kari har en bror. Broren heter Stian.
b) De bor i en leilighet. Leiligheten er i Stavanger.
c) Jeg vil spise dette eplet. Eplet ligger på bordet.
d) Er det din sønn? Han venter foran huset.
e) Her er en kunde. Kunden vil kjøpe en billett.
f) Kunden kjøper en billett. Billetten koster 390 kr.
g) Jeg har kjøpt avisa. Du leser avisa hver dag.
h) Han sitter i sofaen. Sofaen står i stua.
i) Han forklarer det. Det er viktig for henne.

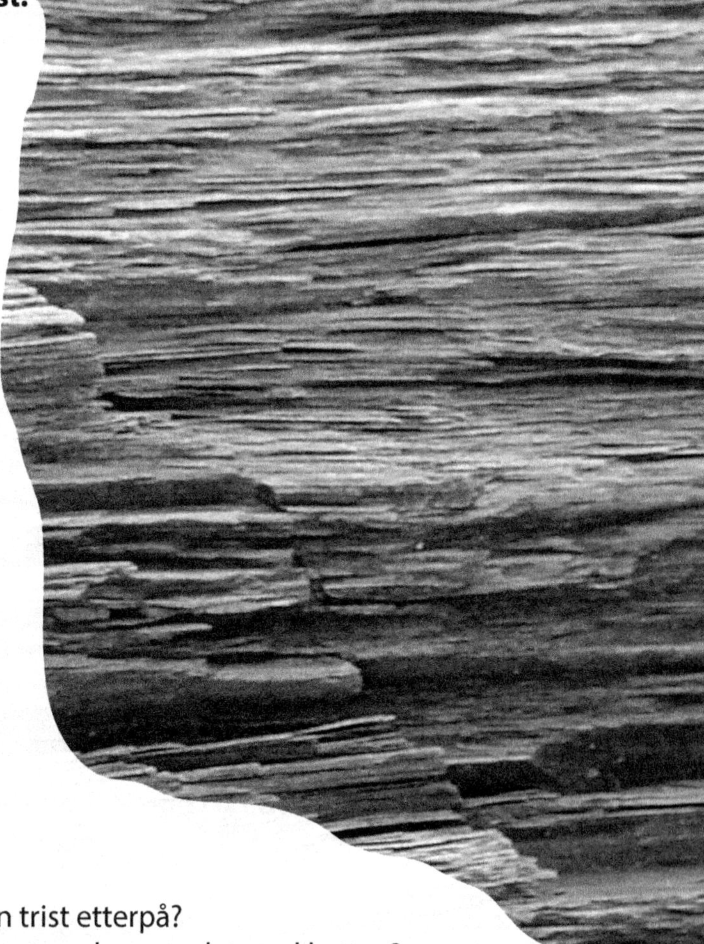

2 Svar på spørsmålene.

a) Hvorfor vil Nils snakke med Emil?
b) Hva ser Nils på TV?
c) Hvor bor Nils og Emil?
d) Hvor mange kilometer er det fra Oslo til Tromsø?
e) Hvorfor vil Nils ikke reise med fly?
f) Hvorfor blir det vanskelig for Nils å reise til Tromsø?

3 Hva vet du om Nils og Erna?

a) Hvem har laget Nils?
b) Hvorfor vil Susanne ikke ha Nils?
c) Hvem har skrevet papirlappen som Nils har i magen?
d) Hva – tror du – står på papirlappen?
e) Erna møtte en ung mann foran butikken. Hvorfor er hun trist etterpå?
f) Erna tenker på «det med hytta» som var Heges idé. Hva – tror du – er «det med hytta»?

4 Setze die Substantive und Adjektive in die richtige Form. Wenn erforderlich, verwende auch den richtigen Artikel.

Tor er (norsk, gutt) på 18 (år). Han er snart ferdig med (skole). Han liker ikke (skole). Etter (kjedelig, skoletid) vil han gjerne oppleve noe gøy. I (sommer) vil han derfor reise til (England). Han kjenner noen (engelsk, gutter) fra før. Han vil besøke disse (venner). Men i dag føler han seg ikke bra. Han har vondt i (mage). Kanskje fordi han har spist mange (grønn, epler)? (Grønn, epler) var ikke (god). Eller kanskje har han spist for mye (suppe)? Det var mye (smør) i (suppe). Kjenner han (god, lege)? Ja, (bror) hans er (lege). (Bror) heter Ivar. Han må gå til ham. Ivar undersøker Tor. Han sier: «Alt er bra med (mage) din. Du må bare finne deg (god, kokk).» – «Kan jeg dra til England, Ivar?» – «Ja, selvfølgelig. Men du må bare spise (god, mat). (Rød, eple) per dag er (god).»

5 Wähle die richtige Zeit (*preteritum/perfektum*) und setze die Verben in die richtige Form. Beachte die Wortstellung.

a) å få: I går ... jeg besøk av en venn.
b) å snakke: Du må snakke med Helge. – Jeg ... allerede med ham.
c) å leve: Jeg ... i Norge i femten år og trives fortsatt.
d) å vaske: Ta av deg skoene! Jeg ... gulvene.
e) å kjøpe: ... du fisk? Jeg kan ikke se den.
f) å bo: Marit ... i Bergen fra 2005 til 2008.
g) å være: Mange turister ... i byen på søndag.
h) å slå: Kredittkortet er ødelagt. – ... du den riktige koden?
i) å sende: På tirsdag ... jeg e-post til mange kunder.
j) å hente: Jeg ... barna og besøkte Ida etterpå.
k) å gå: I går ... jeg til legen.
l) å dra: Hvor er Emil? – Han ...
m) å hjelpe: ... Emil deg med å rydde i stua i går?
n) å se: Hvor er Nils? – Jeg ... ikke ham.
o) å se: ... du filmen om Paris på lørdag?

6 Setze das richtige Pronomen ein.

Kjeder du ____ ? Da kan du hjelpe Anne og _____. Vi vil lage mat. Vi har poteter her. Kan du vaske _____ ? _____ ligger ennå på bordet.

Vi har også kjøpt kjøtt. Kan du skjære ____ opp? Nei, først kan du hjelpe _____ med å vaske kjøkkenet. _____ ser ganske dårlig ut. Etterpå må _____ vaske gulrøttene. Men hvor er ___ ? Har du sett _____ ? Å, vi har kanskje glemt å kjøpe ____ ! Kan du gå til butikken? ____ ligger ved jernbanestasjonen. Du kan allerede se ___ når du går ut fra huset. Gleder du ____ til maten? Jeg gleder _____, og Anne gleder _____ også.

7 Setze *om, på* und *i* ein.

a) _____ vinteren er det kaldt i Norge, men _____ vinter var det ganske varmt.
b) _____ mandag var det litt regn.
c) _____ søndager går vi ofte på tur.
d) _____ tre måneder har det bare vært snø.
e) _____ tre måneder begynner sommeren.
f) _____ mandager har vi alltid mange kunder.

Erna er stolt. Hun har ringt Hege. Nå vet Hege alt. Hun har alltid gjettet noe, men nå har de snakket om det. Hege har invitert Erna til Tromsø med en gang. Erna gråt i telefonen, men Hege forsto henne veldig godt.

Erna åpner det store klesskapet og ser inn. Hun må ha noen varme gensere. Hun tar en blå og en brun genser og legger dem i en liten koffert. Så tar hun ut tre hvite skjorter og en blå bukse. Kanskje jeg skal ta et skjørt også, tenker hun. Men hun ombestemmer seg. Isteden tar hun en svart bukse til og legger den i den lille kofferten. Så tar hun ut noe undertøy, og selvfølgelig sokker. Hun må absolutt ha ei regnjakke også. Og ei lue, et skjerf og votter. Skal hun ta både det gule skjerfet og den røde jakka? Ja, absolutt. I tillegg trenger hun gode sko. Helst fjellsko.

Skal hun ta både det gule skjerfet og den røde jakka?

Erna tar kofferten i hånda. Den er ganske tung allerede. Men Erna er ikke ferdig enda. Skal hun ta med noen T-skjorter også? Ja. Hun tror at det ikke holder med de to skjortene som allerede er i kofferten.

stolt [stålt]	stolz
å gjette, gjettet [je-]	(er)raten
å invitere, inviterte	einladen
å gråte, gråter, gråt, har grått	weinen
et klesskap	ein Kleiderschrank
en genser, genseren, gensere, genserne	ein Pullover
en bukse [o]	eine Hose
et skjørt	ein Rock
å ombestemme [åm-] seg, ombestemte	sich umentscheiden
isteden	statt dessen
(et) undertøy [unner-]	Unterwäsche
en sokk [såkk]	eine Socke
ei regnjakke [ræjn-]	eine Regenjacke
ei lue	eine Mütze
et skjerf [sjærf]	ein Schal
en vott [vått]	ein Fäustling
i tillegg	zusätzlich
helst	vorzugsweise
en fjellsko	ein Wanderschuh
enda	noch
en T-skjorte [te-sjorte]	ein T-Shirt
å holde [hålle], holder, holdt, har holdt	halten
å holde med	reichen, genug sein
Det holder med én skjorte.	Ein Hemd ist genug.

Men hun må ha en tannbørste, tannkrem, litt såpe og noen av de viktigste legemidlene. Alt dette finner hun på badet.

Erna går på badet og henter en grønn tannbørste, såpe og tannkrem. Hun kommer også tilbake med noen små esker som inneholder forskjellige medisiner.

Så ringer hun til Hege igjen.

«Jeg vet ikke, Hege. Jeg har gledet meg veldig mye. Men nå som jeg virkelig skal reise, er jeg skikkelig nervøs. Forstår du det?» Hege smiler. «Selvsagt. Det er alltid slik når man skal reise. Men jeg vet at dette er en veldig spesiell reise for deg. Har du sagt til Lise at du skal reise til Tromsø?»

«Ja. Jeg har fortalt henne at jeg vil besøke deg. Før jeg drar, skal jeg besøke Lise og familien.»

ei tann, tanna, tenner, tennene	ein Zahn
en tannbørste	eine Zahnbürste
(en) tannkrem	(eine) Zahnpasta
å inneholde [hålle], -holder, -holdt, -holdt	beinhalten
forskjellig [får-]	unterschiedlich, verschieden
en medisin	Medizin, Arzneimittel
skikkelig [sj]	ziemlich
selvsagt [sellsagt]	selbstverständlich
spesiell	besonders

Leddsetninger
Nebensätze

Das ganze Buch lang habe ich dir immer wieder gesagt, dass das Verb in einem Satz an zweiter Stelle steht. Außerdem habe ich gesagt, dass ein zweites Verb, wenn es ein solches gibt, im *Infinitiv* oder *perfektum* steht. Schau dir jetzt diesen Satz hier an und beachte das Verb **holder**:

Hun tror at det ikke holder med de to skjortene.

Holder steht hier offensichtlich nicht an zweiter Stelle, und wir haben es außerdem mit der Gegenwartsform zu tun. Also was ist hier schief gelaufen? Vielleicht sagst du jetzt, wir haben hier zwei Sätze – und du hast vollkommen recht! Wir haben:

Hun tror ...

und

... at det ikke holder med de to skjortene.

Aber trotzdem, schau dir den zweiten Satz an. Selbst wenn wir das Wort **at** ignorieren, steht **holder** eindeutig an dritter Stelle und nicht an zweiter:

... (at) det	ikke	holder ...
1 (Subjekt)	2 (Adv.)	3 (Verb)

Der Grund für diese besondere Wortstellung kommt von dem Wort **at**. Schau dir den zweiten Satz hier an:

At det ikke holder med de to skjortene.

Was bedeutet dieser Satz? Nichts. Er muss in den ersten Satz integriert werden. Ohne **Hun tror** ergibt das Ganze keinen Sinn. Wir nennen diese Sätze *Nebensätze* (auf Norwegisch: *leddsetninger*). Nebensätze haben zwei Merkmale:

1. Sie können nicht allein stehen.
2. Sie beginnen meistens mit einem Wort, das sie in den Hauptsatz eingliedert. In diesem Fall wäre das das Wort **at**. Es könnte auch **som**, **hvis**, **når** ... sein. Wir nennen diese Wörter *unterordnende Konjunktionen* (auf Norwegisch *subjunksjoner*). Wenn du dir diesen Namen nicht merkst, ist es kein Problem – merk dir nur, dass es diese Bindewörter gibt.

Ein Fehler, den viele Leute machen, ist, dass sie denken, es gebe einen Hauptsatz *und* einen Nebensatz. Das ist aber ein Missverständnis. In Wirklichkeit steht ein Nebensatz *in* einem Hauptsatz. In unserem Beispiel ist der Hauptsatz also alles von **Hun** bis **skjortene**. Der Nebensatz ist der hier unterstrichene Teil:

Hun tror <u>at det ikke holder med de to skjortene</u>.

Jetzt komme ich leider nicht mehr darum herum dir zu sagen, dass Nebensätze eine eigene Wortstellung haben und dass das Verb im Nebensatz eben *nicht* an zweiter Stelle steht. Es tut mir wirklich leid, aber ich habe die norwegische Sprache nicht erfunden!

Nebensätze beginnen immer mit der *Konjunktion* (dem Wort, das sie mit dem Rest des Hauptsatzes verbindet). Danach kommt immer das *Subjekt*. Merk dir, dass wir nicht einfach irgendein Wort an den Anfang des Nebensatzes stellen können. Nach dem Subjekt kommt das *Adverbial* (wenn es eines gibt), z.B. **ikke**. Erst danach kommt das *Verb*. Die weitere Wortstellung entspricht genau der des Hauptsatzes.

Das Schwierigste hier ist, das Adverbial an die richtige Stelle zu setzen. Stell dir einmal vor, wir löschen das Wort **ikke** aus unserem Beispiel:

Hun tror at det holder med de to skjortene.

Wir erkennen keinen Unterschied in der Wortstellung des Hauptsatzes und der des Nebensatzes, oder? Immer wenn du also ein Bindewort (**at**, **som** …) und ein Adverbial (**ikke**, **ofte**, **allerede**, **egentlig** ...) hörst, solltest du darauf achten, dass du mit der Wortstellung besonders aufpassen musst.

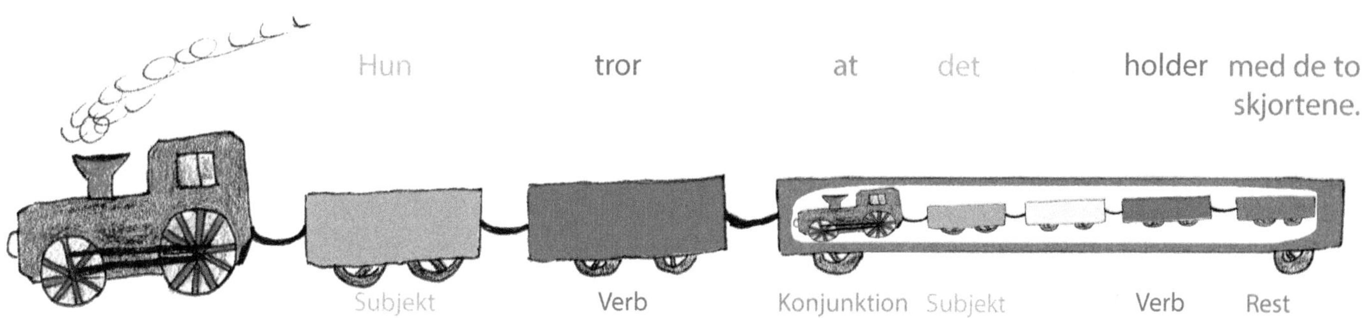

War das schwierig?
Ja, du hast völlig recht. Ich finde, du hast dir jetzt eine Pause verdient.

Kanskje

Kanskje ist ein Adverb. In einem Hauptsatz können wir es ganz vorne platzieren, oder im Waggon für Adverbiale.

Kanskje bør hun besøke Hege.
Nils vil kanskje se på leiligheten.

In diesem Kapitel scheint Erna also einen Fehler gemacht zu haben. Sie denkt:
Kanskje jeg skal ta et skjørt også.
Tja, Erna hat ihr ganzes Leben in Norwegen verbracht, also darfst du dir sicher sein, dass sie hier keinen Fehler gemacht hat. Warum hat dieser Satz also so eine ausgefallene Wortstellung?

Dazu müssen wir wissen, was **kanskje** eigentlich bedeutet: Es ist aus den Wörtern **kan** und **skje** zusammengesetzt, es bedeutet demnach ***kann geschehen***. Wir können uns also folgenden Satz vorstellen:
(Det) kan skje (at) jeg skal ta et skjørt også.

Wenn du **det** und **at** weglässt, siehst du, wie sich die Wortstellung aus dem Beispiel ergibt. Wir dürfen aber trotzdem auch sagen:
Kanskje skal jeg ta et skjørt også.
Jeg skal kanskje ta et skjørt også.

noe(n)

Endlich ist es Zeit, alle verschiedenen Bedeutungen von **noe** und **noen** zusammenzufassen!

Aus Kapitel 7 weißt du noch:
noe etwas
noen jemand
Aus Kapitel 16 kennst du:
noen øyer einige Inseln
Hier kommt die letzte Möglichkeit, **noe** zu verwenden:
noe undertøy etwas Unterwäsche

Was ist nun der Unterschied zwischen **øyer** und **undertøy**? (Natürlich was die Grammatik betrifft ...)
Naja, **øyer** ist ein Substantiv im Plural. Ich könnte auch **mange øyer** sagen. **Undertøy** ist ein Substantiv im Singular, das nicht gezählt werden kann (auch bekannt als unzählbares Substantiv). Ich könnte auch **mye undertøy** sagen.
Merk dir den Unterschied rechts:

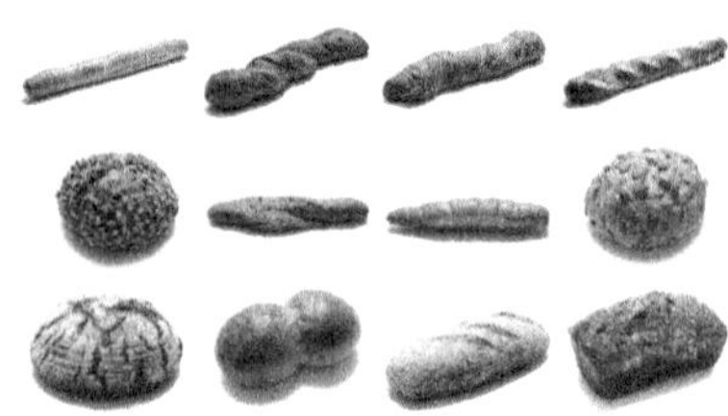

noen brød

noe brød

Klær

«Det finnes ikke dårlig vær, bare dårlige klær!»

Beskriv Nils' klær.
Beschreibe Nils' Kleidung.

Eksempel: Lua er rød.

ei lue	eine Mütze
et skjerf [sjæ-]	ein Schal
ei jakke	eine Jacke
en genser	ein Pullover
ei skjorte	ein Hemd
ei T-skjorte	ein T-Shirt
en vott [å]	ein Fäustling
en sokk [å]	eine Socke
en sko	ein Schuh
en underbukse [unner-bokse]	eine Unterhose
en underskjorte [unner-]	ein Unterhemd

1 Finde die richtige Wortstellung für folgende Nebensätze.

Eksempel: Hun sier at ... å ha – ikke – hun – bursdag – liker.
→ Hun sier at hun ikke liker å ha bursdag.

a) Han glemte at ... ikke – hver – frokost – Lises – dag – spiser – bror.
b) Vi ønsker at ... snart – en leilighet – finner – i byen – dere.
c) Hun tenker at ... svart – ikke – fristende – kaffe – er.
d) Du kommer hvis ... dattera – blir – frisk – di.
e) De synger når ... bursdag – har – noen.
f) Han liker det når ... høflig – kaféen – er – servitøren – på.
g) Han gjør som om ... husker – han – ikke – dagdrømmen.
h) Det føles som om ... Ernas – kjenner – store hemmelighet – ingen.
i) Du ser ut som om ... og – syk – du – medisin – er – trenger.
j) Jeg ringer alltid når ... og – spiser – er – alle – opptatt.
k) Hun bestiller når ... gir – servitøren – menyen – henne.
l) Vi fortsetter å snakke når ... slutter – endelig – du – å arbeide.

2 Setze *kanskje* ein. Finde verschiedene Möglichkeiten.

Eksempel: Jeg trenger legemidler. → Jeg trenger kanskje legemidler. / Kanskje trenger jeg legemidler. / Kanskje jeg trenger legemidler.

a) Han har lyst på kjøttkaker i tillegg.
b) Vil hun åpne vinduet?
c) Du trenger noen som hjelper deg.
d) Jeg rydder stua i dag hvis du er snill.
e) Har du allerede ryddet?

3 Finde die richtige Kleidung für das richtige Wetter. Bilde Nebensätze. Achte auf die Adjektive.

Eksempel: regn – god jakke → Når det regner, trenger man ei god jakke.

a) snø – varm, votter
b) sludd – god, lue, skjerf, regnjakke
c) klart – fin, skjorte
d) svak vind – varm, genser
e) orkan – god, sokker, fjellsko
f) regnbyge – lang, bukse
g) varmt ute – kort, skjørt

4 Setze *noe* oder *noen* ein.

Hun leste ______ om været i en avis og spiste ______ småkaker. Plutselig ringte ______ på døra. «Hei, du! Har du lyst til å gjøre ______ i kveld?» sa hennes venninne. «Åh, det er synd! Jeg sa til ______ av naboene at jeg hjelper med å bære ______ møbler og ______ klær.» «Men jeg kan kanskje hjelpe med _____? Kanskje hente _____ bøker ned fra hyllene eller lage ______ mat?» «Det er en bra idé. Jeg skal spørre ______ om de trenger deg.» «Vent, skal vi ta ______ småkaker og kaffe med oss? _____ å spise og drikke er alltid bra!»

Det har gått et par dager siden Nils har sett filmen om Nord-Norge. Emil har ikke fått noen idé ennå. Han har forklart til Nils at det er farlig å reise alene. Nils må prøve å snike seg inn i en koffert eller en veske. Men mange ting kan skje. Hvordan skal han komme seg inn i en koffert, og hvordan skal han komme ut igjen uten at noen ser ham?

Men denne kvelden, når hele familien allerede sover, kommer Emil inn på kjøkkenet med en spennende nyhet.

«Nils! Jeg vet hvordan du kan komme deg til Tromsø.»

«Aha? Har du fått en idé?»

«Nei, ikke direkte. Men tenk deg, Erna har ringt. Hun har snakket med Lise, og hun skal reise til Tromsø om ei uke. Det er sikkert en god idé å bli med henne. Da er det heller ikke så farlig. Dersom hun finner deg på reisen, kan du være sikker på at hun tar deg med tilbake igjen.»

«Det høres bra ut. Hva skal Erna egentlig i Tromsø?»

«Jeg aner ikke. Men spiller det noen rolle?»

«Nei. Men Emil, hva gjør jeg hvis jeg har et spørsmål på reisen? Jeg kommer til å være helt alene!»

«Du kan snakke med meg uansett hvor du er.»

«Ja, det er sant. La meg tenke litt.»

Emil sitter og tenker et lite øyeblikk. Men så står han opp, går ut av kjøkkenet og åpner veldig, veldig forsiktig døra til Pers rom.

«Hva skal du hos Per, Emil?»

«Hysj. Han må ikke våkne.»

alene	alleine
å snike inn, snek, sneket	hineinschleichen, hineinschummeln
en veske	eine Handtasche
spennende [-enne]	spannend, aufregend
å komme seg	*hier:* kommen, gelangen
tenk deg	stell dir vor
ei uke	eine Woche
dersom [dærsåm]	wenn, falls
det høres ... ut	das hört sich ... an
Hva skal hun i Tromsø?	*hier:* was will sie in Tromsø?
å ane, ante	ahnen
å spille en rolle, spilte	eine Rolle spielen
hysj	pst! sei still!

Emil går inn i det mørke rommet. Det er helt stille. Etter en stund kommer han ut igjen med to små grå apparater i hånda. Han gir ett av dem til Nils.

«Hva er dette, Emil?»

«Dette er en mobiltelefon. Når du trykker på denne knappen, tar jeg telefonen med en gang, og så kan du snakke med meg uansett hvor du er.»

«Ja, men Emil, dette er jo Pers mobiltelefoner. Vi kan ikke bare ta dem.»

«Jo, det kan vi. Han har hele skapet fullt av mobiltelefoner. Han må jo stadig ha den nyeste telefonen. Så han savner sikkert ikke disse to gamle telefonene.»

«Det betyr at jeg alltid kan snakke med deg når jeg vil? Det er jo helt fantastisk. Emil, du er den beste vennen jeg noensinne har hatt.»

Emil må smile. Han vet at Nils aldri har hatt en venn før. Derfor er det ikke vanskelig å være den beste vennen hans. Men han sier ingenting.

en stund [-unn]	eine Weile
et apparat	ein Apparat, eine Maschine
en mobiltelefon	ein Mobiltelefon
full av	voll von/mit
stadig [stadi]	ständig, immer
å savne, savnet	vermissen
noensinne	je(mals)

Hauptsätze und Nebensätze

Im letzten Kapitel habe ich dir erzählt, dass ein Nebensatz immer ein Teil eines Hauptsatzes ist. Lass uns das ein bisschen genauer unter die Lupe nehmen. Sieh dir zuerst einmal diesen Satz an:

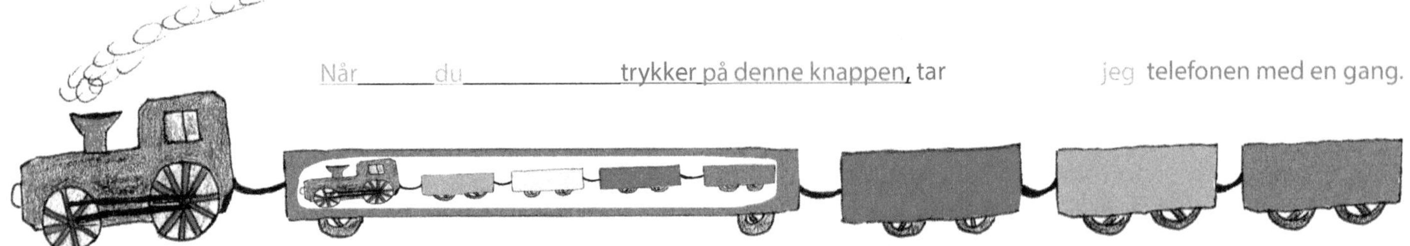
Når du trykker på denne knappen, tar
jeg telefonen med en gang.

Der unterstrichene Teil ist ein Nebensatz. Einfach. Er beginnt mit dem Bindewort (**når**), dann steht das Subjekt (**du**), das Verb (**trykker**) – es gibt hier kein Adverbial, also ist die Wortstellung so richtig – und so weiter.
Jetzt sehen wir uns aber einmal den Hauptsatz an. Er hat ein Verb (**tar**), und da es ein Hauptsatz ist, müsste es an zweiter Stelle kommen, da gibt es keine Diskussion. Das bedeutet, der gesamte Nebensatz steht an erster Stelle des Hauptsatzes. Da der erste Waggon also vom Nebensatz besetzt ist, muss das Subjekt (**jeg**) in den dritten Waggon einsteigen – und dort sitzt es auch schon.

Noch ein interessanter Satz:

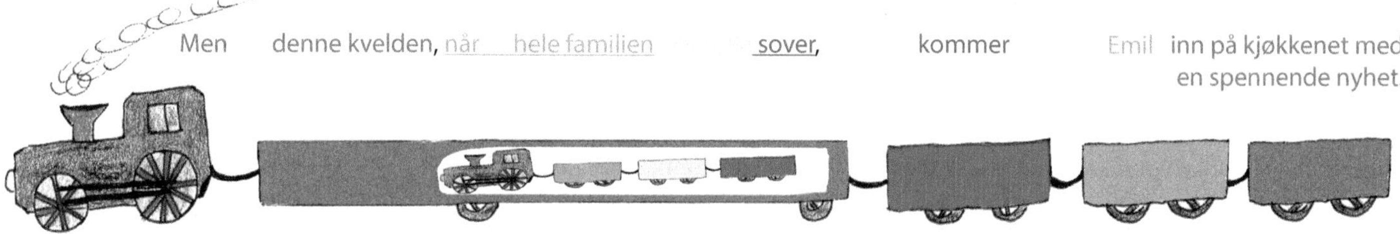

Wieder ist der Nebensatz unterstrichen. Der Teil **denne kvelden** ist eine Zeitangabe (die in einem Hauptsatz an erster Stelle stehen kann – klar, oder?). Das Verb im Hauptsatz ist **kommer** und muss an zweiter Stelle stehen, da sind wir uns bestimmt einig.

Das bedeutet aber, dass alles von **denne** bis **sover** im ersten Waggon Platz finden muss und deshalb zusammengehört. Das tut es auch, das Ganze ist eine Zeitangabe. Wann kommt Emil in die Küche? **Denne kvelden** oder **når hele familien allerede sover** – das bezeichnet ja den gleichen Zeitraum, also kann es vorne Platz nehmen.

Men nimmt übrigens gar keinen eigenen Platz im Satz ein (sieh dir dazu das letzte Beispiel am Ende der Seite an).

Wir könnten den Satz auch aufteilen:

Men denne kvelden kommer Emil inn på kjøkkenet med en spennende nyhet.
Når hele familien allerede sover, kommer Emil inn på kjøkkenet med en spennende nyhet.

Findest du das Subjekt im Hauptsatz? Richtig – **Emil** ist das Subjekt auf Platz Nr. 3. Beachte auch, dass der Nebensatz das Adverbial **allerede** hat, welches vor dem Verb **sover** kommt.

Einen letzten Satz möchte ich noch mit dir besprechen:

Hun har snakket med Lise, og hun skal reise til Tromsø om ei uke.

In diesem Beispiel gibt es keinen Nebensatz. Die beiden Sätze könnten jeweils allein stehen:

Hun har snakket med Lise.
Hun skal reise til Tromsø om ei uke.

Merke: Die Wörter **og**, **men** und **for** verbinden zwei Hauptsätze miteinander und besetzen Platz Nr. 0 (man könnte auch sagen, sie sind kein Teil des Satzes).

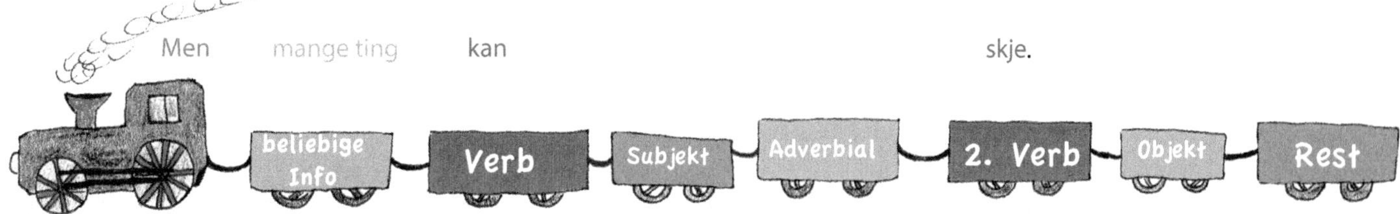

Wie werden wir *som* los?

Sätze, die mit **som** beginnen, sind Nebensätze. Das Wort **som** kann Subjekt oder Objekt im Nebensatz sein (siehe Kapitel 17).
Wenn **som** das Objekt des Nebensatzes ist, brauchen wir es nicht unbedingt zu sagen.
Schau her:

Emil, du er den beste vennen (som) jeg noensinne har hatt.

Lass uns diesen Satz analysieren. Wir haben am Ende des Hauptsatzes einen Nebensatz. Die Wortstellung im Nebensatz ist folgende:

Bindewort (som) - Subjekt (jeg) - Adverbial (noensinne) - Verben

Warum dürfen wir **som** hier weglassen?
Sprachen sind oft ganz schön unlogisch. Aber ein bisschen Logik steckt hier doch dahinter: In diesem Beispiel ist **som** ein Objekt. Ich könnte den Satz ja teilen und **som** durch **denne vennen** ersetzen:

Emil, du er den beste vennen.
Denne vennen har jeg noensinne hatt.

In dem folgenden Beispiel ist **som** hingegen das Subjekt des Nebensatzes:

Jeg ser en film som er helt fantastisk.

Warum können wir hier **som** nicht weglassen?
Weil es das Subjekt ist, und *jeder* norwegische Satz braucht ein Subjekt (selbst wenn er ein Nebensatz ist).
Also anders ausgedrückt: ein Objekt kann man auch mal weglassen, ein Subjekt aber auf keinen Fall.

hos – med – ved

Hos und **ved** bedeuten beide ***nahe***, ***bei*** oder ***neben***, aber **hos** ist immer mit *Personen* verbunden und bedeutet ***bei jemandem zu Hause***, während **ved** mit *Dingen* verbunden ist.

Hvor er du?
Jeg er ved stasjonen. — Ich bin beim Bahnhof.
Jeg er hos Per. — Ich bin bei Per.

(Zusammen) mit können wir mit ***(sammen) med*** übersetzen.

Jeg spiller tennis med Per.
Jeg er på restaurant med Per.

Telefonen

Slik kan vi skrive telefonnumre i Norge:

- mobiltelefon: 911 06 368
  Vi kan si: ni – elleve – null – seks – tre – seks – åtte
- fasttelefon: 22 33 44 55
  Vi kan si: tjueto – trettitre – førtifire – femtifem

Nils ringer til Emil. Når Emil tar telefonen, sier han bare:
«Hei, det er Emil.»
Nils svarer: «Hei, dette er Nils.»
Hvis du ringer til Lise, men du vil snakke med Per, sier du:
«Hei, Lise. Kan jeg få snakke med Per?»

Hun sier kanskje:
«Han er ikke hjemme.»
Så kan du spørre:
«Når kommer han tilbake?»
Eller du sier: «Kan du si til ham at ...?»

Du ringer til noen du ikke kjenner.
Hun forstår ikke navnet ditt. Hun sier:
«Kan du stave navnet ditt?» (Kannst du deinen Namen buchstabieren?)

Vi skriver:	Vi sier:
A	a
B	be
C	se
D	de
E	e
F	eff
G	ge
H	hå
I	i
J	je
K	kå
L	ell
M	emm
N	enn
O	o
P	pe
Q	ku
R	ærr
S	ess
T	te
U	u
V	ve
W	dobbeltve
X	eks
Y	y
Z	sett
Æ	æ
Ø	ø
Å	å

1 Kannst du *som* in diesen Sätzen weglassen?
Oslo er en fin by som jeg ønsker å se snart.
Hurtigruta er en båt som går hver dag.
En lærer er en person som arbeider i skolen.
Jeg lagde ei kake som du ikke ville smake.
Tromsø er en interessant by som ligger i Nord-Norge.
Du likte TV-serien om Norge som vi så på i går.
Nils så en film som var helt fantastisk.
Den handlet om et veldig fint land som han hadde lyst til å se.

2 Bilde so viele sinnvolle Sätze wie möglich. Beachte die Wortstellung.
alltid – dag – hver – lager – mat – og – sammen – spiser – vi.
av og til – gjør – gode – han – har – idéer – ikke – men – notater.
at – dag – gleder – hun – hver – tenker – seg – Susanne – til – skolen.
forsiktig – har – hvis – i magen – man – må – man – vondt – være.

3 Lise war lange einkaufen und war in neun Geschäften! Wo hat sie welche Sachen gekauft? Ordne die Einkäufe den richtigen Geschäften zu.

skobutikk apotek teknikkbutikk post matbutikk klesbutikk kiosk interiørbutikk bakeri

Ei seng, en ukebillett (ein Wochenticket für öffentliche Verkehrsmittel), støvler (Stiefel), en agurk (eine Gurke), en konvolutt (ein Briefumschlag), en DVD, en hudkrem (eine Hautcreme), et rundstykke, en hodepinetablett (eine Kopfschmerztablette), (et) toalettpapir (Toilettenpapier), bukser, en bussbillett (ein Busticket), en mobillader (ein Ladegerät fürs Handy), småkaker, en eske for å sende en pakke (ein Karton, um ein Paket zu verschicken), et batteri (eine Batterie), et bykort (ein Stadtplan), en parfyme (ein Parfum), et frimerke (eine Briefmarke), en genser, et brød, ei lampe (eine Lampe), kjøtt, et godteri (Süßigkeiten), en hårbørste (eine Haarbürste) ...

4 Les disse telefonnumrene.

36 75 88 18	44 17 73 12	27 11 32 11	866 12 033	56 65 14 39
67 16 13 92	911 15 113	912 19 129	40 52 16 63	

5 Telefonen ringer. Det er en venn. Han stiller følgende spørsmål. Hva svarer du?
a) Kan jeg få snakke med Martin?
b) Har du lyst til å besøke meg i kveld?
c) Jeg har glemt å kjøpe poteter. Kan jeg få noen av deg?
d) Jeg føler meg dårlig. Jeg har vondt i brystet. Vet du hva jeg bør gjøre?
e) Jeg må rydde opp i leiligheten i dag. Kan du hjelpe meg?

Det er lenge siden Erna har besøkt Lise. Men dagen før reisen til Tromsø rekker hun det endelig. Hun har sittet på toget i to timer. Og nå må hun ta trikk til Lises hus. Det er kjedelig å reise så langt, synes hun. Hun vil egentlig bo i nærheten av Lises familie. Men hun kan heller ikke tenke seg å flytte til Oslo. Det er så hektisk her. Alle har det travelt. Nei, hun trives i den lille byen hvor hun bor nå, selv om hun føler seg litt ensom av og til.

Når trikken stopper neste gang, har hun endelig kommet fram. Hun går av, krysser gata og ringer på døra hos Lise.

«Hei, mamma. Takk for sist. Hyggelig at du kommer på besøk før du drar til Tromsø.»

«Hei, Lise. Går det bra med deg?»

«Ja, det går kjempefint. Og med deg?»

«Det går også veldig bra.»

«Hei, Lise. Går det bra med deg?»

«Kom inn. Middagen er ferdig. Vi venter egentlig bare på Per – han har ikke kommet hjem fra fotballtreningen ennå. Men jeg tror vi skal begynne å spise likevel. Lars vil gå en liten tur etterpå, og det blir jo snart mørkt ute.»

Erna og Lise går inn i stua, hvor Susanne sitter ved bordet. Susanne holder kniv og gaffel i hånda allerede – åpenbart er

lenge	lange (*zeitlich*)
lenge siden	lange her, seit ...
å rekke, rakk, rukket [o]	erreichen, schaffen
en nærhet	Nähe
å flytte, flyttet	umziehen, übersiedeln
hektisk	hektisch
å ha det travelt	es eilig haben, beschäftigt sein
selv om [sell]	selbst wenn
å trives, trivdes, trivdes	sich wohl fühlen
ensom [å]	einsam
å stoppe, stoppet [å]	anhalten
neste	nächste/r/s
å komme fram	ankommen, das Ziel erreichen
å krysse, krysset	überqueren
å gå av, gikk, har gått	aussteigen (*aus Bus oder Zug*)
en trening	ein Training
en fotballtrening	ein Fußballtraining
likevel	trotzdem
åpenbart	offenbar

hun veldig sulten. På kjøkkenet står Lars og tar en kasserolle fra komfyren.

«Hei, Erna. Hyggelig å se deg.»

«Hei, Lars. Takk for sist. Hva er det du lager her?»

«Det blir indrefilet av okse med fløtepoteter og gulrøtter.»

«Å, så flott at jeg har en svigersønn som kan lage så god mat.»

«Det er jo ikke vanskelig. Bare steke litt kjøtt og sette poteter i ovnen.»

«Du vet godt at det er vanskelig.»

«Nei da. Bare gå inn i stua, så kommer jeg med maten.»

Erna setter seg.

«Hvordan står det til, Susanne? Går det bra på skolen?»

«Ikke så verst», svarer Susanne.

Erna vet med en gang at det var et dumt spørsmål. Gamle folk spør alltid barn om skolen, men hun husker så godt hvor mye hun hatet dette spørsmålet da hun var liten. Hun bestemmer seg fort for å snakke om noe annet.

«Så, hva gjorde du etter skolen, Susanne?»

«Jeg hadde en ridetime kl. 14, og så besøkte jeg ei venninne kl. 15.30. Vi spilte sjakk.»

«Nei, så fint! Har du begynt å ri?»

«Ja, for tre uker siden. Jeg er jo så glad i hester. Det er gøy å ri.»

Erna smiler. Det er deilig å høre at Susanne også har andre fritidsaktiviteter enn smarttelefoner og dataspill.

Da kommer Lars inn med maten. Den smaker veldig godt.

«Takk for maten», sier Erna. Hun legger kniv og gaffel på tallerkenen og ser seg litt rundt i stua. Alt er som før. Susanne står opp og går ut av rommet. Erna vil spørre Lise om Nils mens Susanne ikke hører henne.

«Lise, er Susanne fortsatt ikke glad i nissen?» hvisker hun.

«For å si det sånn – ikke særlig», sier Lise. «Nissen er her hos meg på kjøkkenet. Han – nei, hvor er han egentlig?» Lise virker overrasket. Hun begynner å lete etter nissen. Men hun kan ikke finne Nils.

Etter en stund kommer hun tilbake og sier lavt: «Det er veldig flaut, mamma, men jeg må bare si at jeg har mistet Nils. Jeg kan ikke finne ham.»

sulten	hungrig
en kasserolle [-rålle]	ein Kochtopf
en indrefilet [-filee]	eine Filetspitze
en okse	ein Ochse
(en) fløte	Sahne
flott [å]	gut, schön, nett
en svigersønn	ein Schwiegersohn
å steke, stekte	braten
nei da	nein, nicht wirklich, aber nein
Hvordan står det til?	Wie geht's?
å hate, hatet	hassen
da	*hier:* wenn
en ridetime	eine Reitstunde
(en) sjakk	Schach
å spille sjakk, spilte	Schach spielen
å ri, red, har ridd	reiten
en hest	ein Pferd
deilig	herrlich, wundervoll
(ei) fritid	Freizeit
en aktivitet	eine Aktivität
en fritidsaktivitet	eine Freizeitaktivität
et dataspill	ein Computerspiel
mens	während
å hviske, hvisket [vis-]	flüstern
å virke, virket	scheinen, wirken
lav, lavt, lave	*hier*: leise
flau, flaut, flaue [æu]	peinlich
å miste, mistet	verlieren

langt – lenge

Langt und **lenge** sind *Adverben*. Sie kommen vom Adjektiv **lang**. Die beiden haben unterschiedliche Bedeutungen: **langt** bezieht sich auf Entfernungen, **lenge** auf Zeit.
Aber beachte:

en lang vei (Adjektiv)
ei lang tid (Adjektiv)

Kein Artikel

Ich habe dir ja erzählt, dass wir immer entweder den bestimmten oder den unbestimmten Artikel verwenden (**en gutt** oder **gutten**). Nun, da war ich nicht hundertprozentig ehrlich. Es gibt drei Situationen, in denen wir gar keinen Artikel verwenden.

Für Dinge, die man nicht zählen kann:

mye vann

2

Wenn wir den Beruf oder die Religion einer Person nennen:

Jeg er lege. Ahmed er muslim.

Aber:

Han er en dårlig lege.

Hier nennen wir den Beruf nicht nur, wir beschreiben ihn. Das bedeutet, dass wir einen Artikel brauchen.

Wenn es unmöglich oder unüblich ist, dass mehr als ein Exemplar des Substantivs zugleich vorhanden ist:

Erna kommer på besøk.

Sie kann ja nicht zweimal zugleich zu Besuch kommen.

Susanne holder kniv og gaffel i hånda allerede.

Natürlich *könnte* Susanne auch mehrere Messer und Gabeln in der Hand halten, aber das ist eher unüblich, wenn man am Esstisch sitzt, oder?

Diese Regel ist etwas schwierig, aber um dir das Merken zu erleichtern, zeige ich dir noch mein Lieblingsbeispiel:

Lise kjøper hus.

Lise kjøper en genser.

Natürlich könnte Lise hier auch mehrere Häuser kaufen, aber die wenigsten Leute sind so reich, nicht wahr? Zwei Pullover zu kaufen ist hingegen relativ normal, selbst wenn man kein übermäßiges Einkommen hat. Darum verwenden wir bei **genser** den Artikel, bei **hus** aber nicht.

Aber angenommen, Lise ist Immobilienmaklerin und kauft regelmäßig Häuser. In diesem Fall wäre es ganz normal zu sagen:

Lise kjøper et hus.

Wie werden wir *at* los?

Erinnerst du dich daran, dass wir auf **som** verzichten können, wenn es das Objekt in einem Nebensatz ist? Wir können auch **at** weglassen:

Men jeg tror (at) vi skal begynne å spise likevel.

Hierfür gibt es keine strenge Regel (anders als bei **som**). Wenn du das Gefühl hast, dass der Satz ohne **at** schwer verständlich ist, lass es besser drin.

Hobbyer & fritid
Hobbys & Freizeit

Kari:

Jeg elsker sport. Når jeg ikke kan trene på to dager, kan jeg ikke sitte stille lenger. Jeg er spesielt glad i å spille basketball, håndball og fotball. Fotball har jeg spilt i nesten 13 år, helt siden jeg var liten. I dag er jeg litt frustrert, for vi hadde et mesterskap i formiddag, og vi tapte mot et lag fra Ålesund.

Jeg liker også å prøve nye ting. Nå har jeg for eksempel begynt med turn, men jeg synes det er litt kjedelig.

Kari, Richard og Ragnhild kommer på besøk til deg. Hva gjør du med dem? Finn aktiviteter i din kommune på Internett.

Ragnhild:

Jeg er et kulturmenneske. På en typisk fredagskveld finner du meg på kino, i konserthuset eller på teater. Jeg er også veldig glad i all slags litteratur. Jeg elsker franske filmer, klassisk musikk og jazz, engelsk teater og russiske bøker. Jeg spiller selv fiolin og gitar. Når jeg spiller, kan jeg glemme tida fullstendig.

Richard:

Vet du hvorfor jeg elsker Nord-Norge? Det er så fantastisk mye natur her. Jeg må være ute hver eneste helg. Etter ei travel arbeidsuke er det viktig å få ny energi. Om sommeren kan man være ute så lenge man vil, for da er det jo midnattssol. Om vinteren liker jeg å gå skiturer. Jeg liker også å klatre og å fiske.

å elske, elsket	lieben
(en) sport	Sport
å trene, trente	trainieren
(en) basketball	Basketball
(en) håndball	Handball
(en) fotball	Fußball
frustrert	frustriert
et mesterskap	eine Meisterschaft
en formiddag	ein Vormittag
et lag	*hier*: ein Team
Ålesund	*Stadt in Westnorwegen*
turn	Turnen
(en) natur	Natur
eneste	einzige/r/s
hver eneste	jeder/jede/jedes einzelne
ei arbeidsuke	eine Arbeitswoche
(en) energi [energi/enersji]	Energie
å klatre, klatret	klettern
å fiske, fisket	fischen
et kulturmenneske	jemand, der sich für Kultur interessiert
en kveld [kvell]	ein Abend
en fredagskveld	ein Freitagabend
en konsert	ein Konzert
et konserthus	ein Konzerthaus
et teater, teatret, teatre, teatrene	ein Theater
all slags	allerhand, allerlei
fransk	französisch
klassisk	klassisch
jazz	Jazz
en fiolin	eine Violine
en gitar	ein Gitarre
fullstendig [-di]	völlig, vollständig
en kommune	eine Gemeinde

Small Talk (Teil 2)

Bilde einen Dialog. Bring die Sätze in die richtige Reihenfolge.

1. Ha det bra! Jeg gleder meg.
2. For eksempel kl. 18.00? Da kan vi lage mat sammen.
3. Tusen takk. Vil du ikke komme på besøk i kveld?
4. Hei, Marthe. Takk for sist!
5. Flott, da ses vi altså kl. 18.00.
6. Hei, Anders. Takk for sist. Hvordan går det?
7. Det går dårlig. Jeg har mistet jobben.
8. Det vil jeg gjerne. Når passer det for deg?
9. Ikke så verst. Og med deg?
10. Det fikser jeg.
11. Supert. Hva skal jeg kjøpe?
12. Det gjør vi. Ha det!
13. Jeg har kjøtt, poteter og grønnsaker hjemme. Kanskje en god flaske vin?
14. Å, det var synd å høre. Jeg håper at du finner deg ny jobb snart.

å fikse, fikset	in Ordnung bringen
super	super
ei flaske	eine Flasche
(en) vin	Wein
å håpe, håpet	hoffen

1 Trenger du artikkelen? Brauchst du den Artikel?

Lise ønsket alltid å bli _____ lærer. Nå er hun _____ god sykepleier. I forgårs traff hun _____ russisk mann, _____ amerikaner og ______ italiener. Russeren er ______ bra lege, amerikaneren er ______ tannlege, og italieneren er ______ ung student. Hun snakket også med _______ muslim og _____ ung katolikk. Hun jobber som redaktør og gleder seg til å bli _____ pensjonist snart. De har kjøpt _____ leilighet. De må ta bussen til byen og vil kjøpe _____ bil snart.

2 *Lang(t)* eller *lenge*?

På lørdag var jeg ________ på en bursdagsfest hos en venn. Festen var på et sted _______ fra huset mitt. Først så vi _______ på en film, så spiste vi ute ________. Bordet sto _______ fra huset. Før festen prøvde jeg _______ å treffe min venn. Da vi spiste, satt han _______ fra meg. Vi kunne ikke snakke mye og ________ denne kvelden. Klokka kvart på to ringte jeg en drosje, men måtte vente ______ til den kom. Veien var _______, derfor tok det _______ tid å komme hjem.

3 Hva liker du å gjøre i fritida di?

4 Schreibe die Sätze neu.

Eksempel: Per vet: «Maria drikker ikke kaffe.» → Per vet at Maria ikke drikker kaffe.

a) Morten har et fint hus. Huset er i Hamar.
→ Morten har et fint hus som ...
b) Stine går på tur. Men sola skinner ikke.
→ Stine går på tur selv om ...
c) Bjørn har ikke penger. Derfor kan han ikke dra på ferie.
→ Bjørn kan ikke dra på ferie fordi ...
d) Birgitte har en hund. Hunden er ofte syk.
→ Birgitte har en hund som ...
e) Vi kan ikke dra på tur når været er dårlig.
→ Når været er dårlig, ...
f) Hilde sier: «Jeg kan ikke komme i kveld.»
→ Hilde sier at ...
g) Hilde kan ikke komme på besøk. Hun føler seg ikke bra.
→ Hilde kan ikke komme på besøk fordi ...
h) Jeg skal spise frokost før jeg går på jobb.
→ Før jeg går på jobb, ...
i) Jeg vil ikke arbeide på lørdager og søndager.
→ På lørdager og søndager ...

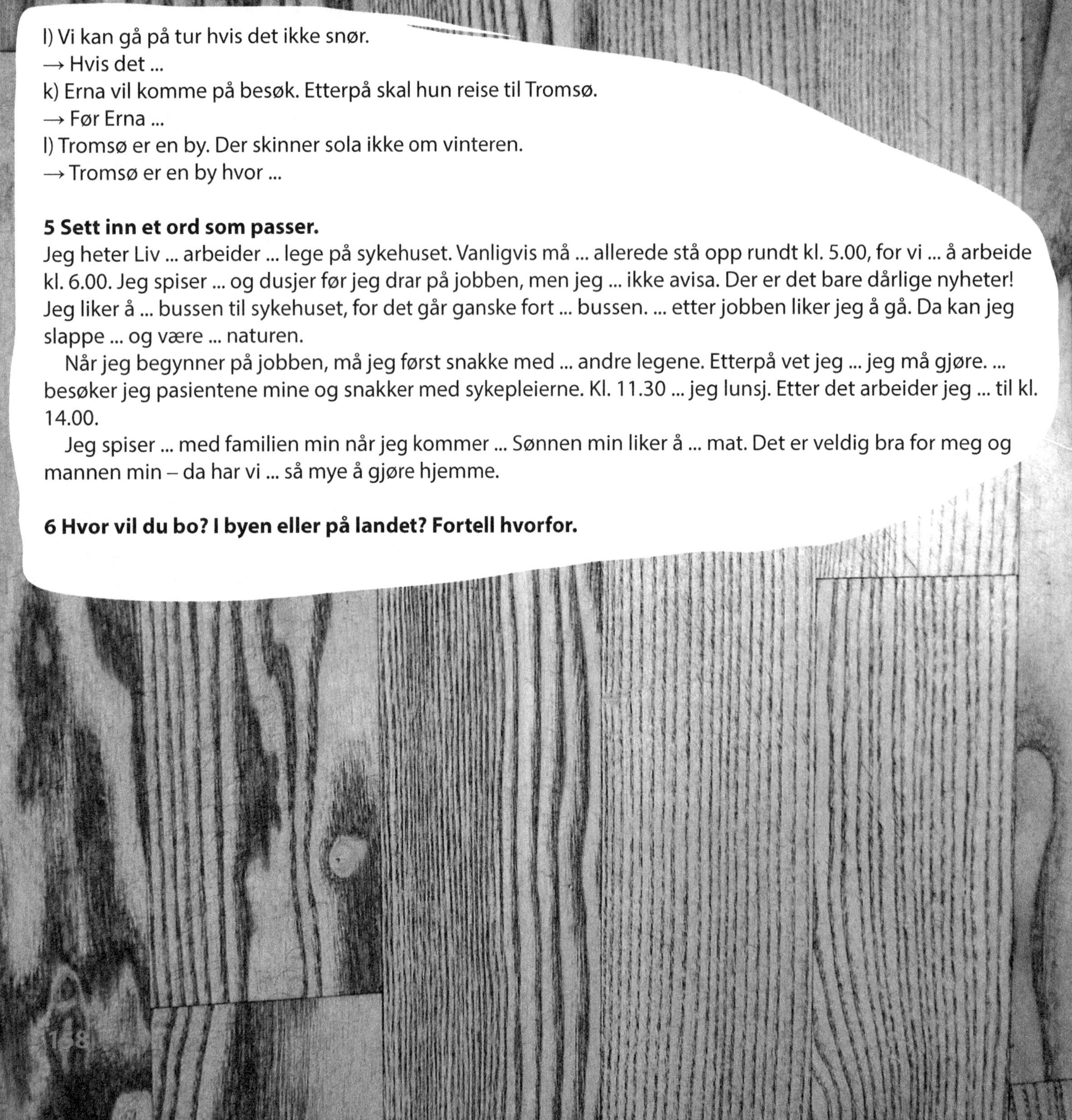

l) Vi kan gå på tur hvis det ikke snør.
→ Hvis det ...
k) Erna vil komme på besøk. Etterpå skal hun reise til Tromsø.
→ Før Erna ...
l) Tromsø er en by. Der skinner sola ikke om vinteren.
→ Tromsø er en by hvor ...

5 Sett inn et ord som passer.

Jeg heter Liv ... arbeider ... lege på sykehuset. Vanligvis må ... allerede stå opp rundt kl. 5.00, for vi ... å arbeide kl. 6.00. Jeg spiser ... og dusjer før jeg drar på jobben, men jeg ... ikke avisa. Der er det bare dårlige nyheter! Jeg liker å ... bussen til sykehuset, for det går ganske fort ... bussen. ... etter jobben liker jeg å gå. Da kan jeg slappe ... og være ... naturen.

Når jeg begynner på jobben, må jeg først snakke med ... andre legene. Etterpå vet jeg ... jeg må gjøre. ... besøker jeg pasientene mine og snakker med sykepleierne. Kl. 11.30 ... jeg lunsj. Etter det arbeider jeg ... til kl. 14.00.

Jeg spiser ... med familien min når jeg kommer ... Sønnen min liker å ... mat. Det er veldig bra for meg og mannen min – da har vi ... så mye å gjøre hjemme.

6 Hvor vil du bo? I byen eller på landet? Fortell hvorfor.

«Mistet ham? Det var jo synd.» Erna er skuffet. Hun har arbeidet så lenge med Nils, og hun har vært veldig stolt over å ha laget en såpass pen nisse. Først var Susanne ikke glad i ham, og så mistet Lise ham. Helt utrolig. Fra nå av skal hun bare kjøpe sjokolade eller blomster i bursdagsgave. Nok er nok.

Men så må hun også tenke på den tåpelige papirlappen som er skjult i nissen. Det var jo helt urealistisk at noen skulle finne den, men nå er det altså virkelig umulig.

Egentlig har denne papirlappidéen vært dum fra begynnelsen av.

Hun må huske da hun skrev den første lappen, som hun skjulte i ei bok. Så ba hun Lise om å levere boka tilbake på biblioteket. Selvfølgelig åpnet hun ikke boka og fant aldri lappen. Det samme skjedde da hun la en lapp i et påskeegg som hun ga til Per. Hun husker så godt hvordan Per spiste opp egget uten å legge merke til at det var en papirlapp i det.

«Bestemor! For en hyggelig overraskelse!»

Hun må le. Resten av familien ser litt forvirret på henne.

Men sammenlignet med nissen var det jo nesten smart å legge en beskjed i et påskeegg eller ei bok.

Da tar hun en beslutning. Hun kommer ikke til å skrive idiotiske papirlapper som ingen kan finne. Hun må legge kortene på bordet. Nå eller aldri. Hun puster dypt inn.

«Jeg må si noe til dere. Som min familie må dere vite dette.»

såpass	so, derart
pen	schön
fra nå av	von jetzt an
en blomst [å]	eine Blume
i bursdagsgave	als Geburtstagsgeschenk
tåpelig [-li]	dumm, albern
urealistisk	unrealistisch
umulig [-li]	unmöglich
en begynnelse [bejy-]	ein Anfang
å be, ba, har bedt om	bitten um
å levere, leverte	(ab)liefern, *hier*: zurückgeben
et bibliotek	eine Bibliothek
et påskeegg	ein Osterei
å legge merke [mærke] til, la, har lagt	bemerken
en rest	ein Rest
sammenlignet med	verglichen mit
smart	schlau
en beskjed [beskje]	eine Nachricht
en beslutning	ein Beschluss, Entschluss
idiotisk	idiotisch
å legge kortene på bordet	die Karten auf den Tisch legen

Lars, Susanne og Lise virker fortsatt flaue. De tenker at det har noe med nissen å gjøre.

«Vi vet at vi er håpløse, mamma. Du trenger ikke å si det. Men vi finner sikkert Nils igjen.»

«Nei, det er bare ...»

«Ja, du har rett», avbryter Lise. «Det finnes ingen unnskyldning. Jeg vet at du har brukt så mye arbeid på denne nissen. Jeg forstår ikke hvordan det kunne skje. Hele tida forsvinner det noe i dette huset. Per savner til og med noen mobiltelefoner.»

«Men jeg mener at ...»

Da åpner døra seg. Per kommer inn, smiler og kommer mot Erna.

«Bestemor! For en hyggelig overraskelse!»

Erna føler at sjansen forsvinner. Hun var så sikker på at hun klarte å si det. Men det går bare ikke. Hun smiler litt mot Per. Så går hun ut av leiligheten, uten å si et ord. Mens hun lukker døra, hører hun Lise rope: «Men mamma! Nå overdriver du.»

Hun går ut i gata og gråter av fortvilelse.

håpløs	hoffnungslos
å avbryte, avbrøt, avbrutt	unterbrechen
en unnskyldning	eine Entschuldigung
å mene, mente	meinen
for en ...	was für ein ...
en overraskelse [åv-]	eine Überraschung
å være sikker på	sicher sein
bare	*hier:* einfach
et ord [or]	ein Wort
å lukke, lukket [o]	schließen
å overdrive, overdrev, overdrevet [å]	übertreiben
(en) fortvilelse [får-]	Verzweiflung

Keine neue Grammatik in diesem Kapitel!

Also entspann dich und sieh dir ein paar Sätze an, die vielleicht etwas kompliziert sind.

1

Det var jo synd.

Fragst du dich, was **jo** in diesem Zusammenhang bedeutet? Naja, eigentlich bedeutet es fast gar nichts. Es betont nur, dass es *wirklich* schade ist. Auf Deutsch würdest du vielleicht ***das war ja schade*** oder ***das war wirklich schade*** sagen.
Sieh dir noch ein Beispiel an:

Det var jo helt urealistisk at noen skulle finne den.

In diesem Satz gibt es noch etwas Bemerkenswertes. Wie du siehst, ist in diesen Satz ein Nebensatz integriert, der mit **at** beginnt. Achte doch einmal auf die Zeiten: Beide Verben stehen im *preteritum* (**var** und **skulle**). Wenn wir diesen Satz in die Gegenwart übertragen müssten, würden wir sagen:
Det **er** jo helt urealistisk at noen **skal** finne den.
Pass also immer auf, dass du durchgehend dieselbe Zeit verwendest.

2

Hun har vært veldig stolt over **å ha laget en såpass pen nisse**.
Anstatt eines gewöhnlichen Substantivs können wir ein Verb (im Infinitiv mit **å**) verwenden. Wir könnten ja genauso gut sagen:
Hun har vært veldig stolt over **jobben**.
Wir ersetzen **jobben** hier also mit **å ha laget en såpass pen nisse**.

Hier ist noch ein Beispiel, bei dem wir so vorgehen:
Så ba hun Lise om **å levere boka tilbake**.
Genauso gut könnten wir auch hier sagen:
Så ba hun Lise om **dette**.

Hun må huske da hun skrev den første lappen, som hun skjulte i ei bok.
Wieviele Sätze haben wir hier?
Also, es gibt (wie immer) den Hauptsatz, und darin haben wir zwei Nebensätze:

- **da hun skrev den første lappen**
- **som hun skjulte i ei bok**

Schauen wir jetzt genauer hin. Was ist das Subjekt des Hauptsatzes? Das ist leicht: Es ist **hun**. Was ist das Verb? **Må** – auch einfach. Und wie es sein sollte, ist es an zweiter Stelle. Was ist **huske**? Klar, ein zweites Verb im Infinitiv (wie es sich für das zweite Verb gehört). Außerdem hat es kein **å**, weil **må** ein Modalverb ist. Wunderbar. Gehen wir weiter. Alles, was nach **huske** kommt, ist ein Objekt. Warum? Weil es das ist, an das sie sich erinnern muss. Ich könnte das Ganze einfach mit dem Wort **dette** ersetzen:
Hun må huske **dette**.
Natürlich haben die beiden Nebensätze jeweils ihre eigene Wortstellung, jeder mit seinem Subjekt, Verb, einem Objekt (**den første lappen**) beziehungsweise einer Angabe über einen Ort (**i ei bok**). Aus der Sicht des Hauptsatzes bilden aber beide Nebensätze gemeinsam das Objekt. Wie du siehst, kann ein Objekt also ziemlich lang sein. Wenn du hier noch etwas unsicher warst, wiederhol doch die entsprechenden Stellen in den Kapiteln 18 und 19, denn diese Sache ist ziemlich wichtig. Warte nicht bis morgen! Tu es jetzt gleich!

Bank, post, politi ...

å låne, lånte	borgen, leihen
å stenge, stengte	schließen
en pakke	ein Paket
et frimerke [-mærke]	eine Briefmarke
et brev	ein Brief
å stjele, stjal, har stjålet	stehlen
en sykkel	ein Fahrrad
å anmelde, anmeldte	anzeigen
(et) politi	Polizei
en konto	ein Konto
en bank	eine Bank
en barnehage	ein Kindergarten

Klokka er 13.30. Erna har mye å gjøre. Hva skal hun gjøre først? Kan du hjelpe henne?

a) Erna må levere ei bok som hun har lånt på biblioteket. Men biblioteket stenger kl. 14.00 i dag.
b) Hun må hente en pakke på postkontoret. Men hun kan ikke hente pakken før kl. 15.00. Hun må også kjøpe frimerker for å sende to brev.
c) Noen har stjålet sykkelen hennes, og hun vil anmelde det til politiet.
d) Hun vil åpne en konto i banken. Den stenger kl. 15.00 i dag.
e) Naboen hennes har bedt henne om å hente barnet i barnehagen kl. 15.30.
f) Hun vil bytte en genser som hun har kjøpt. Den er nemlig for trang. Hun vil kjøpe en genser som passer. Butikken stenger kl. 16.00.
g) Hun vil besøke ei venninne som heter Randi. Det kan hun gjøre når hun vil.

1 Finn den riktige formen for substantivene i parentes: bestemt/ubestemt, med eller uten artikkel, entall/flertall. Setze die Substantive in den Klammern in die richtige Form: bestimmt/unbestimmt, mit/ohne Artikel, Singular/Plural.

Dagen før (reise) besøker Erna (familie). Hun går inn i (stue). Der ser hun (bord), fire (stol), (sofa) og (kommode). Lise sitter i (sofa). Lars er på (kjøkken) og steker (kjøtt) i (kasserolle). Susanne sitter ved (bord). Erna spør Susanne hvordan det går på (skole). Men Susanne vil ikke snakke så mye om (skole). Hun vil heller snakke om (hest). Hun har nemlig begynt å ta (ridetime). De snakker også om Nils – Nils er (gave) fra Erna.
Da kommer Lars med (mat).

2 Svar på spørsmålene. Velg den riktige artikkelen for spørsmålene og den rette flertallsformen for svarene. Les numrene høyt. Beantworte die Fragen. Wähle für die Fragen den richtigen Artikel und für die Antworten die richtige Pluralform. Lies die Zahlen laut.

Eksempel: Har Erna skrevet (tekst)? 5 → Har Erna skrevet en tekst? – Hun har skrevet fem tekster.

a) Har Lise kjøpt (brød)? 7
b) Har du (glass)? 21
c) Kan vi se (film)? 2
d) Har Lars lest (bok)? 13
e) Har Stine (bror)? 3
f) Har Lars og Lise (barn)? 2
g) Kan dere gi meg (kniv)? 18
h) Har Lars og Lise (soverom)? 2
i) Skal du ringe (kunde) i dag? 11
j) Kan jeg få (stykke) papir? 14
k) Finnes det (bakeri) i denne byen? 8

3 Var du en gang skuffet i livet ditt? Fortell om det.

4 Svar på spørsmålene.

a) Hvorfor vil Erna bare kjøpe blomster eller sjokolade i bursdagsgave nå?
b) Hvordan har hun prøvd å fortelle hemmeligheten til familien?
c) Hvorfor har det ikke fungert?
d) Hva tenker familien at Erna vil si?
e) Hvorfor savner Per en mobiltelefon?
f) Hvor har Per vært?
g) Hvorfor går Erna plutselig?

5 Setze ein passendes Verb ein. Beachte, dass du die richtige Form nimmst.
å kunne – å skulle – å måtte – å ville – å vite – å få – å gå – å ta – å gjøre – å si – å sette å sitte – å finne – å prøve – å ligge – å legge – å skrive – å dra – å stå – å ha – å være

a) Har du ... en leilighet allerede?
b) I morgen ... Knut kjøre til Oslo.
c) I 1990 ... jeg ennå på skolen.
d) Jeg ... gjerne ha en kopp kaffe, takk.
e) I dag har jeg mye ...
f) Jeg ... meg kl. 21 og sov rett etterpå.
g) Han ringte meg kl. 22, men da ... jeg allerede i senga.
h) Marthe, jeg ... dessverre ikke komme på besøk i kveld.
i) Som sykepleier måtte jeg ... mange rapporter.
j) Jeg hører deg dårlig. Hva ... du?
k) I går ... jeg opp kl. 5.00 allerede.
l) Er Martin fra England? – Det ... jeg ikke.
m) Kom inn og ... deg. Her har vi en stol.
n) Er Tove her? – Nei, hun ... til Bergen.
o) Har du ... å ringe meg?
p) Nå har jeg ... i sofaen i nesten to timer.
q) ... du hos mora di i går? – Nei, jeg ... arbeide i går.
r) På mandag ... jeg en interessant e-post av en venn.
s) Hvorfor ... du ikke bussen hit?

6 Setze die Pronomen in der richtigen Form ein.

Jeg har to venner – Bente og Geir. Med vennene ... gjør jeg mange ting. Ofte lager vi mat på Bentes kjøkken. Kjøkkenet ... er ganske stort. Geir har også et stort kjøkken, men kjøkkenet ... er ikke så pent. Og kjøkkenet ... er veldig lite.

I dag vil vi lage suppe for kjærestene ... Vi har invitert ..., og ... kommer snart. Geir har kjøpt alt vi trenger. Men han har ikke fått pengene fra ... ennå. Bente arbeider allerede. ... er en god kokk. Geir er ikke en så god kokk, men det går fint å arbeide med ...

Geir er glad i litteratur, og han forteller ... ofte om nye bøker. Men bøkene ... er kjedelige, synes jeg. Jeg liker å gå på skiturer, og jeg vil heller snakke om turene ... Av og til går jeg på tur med Geir og Bente, men arbeidsuka ... er så lang, og da har de ikke så mye tid.

Nå kommer kjærestene ... Jeg skal åpne døra for ...

Har du også gode venner? Hva gjør du med vennene ...?

7 Setze folgende Sätze ins *preteritum*.

a) Hun sier at hun må arbeide.
b) Han vet at han ikke kan komme på besøk.
c) Han må ta trikken.
d) Han spør om han bør snakke med en lege.
e) Hun tenker at hun jobber for mye.

8 Bruk *infinitiv* + *å*. Verwende *infinitiv* + *å*.

Eksempel: Jeg glemmer aldri katten. (å mate) → Jeg glemmer aldri å mate katten.

a) Han tenker på ny jobb. (å lete etter)
b) Hun gleder seg til Bach-konserten. (å gå på)
c) Den unge læreren arbeider med ei bok om Norge. (å skrive)
d) I dag må jeg begynne med gulvene. (å vaske)

Hast du deine Liebe zu Grammatik entdeckt?

Ich gebe zu, das klingt etwas zynisch. Die meisten Leute hassen Grammatik, seit sie in der Schule damit gequält wurden, und sie bekommen Schweißausbrüche, wenn sie Tabellen sehen oder komische lateinische Begriffe hören. Auch wenn sich Leute an ihren Fremdsprachenunterricht in der Schule oder an der Universität erinnern, sagen sie oft "wir haben nie gelernt zu sprechen, wir haben nur Grammatik gemacht".

Konsequenterweise verzichten mittlerweile einige Sprachschulen auf das Unterrichten von Grammatik. Sie nennen es vielleicht einen "kommunikativen Zugang" zu einer neuen Sprache und vergleichen es damit, wie ein Kind seine Muttersprache lernt.

So sehr ich auch glaube, dass Grammatik in traditionellen Unterrichtsmethoden hoffnungslos überbewertet ist, befürchte ich auch, dass sie in modernen Kursen oft zu kurz kommt. Ich bin überzeugt, du solltest gute theoretische Kenntnisse der Sprache haben, die du lernen möchtest. Bevor du jetzt aber gleich faulige Tomaten nach mir wirfst, lass mich erst erklären, was ich damit meine und dir dann sagen, wie du Grammatik lieben lernen kannst (ja, das geht!).

Kinder schaffen es, sich eine Sprache anzueignen, ohne je Grammatik zu lernen. Wie kann dieser Zugang also falsch sein? Nun, zuerst einmal hast du vielleicht nicht so viel Zeit wie ein kleines Kind. Ein zweijähriges Kind verbringt fast den ganzen Tag damit, sprechen zu lernen. Zweitens haben Kinder eine endlose Fähigkeit zur Nachahmung, die sich zurückentwickelt, sobald sie ihre Muttersprache gelernt haben. Danach vergleicht ein Mensch alles Neue mit seiner Erstsprache. Daher kommen ihm alle Strukturen einer Fremdsprache anfangs falsch vor.

Wenn du also eine Sprache schnell lernen und sie richtig verwenden möchtest, schrecke nicht vor Grammatik zurück. Wie kannst du das Beste daraus machen?

1. Ändere deine Einstellung. Kennst du Leute, die deine Muttersprachen perfekt gelernt haben und fast fehlerfrei sprechen? Wie klingt das im Vergleich zu denen, die sich nie um Grammatik gekümmert haben? Wie möchtest du gern Norwegisch sprechen? Möchtest du in Norwegen bewundert oder lieber ausgelacht werden?
2. Konzentriere dich darauf, dass du erst einmal die wichtigen Dinge richtig machst. Im Norwegischen sind das die Kombination aus Artikel, Adjektiv und Substantiv sowie die Wortstellung.
3. Beim Sprechen: Denk nicht vorher über Grammatik nach, sondern nachher! Klingt das komisch? Ich habe so viele Lernende getroffen, die sich nicht sprechen trauten, weil sie Angst davor hatten, Fehler zu machen. Aber man kann aus Fehlern lernen. Hol dir Hilfe von Lehrerinnen und Freunden. Ermutige sie, dich zu korrigieren. Analysiere, was du gesagt hast, was daran falsch war und wie deine Freundin/dein Lehrer es gesagt hat. Welche Regeln haben sie angewendet? Dasselbe kannst du mit Texten machen – lies sie durch, nachdem du sie geschrieben hast.
4. Setz dich nicht unter Druck. Wenn du heute ein Grammatikthema nicht verstehst, leg das Buch weg, geh eine Runde spazieren und probier es einfach morgen noch einmal.

In diesem Buch haben wir versucht, die Erklärungen gründlich und doch ansprechend zu gestalten. Solltest du dennoch etwas nicht verstehen oder irgendwelche Vorschläge haben, wie wir die Erklärungen verbessern könnten, schick bitte eine E-Mail an nils@skapago.eu.

Det var så lett. Nils er fornøyd. Mens Erna og familien var opptatt med maten, klatret han inn i Ernas håndveske, som sto i garderoben. Han var litt redd først – kunne Erna finne ham før hun dro hjem? Men hun åpnet ikke håndvesken etter middagen. Hun tok den bare og gikk ut. Da de var ute på gata, hørte han at Erna begynte å gråte. Hvorfor var hun så trist? Han syntes synd på henne.

Etter togturen hjem legger Erna håndvesken i gangen hjemme hos seg. Så går hun og legger seg. Når Nils hører at hun sover, klatrer han ut av håndvesken og skjuler seg i kofferten, slik som Emil har anbefalt. Så sovner han også.

Han våkner av at det er veldig mye bråk ute.

Nils er helt forvirret. Han har aldri vært på en jernbanestasjon midt på dagen. Erna bærer visst kofferten gjennom stasjonen. Han vet ikke at hun må kjøpe billett. Plutselig stopper hun, og Nils føler at kofferten står på gulvet.

Bare hun ikke mister billetten!

«Hei, jeg vil reise til Trondheim», sier Erna.

«Aha», sier ei dame. «Nå?»

«Ja, nå», sier Erna.

«Men det går ingen tog nå. Du kan ta regiontoget kl. 18.38, eller så tar du nattoget som går kl. 22.36.»

Erna nøler. Nattoget koster sikkert litt mer, men så slipper

lett	leicht
en håndveske [hånn-]	eine Handtasche
en garderobe	eine Garderobe
å synes synd på	Mitleid haben mit
en togtur [tågtur]	eine Zugfahrt
å sovne, sovnet [såvne]	einschlafen
(et) bråk	Lärm
visst	bestimmt, *hier*: anscheinend
et regiontog [tåg]	ein Regionalzug
et nattog [tåg]	ein Nachtzug
å slippe, slapp, sluppet	davonkommen, etwas nicht tun müssen

hun å finne et hotell i Trondheim.
«Jeg tar nattoget, takk.»
«Én vei eller tur-retur?»
«Bare én vei.»
«Billetten koster seks hundre kroner.»
«Vær så god.»
Erna gir henne en femhundrelapp og en hundrelapp.
«Tusen takk. Her er billetten din.»
Erna tar billetten. Dama sier at toget går fra spor 14.
Bare hun ikke mister billetten! Hvor skal hun legge den? Å ja, i kofferten. Der er den trygg. Forsiktig åpner hun kofferten. «Ah! Å gud!» roper hun. Dama som solgte henne billetten, ser irritert på Erna. «Hva er det?» spør dama. «Eh ... jeg beklager», sier Erna. «Jeg trodde at jeg så en bevegelse i kofferten. Men det er jo helt umulig.»
Dama smiler. Gamle folk, altså ..., tenker hun.

én vei	eine Richtung
tur-retur	hin und zurück
en hundrelapp	ein Hundert-Kronen-Schein
et spor	ein Gleis
bare hun ikke mister ...	hoffentlich verliert sie ... nicht/sie darf bloß nicht ... verlieren
trygg	sicher, in Sicherheit
å gud!	O Gott! Um Gottes Willen!
å selge [selle], solgte [å], solgt	verkaufen
irritert	genervt
hva er det?	Was ist los? Was ist passiert?
å beklage, beklaget	bedauern, *hier*: leid tun

s-Verben

Die meisten Verben enden in der Gegenwart auf **-r**. Es gibt allerdings auch unregelmäßige Verben, die diese Endung nicht haben. Eine kleine Gruppe von Verben hat zum Beispiel in allen Zeiten die Endung **-s**:

å synes – synes – syntes – har syntes
å møtes – møtes – møttes – har møttes

Manchmal kommt so ein Verb von einem regelmäßigen Verb, und die Bedeutung ist um ***einander*** erweitert.

vi ses/sees	**wir werden einander sehen/bis dann!**
vi snakkes	**wir werden miteinander reden/wir hören voneinander!**

Hvem sier hva om seg selv?
Erna – Lars – Lise – Per – Susanne

Jeg har alltid syntes at det er veldig fint å jobbe med tøy, nål og tråd. Jeg var selvstendig i 32 år og ledet min egen bedrift. Da jeg gikk av med pensjon for noen år siden, var jeg redd for at jeg skulle kjede meg. Men livet som pensjonist er fint til tross for at pensjonspengene fra Folketrygden ikke er veldig mye å leve av og jeg må spare så godt jeg kan. Jeg savner jobben min som sydame, men av og til syr jeg noe for familiemedlemmene mine.

å jobbe, jobbet [å]	arbeiten
et tøy	ein Stoff
en nål	eine Nadel
en tråd [trå]	ein Faden
selvstendig [sellstendi]	selbständig
selvstendig nærings-drivende	selbständig berufstätig
å lede, ledet	führen
egen	eigen
en bedrift	ein Betrieb
å gå av med pensjon [pangsjon]	in Pension gehen
til tross [tråss] for at	obwohl
pensjonspenger	Rente
(en) Folketrygd [fålke-trygd]	*obligatorische Pensions- und Sozialversicherung*
å spare penger, sparte	Geld sparen
en sydame	eine Schneiderin
å sy, sydde	nähen

en bachelorgrad	ein Bachelorabschluss
en høyskole/høgskole	eine Hochschule
(en) generell studiekompetanse	Hochschulreife
et studium, studiet, studier, studiene	ein Studium
en ambulansearbeider	ein Rettungsassistent
slitsom [-såm]	ermüdend
et skift	eine Schicht
en vakt	eine Schicht, ein Dienst
å være ansatt	angestellt sein
å vare, varte	dauern

Jeg liker å jobbe sammen med mennesker. For noen år siden begynte jeg å ta en bachelorgrad, som tok tre år, ved Høgskolen i Oslo. For å studere måtte jeg ha generell studiekompetanse. Ved siden av studiene jobbet jeg som ambulansearbeider. Det er litt slitsomt med skiftarbeid og vakter i helgene. Jeg er ansatt som sykepleier ved sykehuset i Oslo, og vaktene mine varer vanligvis i 12 timer.

Som barn ville jeg bli politimann, men da jeg var 15 år, var mitt eneste mål å tjene godt og ha gode jobbutsikter. Etter grunnskolen tok jeg en fireårig videregående opplæring med bygg- og anleggsteknikk og to år med murerfaget i et byggefirma. Da fikk jeg svennebrevet mitt som murer, og mesterbrevet fikk jeg seks år senere. I dag jobber jeg som prosjektleder i en byggebedrift og drømmer om å bli byggeleder snart.

en politimann, politimenn	ein Polizist
et mål	ein Ziel
en utsikt	eine Aussicht
en grunnskole = barneskole og ungdomsskole	*wörtlich:* Grundschule *(6 bis 16 Jahre)*
fireårig	vierjährig
en opplæring [åpp-]	eine Ausbildung
et bygg	ein Bau
(en) anleggsteknikk	Bautechnik *(besonders Tiefbau)*
et murerfag	ein Maurerberuf, *hier*: Maurerausbildung
et firma	eine Firma
et svennebrev	ein Gesellenbrief
en murer	ein Maurer, eine Maurerin
et mesterbrev	ein Meisterbrief
senere	später
en prosjektleder	ein Projektleiter
å drømme om, drømte	träumen von
en byggeleder	ein Bauleiter

Jeg tjener ingenting, men jeg er glad for å stå opp hver dag og lære noe. Mange av mine venner vil utdanne seg til spesielle yrker i forskjellige videregående skoler. Etter eksamenen min i videregående skole (allmennfag) skal jeg søke på juss ved UiO for å bli advokat. Jeg gleder meg til russefeiringen i mai.

å utdanne seg, utdannet	sich ausbilden
et yrke	ein Beruf
en videregående skole	*wörtlich:* weiterführende Schule *(16-19 (20) Jahre)*
en eksamen	eine Prüfung
eksamen i videregående skole	Abitur
et allmennfag	ein allgemeinbildendes Fach
å søke (på), søkte	sich bewerben
juss	Jura
en advokat	ein Anwalt, eine Anwältin
UiO	Universitetet i Oslo = Universität Oslo
en russefeiring	*Fest vor den letzten Abiturprüfungen jeden Mai in Norwegen*

å lære, lærte	lernen
en ungdomsskole [ongdåm]	*wörtlich:* Jugendschule *(14-16 Jahre)*
en karakter [karaktér]	eine Note *(in der Schule)*
ambisiøs	ehrgeizig
en barneskole	*wörtlich*: Kinderschule *(6-13 Jahre)*
en skolekamerat	ein Mitschüler, eine Mitschülerin
en lærer, læreren, lærere, lærerne	ein Lehrer, eine Lehrerin
et yndlingsfag	ein Lieblingsfach *(in der Schule)*
(en) kroppsøving [å]	Sport *(Schulfach)*
(en) matematikk	Mathematik

Jeg lærer mye hver dag. Om fire år må jeg bytte til ungdomsskolen. Vi får ikke karakter på eksamenene våre, men jeg er likevel ambisiøs. Jeg er elev og begynte å gå på barneskolen da jeg var seks år gammel. Jeg liker skolekameratene mine og læreren min. Yndlingsfagene mine er kroppsøving, matematikk og norsk.

1 Finn passende svar på det mamma kan si til barnet sitt, og bruk imperativ. Bruk pronomen (*ham, henne, den, det, dem*) hvis nødvendig.

Eksempel: Du er ikke klar for skolen? → Kle på deg og gå!

Rommet ditt ser forferdelig ut! ______________________________.

Du har ikke spist siden kl. 6.30? ______________________________.

Du har ikke snakket med mormora di? ______________________________.

Du ser på TV igjen? ______________________________.

Du har ikke sagt «hei» til denne dama? ______________________________.

Klokka er allerede 23.00, og du er ikke i seng? ______________________________.

Du drikker Cola? __________ vann!

Du har ikke gjort leksene dine? ______________________________.

Du ser at pappa trenger deg, men gjør ingenting? ______________________________.

Du slår broren din? ______________________________.

2 Lag forskjellige setninger med *mange* eller *mye* og substantivene.

Eksempel: ei jakke → Hun har mange svarte jakker.

tid – tanke – sko – følelse – venn – penger – underbukse – lyst – klær – gate – vann – møbler – idé – sannhet

3 Bilde Fragen mit *synes du at …* oder *tror du at …* Beantworte die Fragen mit *ja* oder *nei*. Wenn du glaubst, dass es mehrere Möglichkeiten gibt, probier sie alle aus.

Eksempel: Tror du at det finnes en Gud? – Ja, det tror jeg.

... søstra di er glad i gaven?
... det regner i dag?
... butikken er døgnåpen?
... poteter smaker godt?
... han vet hva han gjør?
... vi skal bytte TV-kanal snart?
... religion er viktig?
... vi finner veien tilbake?
... vi skal spise her igjen?
... det er viktig å gå på skolen?
... vi har glemt kvitteringen?
... filmen var god?
... postkontoret er åpent nå?
... jeg er pen?

4 Husker du forskjellen mellom *ut* og *ute*? (Hvis ikke, les kapittel 12.) Lag fire setninger med *ut* og fire setninger med *ute*, alle andre ord i setningene kan du velge selv.

5 Skriv fem korte tekstmeldinger (SMS) til bekjente og venner. Skriv f.eks. om været og hva du har planlagt for den neste helgen.

Nå er Nils lysvåken. Da han våknet på stasjonen, tenkte han at han var trygg i kofferten. Hvorfor måtte Erna legge billetten i kofferten? Da hun gjorde det, kunne han nesten ikke puste, så redd var han.

Hun så ham, men det gikk så fort at hun ikke skjønte det. Heldigvis!

Nå ligger denne «billetten» rett foran ham. Hva er egentlig en billett? tenker Nils. Den må være av papir. Nils husker det som Emil sa: Han har en papirlapp i magen. Har han altså en «billett» i magen? Hvorfor trenger man det? Nils skjønner ingenting.

Erna finner kupéen sin og setter seg ned. Burde det ikke være ei seng her? Hvor er den?

Det banker på døra. Erna åpner. Det er ei gammel dame i uniform. Hun må være konduktøren. «Billettkontroll», sier dama.

Nei! tenker Nils. Han gjemmer seg bak noen grå underbukser. Forhåpentligvis finner Erna ham ikke!

Erna åpner kofferten igjen, finner frem billetten og gir den til konduktøren. Hun virker helt rolig. Da har hun vel ikke sett Nils denne gangen? Nils føler at det blir vanskelig å slappe av. «Unnskyld, er dette ikke en sovevogn? Hvor er senga mi?» spør Erna. «Den er her», sier dama og trekker ut benken. Så snur hun den, og da ser Erna at det er ei seng på baksiden av benken. «Å, takk!» sier hun. «Bare hyggelig. God natt!» Dama går ut av kupéen og lukker døra.

«Hvor er senga mi?»

lysvåken	hellwach
en kupé	ein Abteil
sin	ihr/sein *(siehe Grammatikerklärung)*
å banke, banket	klopfen
en uniform [-årm]	eine Uniform
en konduktør	ein Schaffner, eine Schaffnerin
(en) billettkontroll [-tråll]	Fahrkartenkontrolle
forhåpentligvis [-livis]	hoffentlich
vel [vell]	wohl
en sovevogn [å-å]	ein Schlafwagen
å trekke ut, trakk, trukket [o]	herausziehen
en benk	eine (Sitz-) Bank
en bakside	eine Rückseite

Toget kjører sakte ut av Oslo S. Erna tar ut et ostesmørbrød som hun har kjøpt på Oslo S. Det er god kveldsmat. Men det var veldig dyrt – alt er dyrt på en jernbanestasjon.

Da hun er ferdig med ostesmørbrødet sitt, ser hun ut av vinduet igjen. «Neste stopp Lillehammer», sier den gamle konduktøren gjennom høyttaleren. Så stopper toget. Hun bestemmer seg for å sove litt.

Hun tar av seg klærne sine og legger seg i senga si. Det tar bare kort tid før hun sovner. Da klatrer Nils ut av kofferten – han vil se ut av vinduet. Men han er skuffet: Toget er i en tunnel. Det er ganske mørkt ute. Så klatrer han tilbake, og snart sovner han også.

sakte	langsam
Lillehammer	*Stadt in Norwegen, nördlich von Oslo*
en høyttaler	ein Lautsprecher
en tunnel	ein Tunnel

burde

Wie du weißt, ist **burde** ein Modalverb zum Geben von Ratschlägen oder Anweisungen.

Du bør lære norsk hver dag.

Wir können das Verb im *preteritum* verwenden, um die Anweisung etwas weniger streng klingen zu lassen:

Du burde lære norsk hver dag.

Im folgenden Satz ist die Bedeutung etwas anders – hier ist von einer Erwartung die Rede.

Burde det ikke være ei seng her?

sin

In Kapitel 10 hast du viel über Possessivpronomen gelernt. Wenn du den Text in diesem Kapitel genau gelesen hast (und das machst du ja sicher immer), dann ist dir bestimmt das Wörtchen **sin** aufgefallen:

Erna finner kupéen sin.

Warum steht dort nicht **kupéen hennes**? Der Grund ist, dass es ihr eigenes Abteil ist. Wenn dort **kupéen hennes** stünde, würde das bedeutet, dass sie das Abteil einer anderen Person gefunden hätte.

Wir verwenden **sin** (und die anderen Formen **si**, **sitt** und **sine** – je nach Geschlecht und Zahl, wie bei **din**, **di**, **ditt**, **dine**) nur dann, wenn das Subjekt selbst das jeweilige Objekt besitzt.
Das ist vielleicht ein bisschen verwirrend. Um es besser zu verstehen, lies einmal folgende Sätze:

Erna finner kupéen sin. Kupéen hennes er liten.

In beiden Sätzen ist das selbe Abteil gemeint, nicht wahr? Trotzdem verwende ich im zweiten Satz **hennes**. Warum? Weil das Subjekt im zweiten Satz **kupéen hennes** ist. **Sin** kann niemals Teil des Subjekts sein, darum muss ich **hennes** verwenden.

Hier hast du noch ein Beispiel:

Erna leter etter billetten sin. Den ligger i veska hennes.

Noch einmal – warum haben wir im zweiten Satz **hennes**? Es ist doch immer noch Ernas Tasche. Aber schau genauer: Was ist das Subjekt im zweiten Satz? Richtig: **den**. Das Subjekt besitzt in diesem Fall nicht das Objekt – wir können hier also nicht **sin** verwenden.

Transport – å planlegge en reise

Du planlegger en reise. Selvfølgelig planlegger du reisen selv, altså ikke i reisebyrået.

Velg ni forskjellige ruter fra startstedene til målstedene.

Startsted:	*Målsted*:
a) Parkveien, Bodø	1 Carl Berners plass, Oslo
b) Løwolds gate, Stavanger	2 Sjøgata, Kirkenes
c) Markvegen, Ålesund	3 Skippergata, Kristiansand

Svar på følgende spørsmål for alle rutene (ikke alle er like viktige for hver rute):

- Tar du bussen, toget eller flyet?
- Trenger du T-bane, trikk eller drosje?
- Hvor må du bytte tog/fly/trikk ...?
- Har du funnet de riktige stasjonene, holdeplassene og sporene for avgangen og ankomsten?
- Har du sjekket rutetabellen?
- Er toget (flyet ...) ditt i rute/presist eller forsinket?
- Trenger du egne kjøretøy? Bilen, sykkelen, motorsykkelen – eller går du til fots?
- Hvilke steder passerer du?
- Hvor lenge varer turen din?
- Hvor mye koster billettene eller drivstoffet?
- Får du rabatt på billettprisen?
- Må du validere billettene med stemplingsautomaten, eller finnes det en konduktør?

Her kan du få hjelp:
www.nsb.no
www.rutebok.no
www.sas.no
www.norwegian.no
maps.google.no
kart.gulesider.no

Eksempel: Jeg drar fra Parkveien til stasjonen med taxi. Til Oslo tar jeg toget. Toget går fra spor 2 kl. 11.20 ...

å planlegge, planla, har planlagt	planen
en reise	eine Reise
et reisebyrå	ein Reisebüro
en rute	eine Route
et startsted	ein Ausgangspunkt
et målsted	ein Zielort
en T-bane [tebane]	eine U-Bahn
en drosje [å]	ein Taxi
et middel, midler	ein Mittel
et transportmiddel	ein Transportmittel
en rabatt	ein Rabatt
å validere, validerte	entwerten *(Fahrschein)*
en automat	ein Automat
en stemplingsautomat	ein Fahrscheinentwerter
å bytte (tog), byttet	umsteigen
en holdeplass [hålle-]	eine Haltestelle
en avgang	eine Abfahrt
en ankomst [å]	eine Ankunft
å sjekke, sjekket	überprüfen, kontrollieren
en rutetabell	ein Fahrplan
i rute/presis	pünktlich
forsinket	verspätet
et kjøretøy	ein Fahrzeug
en bil	ein Auto
en motorsykkel	ein Motorrad
til fots	zu Fuß
å gå til fots, gikk, har gått	zu Fuß gehen
å passere, passerte	vorbeigehen, passieren
hvor lenge tar ...?	wie lange dauert ... ?
(et) drivstoff [å]	Treibstoff

1 Verwende das richtige Modalverb (*skal, må, burde, bør, kan, vil*).

Jeg klarer det ikke! Jeg ______ ikke bake kaker.
________ han ikke kjøpe bursdagsgaven snart?
Hun er allergisk. Hun _______ ikke drikke melk.
Barn _________ ikke være ute etter kl. 22 om kvelden.
Du _________ spise grønnsakene dine selv om du ikke _______.
Man _________ drikke mye vann hver dag.
_________ det regne i dag? – Nei, det ________ snø.
Dere ________ rydde nå! Jeg ________ ikke gjøre det for dere igjen.
________ du ikke ringe mora di når du er hjemme?

2 Sett inn det riktige eiendomspronomenet (*sin/si/sitt/sine – hans/hennes ...*).

Susanne er veldig glad i broren ________. ________ bror heter Per og er 16 år gammel. De har ei bestemor. Noen ganger kommer Erna, bestemora ________, på besøk. Lise er dattera _______ (*til Erna*) og mora _______ (*til Per og Susanne*). Lars er faren i familien og liker _____ familie. Susanne er dattera _____. ________ datter er ikke veldig glad i nissen ______. ______ nisse ble lagd av Erna. Alle liker å bo i huset ______. Susanne liker ______ rom. ______ rom er fint og gult. Per har også ______ rom, men han liker ______ (*Susannes*) rom også. Mora og faren ______ (*til Per og Susanne*) har også et rom. Rommet ________ er større enn _______ (*Susannes*) og ______ (*Pers*) rom.

3 Sett inn det riktige eiendoms- eller personlige pronomenet *(Possessiv- oder Personalpronomen)*.

Vegard kan ikke finne nøklene ___. Han hadde ___ ennå i går, men nå er ___ ikke på bordet. Egentlig ligger de alltid på bordet. Han snakker med Hilde, kjæresten ___: «Hilde, har ___ sett nøklene ___?»

«Nei, Tor, men jeg kan ikke finne togbilletten ___. Vet du hvor ____ er?»

«Nei, jeg har ikke sett ____. Vi må lete etter ___ og etter nøklene ____.»

Vegard går rundt bordet. Har han allerede lett under ___? Nei! Han ser under bordet, og hva ligger der? Nøklene ___! Nå må Hilde finne billetten ____. Hun sier:

«Vegard, kan du ikke hjelpe ___?»

«Nei», svarer Vegard. «Jeg kan ikke hjelpe ____, for jeg har ikke tid. Du må selv finne billetten ____.»

4 Svar på spørsmålene.

Hvorfor er Erna skuffet og går fra familien uten å hilse?
Hvordan klarer Nils å være med Erna?
Hvorfor er det mye bråk da Nils våkner dagen etterpå?
Hvor mye koster billetten til Trondheim?
Hvordan ser en kupé ut?
Hva gjør Erna og hva gjør Nils på toget fra Oslo til Trondheim?

5 Hvordan kommer du til og tilbake fra jobben eller skolen?
Eksempel: Til jobben må jeg ta trikk 42 til holdeplassen Sykehuset. Der bytter jeg til T-bane 6 i retning Sentrum. Så går jeg av T-banen etter fire stasjoner og går til fots.

6 Lag setninger. Velg den riktige formen (*denne/dette/disse*) og husk å tilpasse substantivene og adjektivene.
Eksempel: hus – stor → Dette huset er stort.
a) spørsmål – viktig
b) genser – varm
c) familie – snill
d) jenter – snill
e) spørsmål – dum
f) veske – åpen
g) hotell – grønn
h) blomster – blå
i) beslutning – viktig
j) land – liten
k) storm – sterk
l) telefoner – ny
m) bord – billig
n) votter – varm
o) by – kjedelig
p) språk – vanskelig
q) bad – hvit
r) koffert – liten
s) reise – interessant
t) senger – liten
u) skjørt – lang
v) rom – mørk
w) dame – hyggelig
x) dusj – trang
y) tog – lang
z) bøker – tung
æ) kjøkken – stor
ø) kryss – farlig
å) møbler – liten

«En riktig god morgen, mine damer og herrer, da er vi i Trondheim om cirka en halv time. Toget er i rute, og beregnet ankomsttid er kl. 7.27. Vi minner våre passasjerer om å ikke glemme noe i toget. Dette toget korresponderer med NSB regiontog til Bodø, avgang kl. 7.53. Toget til Bodø kan være noe forsinket i dag.»

Allerede ved «mine damer og herrer» har Nils våknet. Han er fremdeles veldig forsiktig. Kanskje vil noen se billetten igjen? Han er klar for å skjule seg dypt i kofferten hvis det er nødvendig. Og da åpner Erna kofferten! Hun tar ut ei grå underbukse: ei av underbuksene hvor Nils skjulte seg i går. Heldigvis gjemmer han seg ikke der nå, men under en brun genser. Så tar Erna ut noen andre ting som Nils ikke kan se, og lukker kofferten igjen.

Erna har sovet veldig godt. Hun tar bort gardinen fra det lille vinduet sitt og ser ut. Sola skinner. Det må være varmt ute. En fantastisk dag! Hun står opp, pusser tennene og vasker seg. Så banker det på døra igjen. Konduktøren gir henne frokosten hennes: en kopp kaffe med melk og sukker, to brødskiver, litt syltetøy og ost. Ikke noe spesielt, men greit nok, tenker Erna.

Ikke noe spesielt, men greit nok.

Hun er akkurat ferdig med frokosten da toget stopper. Erna og Nils er i Trondheim.

en herre [æ]	ein Herr
beregnet [-ræj-net]	voraussichtlich
en ankomsttid	eine Ankunftszeit
å minne, minnet	erinnern, *auch*: sich erinnern
en passasjer	ein Passagier, eine Passagierin
å korrespondere, korresponderte	korrespondieren, *hier*: Anschluss haben
Bodø	*Stadt in Nordnorwegen*
fremdeles	noch immer
en gardin	ein Vorhang
(et) sukker [o]	Zucker
greit nok	gut genug
akkurat	genau

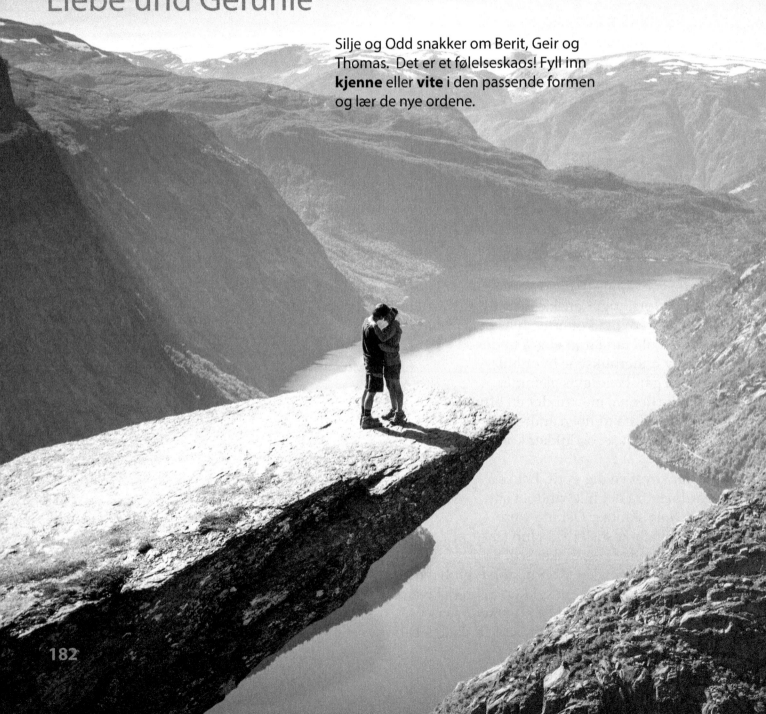

Kjærlighet og følelser
Liebe und Gefühle

Silje og Odd snakker om Berit, Geir og Thomas. Det er et følelseskaos! Fyll inn **kjenne** eller **vite** i den passende formen og lær de nye ordene.

Odd: ________ du at Berit har fått seg kjæreste?
Silje: Nei! ______ du hvem han er? ________ du ham?
Odd: ________ du Thomas? Han ______ deg og ______ hva du heter.
Silje: Ah, hun er sammen med Thomas! Men er hun ikke gift med Geir?
Odd: Nei. De er skilt nå. Jeg _______ sikkert at Geir har vært forelsket i en kollega i mer enn ett år. Jeg så at han kysset henne da han ennå var gift med Berit.
Silje: _______ Berit den gang at Geir var forelsket i en kollega?
Odd: Ja, hun ________ det. Hun kranglet mye med Geir.
Silje: Stakkars Berit. Hun var sikkert skuffet og følte seg ensom. Man tror at man _______ noen, og så finner man ut at man ikke _______ noe om dette mennesket.
Odd: Ja, men det var jo også en sjanse. Hun har aldri følt ekte kjærlighet og vennskap. Hun har ______ Geir siden hun var 15 år, og de giftet seg tre år senere, fikk barn da de var unge ...
Silje: Du snakker så stygt om henne. Det er flaut. Vis litt medfølelse med henne!
Odd: Jeg viser jo medfølelse! Jeg er veldig glad for at hun nå elsker Thomas. Og jeg _______ at Thomas er veldig glad i henne. Hvordan er det forresten med deg og kjæresten din?
Silje: Kan jeg stole på deg? Jeg skal fortelle deg noe. Men ingen kan ______ det ...

(en) kjærlighet	Liebe
et kaos	ein Chaos
et følelseskaos	ein Gefühlschaos
forelsket	verliebt
å være forelsket i	verliebt sein in
en kollega, kollegaen, kolleger, kollegene	ein Kollege, eine Kollegin
å kysse, kysset	küssen
å krangle, kranglet	streiten
ekte	echt
et vennskap	eine Freundschaft
gift [ji-] (med)	verheiratet (mit)
å skilles, skiltes, har skiltes	sich trennen, sich scheiden lassen
skilt	geschieden
stakkars, den stakkars ..., mange stakkars ...	arm, bedauernswert
stygg	hässlich, schlecht
(en) medfølelse	Mitgefühl
forresten	übrigens
å stole på, stolte	vertrauen

1 En typisk lørdagskveld hos Vidar og Marte. De krangler fordi han vil gå på en konsert og hun vil være hjemme. Lag en dialog (6–7 setninger/person) mellom de to og tenk på mulige argumenter for og mot Vidars og Lindas planer. Tips: Tenk på interessene til Kari, Richard og Ragnhild i kapittel 20.

2 Lag setninger. Adjektiv eller adverb? Bruk den riktige formen, og husk setningsstrukturen.

a) rask hvis for går komme hun ikke sent Erna
b) dum spørre hun hvorfor så
c) arbeide kan ikke jobb fordi han han langsom få veldig
d) for jeg å lese e-postene hennes skrive så pen like hun
e) gå hvis det sterk ta vi men heller trikken kan vi regne
f) dusj morgenen like jeg en varm om
g) vil ikke ganske kjøre Stian fordi jeg han kjøre farlig med

3 Skriv setningene på nytt.

Eksempel: Han er klar for å skjule seg dypt i kofferten hvis det er nødvendig. / Hvis ...
→ Hvis det er nødvendig, er han klar for å skjule seg dypt i kofferten.

a) Hun er akkurat ferdig med frokosten da toget stopper. / Da ...
b) Toget til Bodø kan være noe forsinket i dag. / I dag ...
c) Forhåpentligvis finner Erna ham ikke! / Erna ...
d) Da hun gjorde det, kunne han nesten ikke puste. / Han ...
e) Hun ser ut av vinduet igjen da hun er ferdig med ostesmørbrødet sitt. / Da ...
f) Hun åpnet ikke håndvesken etter middagen. / Etter ...
g) Han hørte at Erna begynte å gråte da de var ute på gata. / Da ...
h) Han vet ikke at hun må kjøpe billett. / At ...
i) Det samme skjedde da hun la en lapp i et påskeegg som hun ga til Per. / Da ...

4 Schreibe die Sätze um und ersetze die unterstrichenen Wörter. Die Bedeutung soll erhalten bleiben.

Eksempel: Berit er veldig glad i Thomas. → Berit elsker Thomas.

a) Det skjønner jeg ikke.
b) Jeg husker ikke hva hun sa.
c) Togbilletten er dessverre ganske dyr.
d) Det er mulig at toget er forsinket.
e) Geir må finne seg jobb.
f) Jeg har mistet telefonen min.
g) På mandager har vi det alltid ganske travelt.
h) Jeg synes ikke at norsk mat er spesielt god.
i) Nils var ganske overrasket da han så Emil for første gang.
j) Hun trives i Oslo, selv om det er så dyrt å bo der.

Da Erna går ut av toget, legger hun merke til at det er kaldere enn i Oslo. Ikke mye, men hun kan føle det. Hvor skal hun gå? Det er ikke lettere å orientere seg her enn i Oslo.

Stasjonen i Trondheim er mye mindre enn Oslo S. Men Oslo er jo større enn Trondheim, tenker Erna. Det er også færre mennesker på perrongen. På parkeringsplassen utenfor stasjonen spør hun en eldre mann om veien. «Du må bare gå under sporene, så krysser du gata. Etter 200 meter svinger du til høyre, og ved rundkjøringen til venstre igjen. Så ser du båten din», sier mannen.

Erna takker høflig, tar kofferten sin og begynner å gå. Det tar ikke lang tid før hun ser skipet. Det er svart, hvitt og rødt, og det står «Hurtigruten» på det. Erna gleder seg til turen med Hurtigruten. Det var et godt råd av Hege å ta Hurtigruten istedenfor flyet. Det er mye kjedeligere å ta fly.

Hun går om bord. I resepsjonen viser hun billetten sin og får en lugarnøkkel. Lugaren er liten, men koselig. Den er litt større enn kupéen på toget.

Hun spør en eldre mann om veien.

Hun ser på klokka. Ti over ni. Hun har ennå mye tid, for båten går ikke før kl. 12. Rekker hun en liten tur inn til byen? Hun må ikke komme for sent – båten venter ikke. Men så bestemmer hun seg for å ta en titt på byen. Hun rekker mye i løpet av tre timer, tenker hun.

kaldere [kallere]	kälter
lettere	leichter
å orientere seg, orienterte [å]	sich orientieren
mindre	kleiner
færre	weniger
en perrong [æ]	ein Bahnsteig
eldre	älter
å svinge, svinget	sich drehen, *hier*: abbiegen
å takke, takket	danken
å ta tid, tok, har tatt	dauern
et skip	ein Schiff
et råd	ein Rat
kjedeligere	langweiliger
om bord	an Bord
en resepsjon	eine Rezeption
en lugar	eine Kabine
en nøkkel, nøkler	ein Schlüssel
koselig	gemütlich
et løp	ein Lauf
i løpet [løpet] av	im Laufe von

Trondheim er finere enn den så ut fra toget. Hun liker de gule og røde husene ved elva. Så går hun opp til katedralen. Det er den største og fineste bygningen hun har sett. Katedralen er nesten tusen år gammel. Helt utrolig.

Før hun går tilbake til havna, vil hun handle litt mat i en butikk. Hun håper at det blir billigere enn smørbrødet hun kjøpte i går.

finere	schöner
ei elv	ein Fluss
en katedral	eine Kathedrale
den største	das größte
den fineste	das schönste
en bygning	ein Gebäude
ei havn	ein Hafen
billigere	billiger

Höher, schneller, weiter

Zeit zu **vergleichen**! Falls du noch nicht gelernt hast, wie man auf Norwegisch vergleicht, blättere zurück zu Kapitel 14 und sieh es dir an.

Økonomi

Dein norwegischer Freund Vegard hat Geldprobleme. Er erzählt dir von den vielen falschen Entscheidungen, die er in seinem Leben getroffen hat. Hilf ihm mit den passenden Ratschlägen aus der rechten Spalte.

å abonnere på, abonnerte	abonnieren
brukt	gebraucht, secondhand
å leie, leide	mieten
et lån	ein Kredit
USA	USA

Jeg har ikke råd til å kjøpe leilighet.	Det er bedre å handle på butikken.
Jeg har abonnert på to aviser.	Brukte møbler er mye billigere.
Jeg må kjøpe ny bil.	Du bør leie og ikke kjøpe.
Jeg kjøper alltid mat på bensinstasjonen.	Kan du ikke lese nyhetene på Internett?
Jeg må kjøpe nye møbler.	Kan du ikke spare penger først?
Jeg vil ta opp et lån for å reise til USA.	Kan du ikke ta bussen?

1 Sett inn adjektiver i den rette formen (god – bedre – best).

kald/varm
Selv om Norge ligger langt mot nord, er det ikke så ______ om vinteren som man tror. Inne i landet kan det likevel være mye ______ enn for eksempel i Bergen eller Stavanger. Det ______ stedet i Norge er Karasjok.
Om sommeren er det ______ på Østlandet enn i Nord-Norge. Den ______ måneden er stort sett juli.

gammel/ung
Lise er ______ enn Susanne, men hun er omtrent like ______ som Lars. I familien er Erna ______. Susanne er ______ enn Per, men Nils er ______.

lang/kort
Den ______ dagen i Norge – som i alle andre land i Europa – er den 21. juni, og den ______ dagen er den 21. desember. Om vinteren er nettene ______ i Nord-Norge enn på Sørlandet, men om sommeren er dagene ______ på Sørlandet enn i Nord-Norge.

tung/lett
For Erna er det ______ å snakke om hemmeligheten hennes. Det er ______ for henne å snakke om den enn å skrive den på en papirlapp. Hun synes det er ______ å snakke med Hege enn med familien. Men det ______ er at hun ikke klarer å snakke om den.

få/mange/lite/mye
I Bergen bor det ______ mennesker enn i Stavanger, men ______ mennesker enn i Oslo.
På Østlandet har vi ______ dager med regn enn i Nord-Norge, men de ______ regndagene har vi på Vestlandet. I Bergen regner det ______ enn i alle andre byer i Europa. Men i Bergen er det ______ snø enn i Oslo.

bra/god
Kjenner du et ______ utested? Jeg har lyst til å spise noe ______ enn i går, men jeg kjenner ingen ______ restaurant. Mange sier at det er ______ å spise italiensk mat, men jeg liker meksikansk mat ______. Hva er den ______ middagen du noensinne har spist? Hva likte du ______?

ille/ond/vond
Jeg husker ikke én rett som var god, jeg husker bare den ______ retten, og den var enda ______ enn hurtigmat. Den så ______ ut, luktet (*smelled*) enda ______ og smakte ______. Etterpå hadde jeg vondt i magen, og det ble ______ dagen etter. Det var aller______ da jeg prøvde å spise noe.

stor/liten
Marit, kan du hjelpe meg? Jeg har et ______ problem. I går kjøpte jeg en genser, men nå ser jeg at den er for ______. Jeg har vasket den, men nå er den enda ______. Den er blitt den ______ genseren jeg noensinne har hatt! Mener du at jeg kan sende den tilbake til den ______ butikken hvor jeg har kjøpt den? Jeg må kjøpe en annen genser som er litt ______. Men det ______ problemet er at jeg ikke finner kvitteringen. Kan du hjelpe meg med å lete etter den?

kjedelig
Jeg synes denne boka er ______, men denne oppgaven er den ______ oppgaven i hele boka.

2 Når ønsker du hva?

Eksempel: Gratulerer med dagen! → *«Gratulerer med dagen» sier man når noen har bursdag.*

Hurra for Norge!
Godt nyttår!
God helg!
Vi snakkes!
Gledelig jul!
Stakkars kjære – la meg gi deg en klem!
God påske!
Vennlig hilsen

3 Hvor gamle er de? Hvor mye tjener de?

- Bjørn er 55 år gammel. Han tjener mer enn Anna, men mindre enn Wenche.
- Terje tjener så mye som Anna.
- Linda og Anna er yngre enn 30 år, men Linda er yngre enn Anna.
- Svein er ni år eldre enn Mona.
- Wenche er så gammel som Terje.
- Hun som er yngst, tjener også minst.
- Han som er eldst, tjener mindre enn Svein, men mer enn alle andre.
- Alle er eldre enn Mona.
- Wenche tjener mindre enn Anders, men mer enn Bjørn. Linda tjener mindre enn Terje.

23 år	27 år	28 år	32 år	47 år	47 år	55 år	63 år
______	______	______	______	______	______	______	______

130 000 kr	244 000 kr	327 000 kr	327 000 kr
______	______	______	______
350 000 kr	411 000 kr	487 000 kr	530 000 kr
______	______	______	______

4 Sett inn *om/på/i/for ... siden*.

Vi trener fotball to ganger per uke, stort sett ______ mandager og ______ torsdager. ______ sommeren trener vi egentlig ikke, men ______ sommer må vi trene likevel.

Nå trener vi også ______ fredager. ______ en uke ______ tapte vi mot et lag fra Bergen. ______ en uke skal vi spille mot Trondheim. Vi skal dra dit ______ mandag.

Erna går inn i en liten butikk som ligger i ei trang gate midt i Trondheim. Det første hun ser, er frukt og grønnsaker. «Ja, man må jo leve litt sunt», tenker hun og tar to epler, ei pære og en banan. Så går hun inn i en avdeling hvor de har kjøtt, fisk og ost. Hun bestemmer seg for å kjøpe ei pølse og noen skiver røkt laks. Det passer godt som pålegg, tenker hun. Syltetøy og frokostblanding har hun ikke lyst på. Men hun vil kjøpe litt melk. Foran fryseren nøler hun litt – lettmelk, skummet melk, ekstra lett? Nei, hun tar bare H-melk. Hun er jo ikke tjukk, tvert imot.

Så vil hun gjerne betale, men hun må vente litt fordi det er kø i kassa. Hun kan ikke finne kredittkortet i lommeboka – derfor betaler hun kontant. Forhåpentligvis finner hun kortet i lugaren.

Ute på gata legger hun merke til at været har forandret seg. Det er overskyet og ser ut som det vil regne ganske snart. Hun skynder seg tilbake til båten.

Endelig er klokka 12, og Hurtigruta er klar for avgang. Langsomt beveger den store båten seg fra kaia og ut fjorden. Erna er begeistret.

Nils er imidlertid ikke begeistret. Han har sittet ved lugarvinduet hele formiddagen. Men båten lå ved kaia, så han så bare det stygge kaiområdet. Da Erna kom tilbake, måtte han selvfølgelig klatre inn i kofferten, så han ser ingenting nå som båten går fra Trondheim. Nå er han alene igjen, for Erna spiser lunsj.

Så tar han sjansen.

sunn	gesund
en avdeling	eine Abteilung
ei pølse	eine Wurst
røkt	geräuchert
et pålegg	*alles, was aufs Brot kommt*
en fryser	eine Gefriertruhe, ein Gefrierschrank
skummet [o] melk	Milch mit niedrigem Fettgehalt
ekstra	extra
H-melk [håmelk]	Vollmilch
tjukk [kj-]	dick
tvert [æ] imot	ganz im Gegenteil
en kø	eine (Warte-) Schlange
ei kasse	eine Kasse
ei lommebok, lommebøker	ein Geldbeutel
å forandre seg, forandret [får-]	sich verändern
å skynde seg [sjyn-ne], skyndet	sich beeilen
ei kai	ein Kai
imidlertid	jedoch, hingegen
et område	ein Gebiet
nå som	jetzt, als

Nils har en idé. Han vet at det er farlig, men idéen er likevel fristende: Burde han kanskje prøve å komme seg ut av lugaren? Hva er det verste som kan skje? Hva skal han gjøre hvis noen ser ham?

Skipet er stort. Det er sikkert mange muligheter for å skjule seg.

Han åpner døra forsiktig. Gangen er helt tom. Han kan ikke se noen. Nils nøler litt – men så tar han sjansen.

tom	leer
å ta en sjanse, tok, har tatt	etwas wagen, riskieren

Så, så, så …

Das Wörtchen **så** ist eines der verwirrendsten in der norwegischen Sprache, weil es so viele verschiedene Bedeutungen haben kann. Fassen wir sie zusammen:

1. Så vil hun gjerne betale.
så = dann
Für Grammatiknerds: **så** ist hier ein Zeitadverb *(Temporaladverb)*

2. …, så han ser ingenting.
så = also
Grammatikalisch gesehen ist **så** hier eine Konjunktion und steht im Satz an Platz Nr. 0 (wie **og** oder **men**).

3. Så han så bare det stygge kaiområdet.
så = sah
Das erste **så** ist das selbe wie im zweiten Beispiel, das zweite ist das *preteritum* von **å se**.

4. Han gleder seg så mye. (so sehr)

5. Han går ut så han kan se noe. (damit)

Eigentlich gibt es sogar noch weitere Bedeutungen, aber ich glaube, diese fünf sind für heute genug, findest du nicht?

Livsstil & kosthold

Lifestyle & Ernährung

Les hva Erik, Hilde og Siv sier om livsstil og kosthold.

Erik: Jeg har bare et lite budsjett for meg og kona mi, rundt 2500 kroner per måned for å kjøpe mat. Men jeg passer på at maten min er sunn og variert. Jeg lager middagen min selv hver dag og spiser matpakken min på jobben. Det blir billigere enn å spise i kantina eller ute hver dag. Jeg sammenligner prisene og tilbudene i aviser og har mange kokebøker med enkle og sunne oppskrifter. Jeg synes at det er meningsløst å holde diett. Man skal spise rimelig og bevege seg noen ganger i uka. Mitt motto er: billig, men velbalansert!

en livsstil	ein Lebensstil
et kosthold [kåsthåll]	eine Ernährungsweise/Diät
et budsjett	ein Budget
variert	abwechslungsreich
å spise ute, spiste	essen in einem Restaurant, einem Café etc.
å sammenligne, sammenlignet	vergleichen
en pris	ein Preis
et prospekt	ein Prospekt
ei kokebok, kokebøker	ein Kochbuch
enkel, enkelt, enkle	einfach
en oppskrift [å]	ein Rezept
å holde [å] diett, holdt, har holdt	auf Diät sein, Diät halten
meningsløs	sinnlos
rimelig [-li]	vernünftig, *auch*: günstig, preiswert
et motto	ein Motto
velbalansert	ausgewogen

Hilde: Generelt spiser jeg uregelmessig og bryr meg ikke om kupp og tilbud. Jeg er veldig lat, derfor lager jeg mest ferdigmat. Jeg bruker rundt 3000 kroner per måned på mat, men i tillegg bruker jeg 2000 kr på restauranter. Jeg foretrekker restauranter også fordi man kan spise sammen med venner. For å bli i form har jeg meldt meg inn i helsestudio og trener én til to ganger per uke. Mitt motto er: Nyt måltidet selv om det er hurtigmat!

Hva foretrekker du? Hva er ditt motto, og hvordan er ditt kosthold? Skriv en tekst slik som en av disse tre om deg selv.

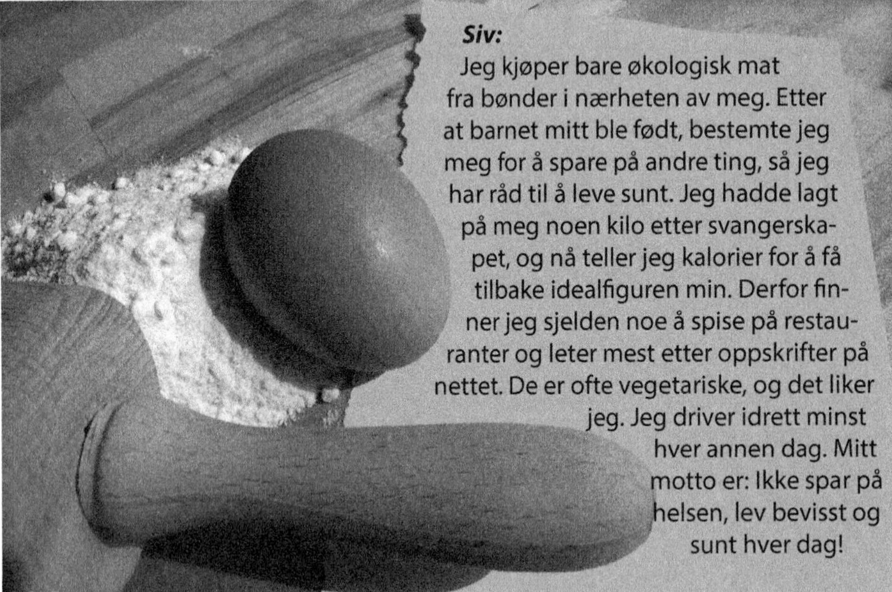

Siv:
Jeg kjøper bare økologisk mat fra bønder i nærheten av meg. Etter at barnet mitt ble født, bestemte jeg meg for å spare på andre ting, så jeg har råd til å leve sunt. Jeg hadde lagt på meg noen kilo etter svangerskapet, og nå teller jeg kalorier for å få tilbake idealfiguren min. Derfor finner jeg sjelden noe å spise på restauranter og leter mest etter oppskrifter på nettet. De er ofte vegetariske, og det liker jeg. Jeg driver idrett minst hver annen dag. Mitt motto er: Ikke spar på helsen, lev bevisst og sunt hver dag!

generelt [sje-]	generell
å (ikke) bry seg om noe, brydde	sich (nicht) um etwas kümmern
et kupp	ein Schnäppchen
lat	faul
talentløs	untalentiert
(en) frysemat	(ein) Tiefkühlessen
å bruke penger, brukte	Geld ausgeben
å foretrekke [får-], foretrakk, har foretrukket [o]	bevorzugen
ei gruppe	eine Gruppe
å være i form [å]	in Form sein
å være meldt på	angemeldet sein
et helsestudio	ein Fitnessstudio
å nyte, nøt, har nytt	genießen
et måltid	eine Mahlzeit
(en) hurtigmat	Fast Food
økologisk [økolågisk]	ökologisch, *hier*: biologisch
biologisk [biolågisk]	biologisch
en bonde [bonne], bønder	ein Bauer
å bli født, ble, har blitt	geboren werden
å ha råd til	sich ... leisten können
å legge på seg, la, har lagt	zunehmen (*Gewicht*)
et svangerskap	eine Schwangerschaft
å telle, telte	zählen
en kalori	eine Kalorie
ideal	ideal
en figur	eine Figur
sjelden	selten
vegetarisk	vegetarisch
å drive idrett, drev, har drevet	Sport betreiben
(en) helse	Gesundheit
bevisst	bewusst
vital	vital

1 Sett inn *så* i disse setningene (én eller flere ganger).

Kjøpte Erna en billett. Nils ikke ut av vinduet. Han ville gjerne se noe, for han likte TV-programmet om Norge mye. Tar han sjansen han kan se noe. Han var nervøs at det nesten gjorde vondt i magen. Han ingenting, men hoppet han på en stol og hus og mennesker. Gledet han seg mye fordi han ut av båten. Nils var fornøyd at han bestemte seg for å gå ut mye som mulig.

2 Finn mulige spørsmål.

«Du må bare gå under sporene, så krysser du gata.»
Hun liker de gule og røde husene ved elva.
Katedralen er nesten tusen år gammel.
Hun tar to epler, ei pære og en banan.
Hun skynder seg tilbake til båten.
Nils nøler litt – men så tar han sjansen.

3 Lag setninger. Bruk komparativ.

Eksempel: mye regn – Bergen / Moss – god jakke
→ I Bergen er det mer regn enn i Moss. Derfor trenger man ei bedre jakke i Bergen.
få dager med sol – Molde / Arendal – lang bukse
sterk vind – Ålesund / Hamar – varm genser
lav temperatur – Røros / Kristiansand – tjukke sokker
snø – Tromsø / Trondheim – gode sko
tåke – Stavanger / Fredrikstad – gode briller
varme dager – Fredrikstad / Bodø – korte T-skjorter

4 Sett inn ord som passer.

Karina ______ som lege. Hun ______ medisin i seks år. Da hun var ferdig, måtte hun først ______ etter jobb. Men nå har hun ______ en god jobb. Hun ______ på jobben, men hun liker ikke å arbeide i helgene. Hun ______ bra og kunne derfor kjøpe leilighet for to måneder siden.

Øyvind ______ med reklame. Han ______ seg til kokk først, men han hadde problemer ______ å arbeide sent på kvelden. Derfor ______ han jobb. Nå er han ______ med jobben sin, selv om han tjener ______ enn Karina.

Also ...

Was wird jetzt aus Nils?

War es so klug, die Kabine auf dem Schiff zu verlassen?
Warum fährt Erna überhaupt nach Tromsø?
Wovon handelt der Text auf dem Zettel?

Wenn du das herausfinden willst – bleib dran und lern weiter Norwegisch!

Nils – Teil 2
ist ab Anfang 2015 erhältlich.
Halte dich auf dem Laufenden:
www.skapago.eu/nils

Alphabetische Wortliste

Um dir die Dinge zu erleichtern, haben wir hier das **å** beim Infinitiv weggelassen. Der Artikel steht immer direkt nach dem Substantiv. Unregelmäßige Pluralformen werden mit "fl." (für flertall) gekennzeichnet.

Beachte, dass **æ – ø – å** im norwegischen Alphabet ganz zum Schluss stehen.

abonnere på, abonnerte	abonnieren	25
absolutt	absolut	8
advokat, en	ein Anwalt, eine Anwältin	22
agurk, en	eine Gurke	11
aha	aha	3
akkurat	genau	24
aktivitet, en	eine Aktivität	20
aldri	nie	12
alene	alleine	19
all slags	allerhand, allerlei	20
alle	alle	8
allerede	bereits, schon	2
allmennfag, et	ein allgemeinbildendes Fach	22
alltid [-ti]	immer	8
alt	alles	9
altså	also	15
ambisiøs	ehrgeizig	22
ambulansearbeider, en	ein Rettungsassistent	22
anbefale, anbefalte	empfehlen	13
ane, ante	ahnen	19
ankomst [å], en	eine Ankunft	23
ankomsttid, en	eine Ankunftszeit	24
anleggsteknikk, (en)	Bautechnik *(besonders Tiefbau)*	22
anmelde, anmeldte	anzeigen	21
ansikt, et (fl.: ansikt/ansikter, ansiktene)	ein Gesicht	12
apotek, et	eine Apotheke	11
Kan jeg kjøpe det på apoteket uten resept?	Kann ich das ohne Rezept in der Apotheke kaufen?	10
apparat, et	ein Apparat, eine Maschine	19
appelsin, en	eine Orange	11
arbeid, (et)	(eine) Arbeit	9
arbeide, arbeidet	arbeiten	1
arbeidsuke, ei	eine Arbeitswoche	20
Argentina	Argentinien	11
arm, en	ein Arm	10
at	dass	8
automat, en	ein Automat	23
av [a]	von, aus	4
av og til	ab und zu	9
av papir	aus Papier	10
av tre	aus Holz, hölzern	9
avbryte, avbrøt, har avbrutt	unterbrechen	21
avdeling, en	eine Abteilung	26
avgang, en	eine Abfahrt	23
avis, ei	eine Zeitung	11
avtale, en	eine Vereinbarung	8
bachelorgrad, en	ein Bachelorabschluss	22
bad, et	ein Badezimmer	9
bak	hinter	15
bakeri, et	eine Bäckerei	11
bakgård [-går], en	ein Hinterhof	9
bakside, en	eine Rückseite	23
bamse, en	ein Teddybär	7
banan, en	eine Banane	11
bank, en	eine Bank	21
banke, banket	klopfen	23
bar, en	eine Bar	12
bare	nur	3
bare hun ikke mister ...	hoffentlich verliert sie ... nicht/sie darf bloß nicht ... verlieren	22
barn, et (fl.: barn, barna)	ein Kind	8
barnehage, en	ein Kindergarten	21
barneskole, en	*wörtlich*: Kinderschule *(6-13 Jahre)*	22
basketball, (en)	Basketball	20
be, ba, har bedt om	bitten um	21
bedre	besser	3
bedrift, en	ein Betrieb	22
begeistret [æi]	begeistert	16
begynne [bejy-], begynte	anfangen, beginnen	2
begynnelse [bejy-], en	ein Anfang	21
behandle, behandlet [-hannle]	behandeln	16
beholder [-håller], en	ein Behälter	8
beklage, beklaget	bedauern, *hier*: leid tun	22
bekrefte, bekreftet	bestätigen	13
benk, en	eine (Sitz-) Bank	23
bensin, (en)	Benzin	11
bensinstasjon, en	eine Tankstelle	11
beregnet [-ræjnet]	voraussichtlich	24
beskjed [beskje], en	eine Nachricht	21
beslutning, en	ein Beschluss, Entschluss	21
best	am besten	11
besteforeldre	Großeltern	5
bestemme seg, bestemte	sich entscheiden	16

bestemor, ei (fl.: bestemødre)	eine Großmutter	3
bestille, bestilte	bestellen	13
besøk, et (fl.: besøk)	ein Besuch	11
besøke, besøkte	besuchen	13
betale, betalte	bezahlen	11
betale kontant/ med kort	bar zahlen/mit Karte zahlen	11
bety, betydde	bedeuten	2
Hva betyr ... på tysk?	Was heißt ... auf deutsch?	1
bevege seg, beveget/bevegde	sich bewegen	6
bevegelse, en	eine Bewegung	7
bevisst	bewusst	26
bibliotek, et	eine Bibliothek	21
bil, en	ein Auto	23
bilde, et	ein Bild	3
billett, en	ein Ticket	11
billettkontroll [-tråll], en	Fahrkartenkontrolle	23
billig [-li]	billig	11
billigere	billiger	25
binders, en (fl.: binders, bindersene)	eine Büroklammer	9
biologisk [biolågisk]	biologisch	26
blanding [blanning], en	eine Mischung	16
bli, ble, har blitt	werden	8
bli født, ble, har blitt	geboren werden	26
bli kjent (med)	kennen lernen	16
Det blir ...	Das macht ...	13
hvor er det blitt av ...	wo ist ... geblieben? was ist aus ... geworden?	15
blid [bli]	fröhlich, freundlich	12
blomst [å], en	eine Blume	21
blå	blau	9
blåse, blåste	blasen; windig sein	13
bo, bodde	wohnen	5
bod, en	ein Abstellraum	8
Bodø	*Stadt in Nordnorwegen*	24
bok, ei (fl.: bøker)	ein Buch	10
bokhylle, ei	ein Bücherregal	4
boks [å], en	eine Schachtel	15
bonde [bonne], en (fl.: bønder)	ein Bauer	26
bord [bor], et (fl.: bord/border)	ein Tisch	4
bort	weg, zu	11
borte	weg	12
bra – bedre – best	gut	5
Brasil	Brasilien	11
brev, et	ein Brief	21
bris, en	Brise	16
bror, en (fl.: brødre)	ein Bruder	5
bruke, brukte	verwenden	10
bruke penger, brukte	Geld ausgeben	26
bruke som [såm]	als ... verwenden	10
brukt	gebraucht, second-hand	25
brun	braun	7
bry seg om noe (ikke bry seg om noe), brydde	sich (nicht) um etwas kümmern	26
bryst, et (fl.: bryst/ bryster)	eine Brust	10
brød [-ø], et	ein Brot	2
brødskive [brø-], ei	eine Scheibe Brot	2
bråk, (et)	Lärm	22
bråke, bråkte/ bråket	Lärm machen	14
budsjett, et	ein Budget	26
bukse [o], en	eine Hose	18
burde, Gegenwart: bør, preteritum: burde	sollen	10
bursdag, en	ein Geburtstag	1
bursdagsgave, en	ein Geburtstagsgeschenk	9
i bursdagsgave	als Geburtstagsgeschenk	21
buss, en	ein Bus	7
butikk, en	ein Geschäft *(nicht nur für Kleidung – kann alles verkaufen)*	11
by, en	eine Stadt	7
bygg, et	ein Bau	22
byggeleder, en	ein Bauleiter	22
bygning, en	ein Gebäude	25
bytte, byttet	(aus-)tauschen	15
bytte tog	umsteigen	23
bære, bar, har båret	tragen	12
bølge, en	eine Welle	12
børste, en	eine Bürste	11
bøtte, ei	ein Eimer	14
både – og	sowohl – als auch	13
båt, en	ein Boot, Schiff	17
Canada	Kanada	11
chatte [æ], chattet	chatten	15
da	da, zu dieser Zeit	7
dagdrøm, en (best.: -drømmen)	ein Tagtraum	12
dagens fisk	der Fisch des Tages	13
dame, ei	eine Frau, Dame	5
dansk	dänisch	17
datamaskin, en	ein Computer	4
dataspill, et (fl.: -spill)	ein Computerspiel	20
datter, ei (fl.: døtre)	eine Tochter	5
deg [dæj]	dich/dir	5
deilig [-li]	herrlich, wundervoll	20
del, en	ein Teil, *hier*: ziemlich	17
delvis skyet	teilweise bewölkt	16
dem	sie/ihnen	5
den	er/sie/es *(siehe Grammatikteil)*	3
den/det/de andre	der/die/das andere	12
denne	dieser/diese	12
der [æ]	dort, da	5
dere	ihr/euch	5
deretter [dær-]	danach	12
derfor [dærfår]	deshalb	1
derfra [dær-]	von dort	17
dersom [dærsåm]	wenn, falls	19
dessert [dessær], en	ein Dessert	11
dessverre [-ærre]	leider	13
det [de]	das, es	1
dette	dieses, dies, das	9
diaré: Jeg har diaré.	Durchfall: Ich habe Durchfall.	10
din/di/ditt/dine	dein, deine	7
direkte	direkt	7
do, en	eine Toilette/ein Klo	14
dra, drar, dro/drog, har dradd/dratt	fahren, *auch*: reisen	12

drikke, drakk, har drukket [o]	trinken	2
drive, drev, har drevet	tun, verfolgen, treiben	7
drive idrett, drev, har drevet	Sport betreiben	26
drive med	tun, sich beschäftigen mit	7
Hva driver du med?	Was machst du?	9
drivstoff [å], (et)	Treibstoff	23
drosje [å], en	ein Taxi	23
druer, (fl.)	Weintrauben	11
drøm, en (best.: drømmen, fl. drømmer)	ein Traum	12
drømme om, drømte	träumen von	22
du	du	1
dukke, en	eine Puppe	8
dum [o]	dumm	6
dusj, en	eine Dusche	9
dusje, dusjet	duschen	7
dyp	tief	17
dyr	teuer	5
dø, døde	sterben	8
døgnåpen	24 Stunden geöffnet	11
dør, ei	eine Tür	4
dårlig, verre [æ], verst [æ]	schlecht	4
e-post [å], (en)	(eine) E-Mail	3
egen	eigen	22
egentlig [-li]	eigentlich	5
egg, et	ein Ei	2
ei anna	eine andere	12
eksamen, en	eine Prüfung	22
eksamen i videregående skole, en	Abitur	22
ekstra	extra	26
ekte	echt	24
eldre (gammel – eldre – eldst)	älter	25
elektriker	Elektrikerin, Elektriker	9
elektrisk	elektrisch	17
elektronisk	elektronisch	3
elev, en	ein Schüler, eine Schülerin	5
eller	oder	4
ellers	ansonsten, sonst	8
elske, elsket	lieben	20
elv, ei	ein Fluss	25
en/ei/et	ein, eine	1
en annen	ein anderer, eine andere, ein anderes	12
enda	noch	18
endelig [-li]	endlich	6
energi [energi/ enersji], (en)	Energie	20
eneste	einzige/r/s	20
engelsk	englisch	11
enkel, enkelt, enkle	einfach	26
enn/mer enn	als/mehr als	10
ennå	noch	12
ensom [å]	einsam	20
enten – eller	entweder – oder	13
eple, et	ein Apfel	2
er (Inf.: være; pret.: var; perf.: har vært)	sein	1
eske, en	eine Schachtel	8
et annet	ein anderes	12
etter	nach *(zeitlich)*	5
etterpå	danach	7
europeisk	europäisch	17
faktisk	tatsächlich	8
familie, en	eine Familie	5
fantasi, (en)	(eine) Fantasie	6
fantastisk	fantastisch	16
far, en (fl.: fedre)	ein Vater	5
farlig [-li]	gefährlich	8
fast	fest	14
feie, feide [æ]	fegen	14
ferdig [færdi]	fertig	1
figur, en	eine Figur	26
fikse, fikset	in Ordnung bringen	20
film, en	ein Film	12
fin	schön, fein	9
finere	schöner	25
finest	am schönsten	25
finne, fant, har funnet	finden	7
finne fram noe	etwas heraussuchen, herausholen	15
finne ut	herausfinden	7
fiolin, en	eine Violine	20
fireårig [-ri]	vierjährig	22
firma, et	eine Firma	22
fisk, (en)	(ein) Fisch	11
fiske, fisket	fischen, angeln	20
fiskesuppe, ei	eine Fischsuppe	11
fjell, et (fl.: fjell)	ein Berg	16
fjellsko, en	ein Wanderschuh	18
fjernkontroll [fjærnkontråll], en	eine Fernbedienung	15
fjord [fjor], en	ein Fjord	16
flaske, ei	eine Flasche	20
flau, flaut, flaue [æu]	peinlich	20
flire, flirte	grinsen	6
flott [å]	gut, schön, nett	20
fly, et (fl.: fly)	ein Flugzeug	17
flytte, flyttet	umziehen, übersiedeln	20
fløte, (en)	Sahne	20
folk [å] (fl.)	Leute	8
Folketrygd [fålketrygd], (en)	*obligatorische Pensions- und Sozialversicherung*	22
for [å] ... siden	vor ...	12
for eksempel [å]	zum Beispiel	8
for en ... [å]	was für ein ...	21
foran [å]	vor (*räumlich*)	8
forandre seg, forandret [får-]	sich verändern	26
forbauset [å]	erstaunt	15
fordi [å]	denn, weil	11
foreldre [å]	Eltern	5
forelsket [å]	verliebt	24
foretrekke [får-], foretrakk, har foretrukket [o]	bevorzugen	26
forferdelig [fårfærdeli]	schrecklich, furchtbar	10
forhåpentligvis [fårhåpentlivis]	hoffentlich	23
forklare [får-], forklarte	erklären	7
formiddag, en [å]	ein Vormittag	20
fornøyd [får-]	zufrieden	9
forresten [å]	übrigens	24
forsiktig [å]	vorsichtig	10
forsinket [å]	verspätet	23

forskjellig [får-skjelli]	unterschiedlich, verschieden	18
forstår [får-], forsto/forstod, har forstått	verstehe	1
Jeg forstår ikke.	Ich verstehe nicht.	1
forsvinne, forsvant, har forsvunnet [får-]	verschwinden	15
fort	schnell	8
fortau, et [å]	ein Gehsteig	11
fortelle [å], fortalte, har fortalt	erzählen	8
fortelle om [får-]	erzählen von	13
fortsatt [å]	noch immer	10
fortsette, fortsatte, har fortsatt [fårtsj-]	fortsetzen	16
fortvilelse [får-], (en)	Verzweiflung	21
forvirre, forvirret [å]	verwirren	12
forvirret [å]	verwirrt	12
fot, en (føtter)	ein Fuß	10
fotball, (en)	Fußball	20
fotballtrening, en	ein Fußballtraining	20
fra	aus	4
fra ... til ...	von ... bis ...	7
fra nå av	von jetzt an	21
fransk	französisch	20
fredag	Freitag	6
fredagskveld [-ell], en	ein Freitagabend	20
frekk	frech	5
fremdeles	noch immer	24
frimerke [-mærke], et	eine Briefmarke	21
frisk	gesund	10
fristende [-enne]	verlockend	13
fritid, (ei)	Freizeit	20
fritidsaktivitet, en	eine Freizeitaktivität	20
frokost [-kåst], (en)	(ein) Frühstück	2
frokostblanding, (ei)	(ein) Müsli	2
frukt, (en)	Obst	11
frustrert	frustriert	20
frysemat, (en)	Tiefkühlessen	26
fryser, en	eine Gefriertruhe, ein Gefrierschrank	26
full av	voll von/mit	19
fullstendig [-di]	völlig, vollständig	20
fylke, et	*norwegischer Regierungsbezirk*	17
færre (få – færre – færrest)	wenig	25
født	geboren	17
bli født, ble, har blitt	geboren werden	26
føle, følte	fühlen	3
følelse, en	ein Gefühl	12
følelseskaos, et	Gefühlschaos	24
før	vorher, vor (*zeitlich*)	10
først	zuerst	3
få, får, fikk, har fått	bekommen	3
gaffel, en (fl.: gafler)	eine Gabel	7
gal	verrückt	7
galt	falsch	8
gammel (eldre – eldst)	alt	2
hvor gammel	wie alt	4
Jeg er ... år gammel.	Ich bin ... Jahre alt.	9
gang, en	ein Gang	9
den gang	damals	12
én gang	einmal	10
et par ganger	ein paar Mal	10
med en gang	sofort	10
ganske	ziemlich, ganz schön	13
garderobe, en	eine Garderobe	22
gardin, en	ein Vorhang	24
gate, ei	eine Straße	9
gatelys, et (fl.: -lys)	eine Straßenlaterne/Straßenbeleuchtung	17
gave, en	ein Geschenk	1
generell [sje-] studiekompetanse, (en)	Hochschulreife	22
generelt [sje-]	generell	26
genser, en (best.: genseren, fl.: gensere, genserne)	ein Pullover	18
gi [ji], ga/gav, har gitt [ji]	geben	5
gift [ji-] (med)	verheiratet (mit)	24
gifte [ji-] seg [sæj], giftet	heiraten	5
gitar, en	eine Gitarre	20
gjemme [je-] (seg), gjemte	verstecken	8
gjennom [jennåm]	durch	17
gjenta [jen-], gjentok, har gjentatt	wiederholen	7
Kan du gjenta?	Kannst du das wiederholen?	1
gjerne [jær-]	gerne	4
hun vil gjerne ha	sie hätte gerne	4
gjette, gjettet [je-]	(er)raten	18
gjøre [jø-], gjør, gjorde, har gjort	tun, machen	1
Det gjør vondt her.	Hier tut es weh.	10
gjøre notater	Notizen machen	9
Hva gjør du?	Was machst du?	4
glad [gla]	fröhlich, lustig	3
glass, et	ein Glas	7
glede seg, gledet	sich freuen	6
glemme, glemte	vergessen	12
god [go]	gut	2
God helg!	Schönes Wochenende!	4
god kveld [kvell]	guten Abend	2
god morgen [mårn]	guten Morgen	2
god natt	gute Nacht	2
grad, en	ein Grad	16
gratulerer med dagen	Alles Gute zum Geburtstag	2
greit nok	gut genug	24
grep, et (fl.: grep)	ein Griff	14
gresk	griechisch	11
grunnskole, en = barneskole og ungdomsskole	*wörtlich:* Grundschule *(6 bis 16 Jahre)*	22
gruppe, ei	eine Gruppe	26
grønn, grønt, grønne	grün	9
grønnsaker (fl.)	Gemüse	11
grå	grau	9
gråte, gråt, har grått	weinen	18
gul	gelb	9
gulrot, ei (gulrøtter)	eine Karotte	11
gulv, et	ein Boden	9

gutt, en	ein Junge	5
gøy	lustig	15
gå, gikk, har gått	gehen	3
Det går dårlig.	Es geht mir schlecht.	4
gå av	aussteigen (*aus Bus oder Zug*)	20
gå av med pensjon [pænsjon]	in Pension gehen	22
gå en tur	eine Runde gehen, spazierengehen	14
gå på Internett	im Internet surfen, ins Internet gehen	3
gå til fots	zu Fuß gehen	23
Hvordan går det?	Wie geht es dir?	4
H-melk [håmelk]	Vollmilch	26
ha, hadde, har hatt	haben	1
ha det [ha de]	tschüss	2
ha det bra	auf Wiedersehen	2
ha det gøy	es lustig haben, Spaß haben	15
ha det travelt	es eilig haben, beschäftigt sein	20
ha en fin dag	schönen Tag noch	13
ha lyst til å ...	Lust haben zu ... , wollen	17
ha råd til	sich ... leisten können	26
ha vondt	Schmerzen haben	10
hals, en	ein Hals	10
halv [hall]	halb	15
ham	ihn/ihm	5
handle om [åm], handlet	handeln von	17
hans	sein, seine	10
hate, hatet	hassen	20
havn, ei	ein Hafen	25
hei	hallo	2
hektisk	hektisch	20
heldigvis [-divis]	glücklicherweise	16
helg, ei	ein Wochenende	11
Hellas	Griechenland	11
heller	lieber	5
heller ikke	auch nicht	8
helse, (en)	Gesundheit	26
helsestudio, et	ein Fitnessstudio	26
helst	vorzugsweise	18
helt	ganz	6
hemmelig [-li]	geheim	13
hemmelighet, en	ein Geheimnis	13
henne	sie/ihr	5
hennes	ihr, ihre	10
hente, hentet	holen	5
her [æ]	hier	3
herre [æ], en	ein Herr	24
hest, en	ein Pferd	20
hete, het, har hett	heißen	3
Han heter Nils.	Er heißt Nils.	3
Hva heter du?	Wie heißt du?	4
historie, en	eine Geschichte	6
hjelpe [je-], hjalp, hjulpet [o]	helfen	7
hjem [jem]	nach Hause	12
hjemme [je-]	zu Hause	14
hode, et	ein Kopf	10
holde [hålle], holder, holdt, har holdt	halten	13
Det holder med én skjorte.	Ein Hemd ist genug.	18
Du må holde senga.	Du musst im Bett bleiben.	10
holde diett	auf Diät sein, Diät halten	26
holde med	reichen, genug sein	18
holdeplass [hålle-], en	eine Haltestelle	23
honning [å], (en)	Honig	2
hoppe [å], hoppet	hüpfen	7
hos	bei (*bei jemandem zu Hause*)	11
hoste, hostet: Må du hoste ofte? (hoste, hostet)	Musst du oft husten?	10
hotell, et	ein Hotel	12
hoved-	haupt-	17
hovedstad, en (hovedsteder, hovedstedene)	eine Hauptstadt	17
hun	sie	1
hund [hunn], en	ein Hund	14
hundrelapp, en	ein Hundert-Kronen-Schein	22
hurtigmat, (en)	Fast Food	26
hurtigrute [hurtirute], ei	*norwegisches Passagier- und Frachtschiff, das entlang der Westküste fährt*	17
hus, et (fl.: hus)	ein Haus	7
huske, husket	sich an ... erinnern	9
hva [va]	was	1
Hva er det?	Was ist los? Was ist passiert?	22
Hva med deg? [dæj]	Was machst du?	4
Hvem? [vem]	Wer?	4
hver [vær]	jeder, jede, jedes	17
hver eneste	jeder/jede/jedes einzelne	20
hvert [vært]	jede(r/s)	4
hvilken, hvilket, hvilke	welcher, welche, welches	11
hvis [viss]	wenn, falls	17
hviske, hvisket [vis-]	flüstern	20
hvit [vit]	weiß	9
hvor [vor]	wo	4
Hvor bor du?	Wo wohnst du?	4
Hvor gammel er du?	Wie alt bist du?	4
Hvor kommer du fra?	Woher kommst du?	4
Hvor lenge tar ...?	Wie lange dauert ... ?	23
Hvordan?	Wie?	4
Hvordan står det til?	Wie geht's?	20
hvorfor [vorfår]	warum	3
hyggelig [-li]	nett	5
Hyggelig å hilse på deg.	Schön dich kennen zu lernen. *(wenn du jemanden zum ersten Mal triffst)*	4
Hyggelig å treffe/ møte deg.	Schön dich zu sehen. *(zu Leuten, die du schon kennst)*	4
hylle, ei	ein Regal	14
hysj	pst! sei still!	19
hytte, ei	eine Hütte	13
høflig [-li]	höflich	12
høre, hørte	hören	6
det høres ... ut	das hört sich ... an	19

høst, (en)	Herbst	16
høy	hoch	16
høyskole/høgskole, en	eine Hochschule	22
høyttaler, en	ein Lautsprecher	23
hånd [hånn], ei (hender [henner])	eine Hand	4
håndball, (en)	Handball	20
håndveske [hånn-], en	eine Handtasche	22
håpe, håpet	hoffen	20
håpløs	hoffnungslos	21
i	in	4
i dag	heute	2
i går	gestern	6
i hvert fall	auf jeden Fall	4
i like måte! [lige måde]	ebenfalls!	4
i løpet [løpet] av	im Laufe von	25
i morgen [mårn]	morgen	6
i rute / presis	pünktlich	23
i tillegg	zusätzlich	18
i vår	diesen/letzten Frühling	16
idé, en	eine Idee	9
ideal	ideal	26
idiotisk	idiotisch	21
igjen [ijen]	wieder	6
ikke	nicht	1
ikke ... lenger	nicht mehr	4
imidlertid	jedoch, hingegen	26
indrefilet [-filee], en	eine Filetspitze	20
informasjon, en	eine Information	17
ingenting	nichts	4
inn	hinein	11
innbygger, en	ein Einwohner, eine Einwohnerin	17
inneholde [hålle], -holdt, -holdt	beinhalten	18
interessant	interessant	15
Internett: gå på Internett	Internet: ins Internet gehen	3
invitere, inviterte	einladen	18
irritert	genervt	22
Island [-lann]	Island	11
islandsk [-lannsk]	isländisch	11
isteden	statt dessen	18
italiensk	italienisch	11
ja	ja	1
jakke, ei	eine Jacke	18
Jaså?	Wirklich? *(ironisch)*	17
Jaså.	Aha.	17
jazz [jass]	Jazz	20
jeg [jæj]	ich	1
jente, ei	ein Mädchen	5
jernbane [jæ-], en	eine Bahn	11
jernbanestasjon, en	ein Bahnhof	11
jo	doch *(nach einer Frage)*	3
jobb [å], en	ein Job, eine Arbeit	7
Har du (fast) jobb?	Hast du einen (festen) Job?	9
jobbe, jobbet [å]	arbeiten	22
juice [jus], (en)	Saft	2
julenisse, en	*norwegisches mythologisches Wesen ähnlich dem Weihnachtsmann*	16
juss	Jura	22
kafé, en	ein Café	13
kaffe, (en)	Kaffee	2
kaffemaskin, en	eine Kaffeemaschine	4
kai, ei	ein Kai	26
kake, ei	ein Kuchen	11
kalori, en	eine Kalorie	26
kamera, et	eine Kamera	16
kanal, en	ein Kanal, Fernsehsender	15
kanskje	vielleicht	4
kaos, et	Chaos	24
karakter [karaktér], en	eine Note *(in der Schule)*	22
karbonade, en	*traditionelles norwegisches Fleischbällchen*	11
kasse, ei	eine Kasse	26
kasserer, en (fl.: kasserere)	ein Kassierer, eine Kassiererin	11
kasserolle [-rålle], en	ein Kochtopf	20
kaste: Jeg må kaste opp.	Ich muss mich übergeben.	10
katedral, en	eine Kathedrale	25
katt, en	eine Katze	14
kilometer, en (fl.: kilometer, kilometerne)	ein Kilometer	17
kino, en	ein Kino	12
kiosk, en	ein Kiosk	11
kjede seg, kjedet	sich langweilen	15
kjedelig [-li]	langweilig	4
kjedeligere	langweiliger	25
kjeller, en	ein Keller	8
kjempe-	sehr, wirklich *(um etwas zu betonen)*	15
kjempefin	wunderbar, wirklich gut	15
kjenne, kjente	kennen	9
kjenne på	fühlen	10
kjent	bekannt	12
bli kjent (med)	kennenlernen	16
kjæreste, en	Freund, Freundin *(im Sinne von Geliebter, Geliebte)*	5
kjærlighet, (en)	Liebe	24
kjøkken, et	eine Küche	5
kjøkkenbenk, en	eine Arbeitsplatte *(in der Küche)*	7
kjøleskap, et (fl.: -skap)	ein Kühlschrank	4
kjøpe, kjøpte	kaufen	11
kjøpe på kreditt	auf Kredit kaufen	11
kjøre, kjørte	fahren	17
kjøretøy, et	ein Fahrzeug	23
kjøtt, (et)	Fleisch	11
kjøttkake, ei	eine Frikadelle	13
kl. ... (klokka)	... Uhr	7
klare, klarte	schaffen	13
klart	klar	16
klassisk	klassisch	20
klatre, klatret	klettern	20
klem, en (best.: klemmen, fl.: klemmer, klemmene)	eine Umarmung	3
klesbutikk, en	ein Geschäft für Kleidung	11
klesskap, et (fl.: -skap)	ein Kleiderschrank	18
klokke [å], ei	Uhr	6
Klokka er seks.	Es ist sechs Uhr.	6

klær, klærne (fl.)	Kleidung	11
knapp, en	ein Knopf	15
kne, (fl.: knær, knærne)	ein Knie	10
kniv, en	ein Messer	7
kode, en	ein Code	11
koffert, en	ein Koffer	12
koke	kochen (*auf 100°C erhitzen, nicht Essen zubereiten*)	
kokebok, ei (koke-bøker)	ein Kochbuch	26
kollega, en (best.: kollegaen, fl.: kolle-ger, kollegene)	ein Kollege, eine Kollegin	24
komfyr [å], en	ein Herd	4
komme [å], kom, har kommet	kommen	2
Jeg kommer fra ...	Ich komme aus ...	4
komme [å] på besøk	zu Besuch kommen	11
komme fram	ankommen, das Ziel erreichen	20
komme seg	*hier*: kommen, gelangen	19
kommode, en	eine Kommode	4
kommune, en	eine Gemeinde	20
komplisert	kompliziert	17
konduktør, en	ein Schaffner, eine Schaffnerin	23
kone, ei	eine Ehefrau	5
konge [å], en	ein König	17
konsert, en	ein Konzert	20
konserthus, et (fl.: -hus)	ein Konzerthaus	20
kontant: betale kontant	bar: bar zahlen	11
konto, en	ein Konto	21
kontor, et	ein Büro	7
kopp [å], en	eine Tasse	2
kopp sjokolade, en	eine Tasse Scho-kolade	2
korrespondere, kor-responderte	korrespondieren, *auch*: Anschluss haben	24
kort [å], et	eine Karte	11
betale med kort	mit Karte zahlen	11

kortleser, en (fl.: kortlesere)	ein Kartenlesegerät	11
koselig [-li]	gemütlich	25
kosmetikk, (en)	Kosmetik	11
koste [å], kostet	kosten	3
kosthold [kåsthåll], et (fl.: -hold)	eine Ernährungswei-se/Diät	26
kraftig [-ti]	kräftig	13
krangle, kranglet	streiten	24
kroppsøving [å], (en)	Sport (*Schulfach*)	22
kryss, et	eine Kreuzung	12
krysse, krysset	überqueren	20
kuldegrad, en = minusgrad, en	Minusgrad	16
kuling, en	starker Wind	16
kulturmenneske, et	jemand, der sich für Kultur interessiert	20
kunde, en	ein Kunde, eine Kundin	9
kunne, kan, kunne, har kunnet	können	3
kunstner, en (fl.: kunstnere)	ein Künstler, eine Künstlerin	17
kupé, en	ein Abteil	23
kupp, et (fl.: kupp)	ein Schnäppchen	26
kvalm	übel	10
kveld [kvell], en	ein Abend	20
kveldsnyhetene [kvell-]	Abendnachrichten	15
kvittering, en	eine Quittung	11
kylling, (en)	(ein) Huhn	11
kysse, kysset	küssen	24
kø, en	eine (Warte-) Schlange	26
lag, et (fl.: lag)	*hier*: ein Team	20
lage, lagde	mache/machst	1
laks, (en)	(ein) Lachs	11
lampe, ei	eine Lampe	26
land [lann], et	Land, *auch*: Land-schaft	16
landsdel, en	eine Region, Lan-desteil	17
lang	lang	9
langsomt [å]	langsam	15
langt fra	weit von	17
lat	faul	26

latin	Latein	11
lav, lavt, lave	niedrig, leise	20
le, ler, lo, har ledd	lachen	15
lede, ledet	führen	22
ledig [-di]	frei	13
lege, en	ein Arzt, eine Ärztin	5
legemiddel, et (best.: -midlet, fl.: -midler, -midlene)	ein Medikament	11
Du må ta lege-midler.	Du musst Medizin nehmen.	10
legge, la, har lagt	legen	8
legge kortene på bordet	die Karten auf den Tisch legen	21
legge merke [mærke] til	bemerken	21
legge på seg	zunehmen (*Ge-wicht*)	26
leie, leide	mieten	25
leilighet [leilihet], en	eine Wohnung	8
leke, lekte	spielen (*mit Spiel-zeug*)	4
lenge	lang (*zeitlich*)	20
lenge siden	lange her, seit ...	20
lese, leste	lesen	15
lete etter (noe), lette, har lett	suchen	5
Jeg leter etter en jobb.	Ich suche Arbeit.	9
lett	leicht	22
lettere	leichter	25
leve, levde	leben	6
levere, leverte	(ab)liefern, *hier*: zurückgeben	21
ligge, lå, har ligget	liegen	10
like, likte	mögen, gern haben	5
likevel	trotzdem	20
Lillehammer	*Stadt in Norwegen, nördlich von Oslo*	23
liten/lita/lite (fl.: små)	klein	1
litt	ein bisschen	3
liv, et	ein Leben	13
livsstil, en	ein Lebensstil	26
lommebok, ei (fl.: lommebøker)	ein Geldbeutel	26

Norwegisch	Deutsch	Lektion
lue, ei	eine Mütze	18
luft, (ei)	Luft	17
lugar, en	eine Kabine	25
lukke, lukket [o]	schließen	21
lunge [o], en	eine Lunge	10
lysvåken	hellwach	23
lytte på, lyttet	zuhören, *hier*: abhören	10
lære, lærte	lernen	22
lærer, en (fl.: lærere, lærerne)	ein Lehrer, eine Lehrerin	22
Jeg er lærer.	Ich bin Lehrerin./ Ich bin Lehrer.	9
løk, (en)	(eine) Zwiebel	11
løp, et (fl.: løp)	ein Lauf	25
lørdag	Samstag	6
lån, et	ein Kredit	25
låne, lånte	borgen, leihen	21
mage, en	ein Bauch/Magen	10
mamma, en	Mama	6
man	man	9
mandag	Montag	6
mann, en (fl.: menn, mennene)	ein Mann, Ehemann	5
mat, (en)	Essen	11
matbutikk, en	ein Lebensmittel-laden	11
mate, matet	füttern	14
matematikk, (en)	Mathematik	22
med [me]	mit	2
medfølelse, (en)	Mitgefühl	24
medisin, en	Medizin, Arzneimittel	18
Jeg studerer medisin.	Ich studiere Me-dizin.	9
medlem, et (best.: medlemmet, fl.: medlemmer)	ein Mitglied	11
medlemskort, et (fl.: -kort)	eine Mitgliedskarte	11
meg [mæj]	mich/mir	5
melk, (ei)	Milch	2
mellom	zwischen	8
melon, en	eine Melone	11
men	aber	3
mene, mente	meinen	21
meningsløs	sinnlos	26
menneske, et	ein Mensch	7
mens	während	20
meny, en	eine Speisekarte	13
mer	mehr	9
mer enn	mehr als	10
mesterbrev, et (fl.: -brev)	ein Meisterbrief	22
mesterskap, et	eine Meisterschaft	20
middag, (en)	(ein) Abendessen *(in Norwegen meist zwi-schen 15.00-18.00)*	11
middel, et (fl.: midler)	ein Mittel	23
midt på natta	mitten in der Nacht	10
million, en	eine Million	17
min	mein	5
mindre	kleiner	25
mine	meine (*Plural*)	5
minne, et	eine Erinnerung	12
minne, minnet	erinnern, *auch*: sich erinnern	24
miste, mistet	verlieren	20
mobiltelefon, en	ein Mobiltelefon	19
moderne [modær-]	modern	9
mor, ei (fl.: mødre)	eine Mutter	5
morgen [mårn], en (fl.: morgner, morgnene)	ein Morgen	2
mot	gegen/in Richtung von	7
motorsykkel, en (fl.: -sykler, -syklene)	ein Motorrad	23
motto, et	ein Motto	26
mulig [-li]	möglich	8
munn, en	ein Mund	10
murer, en	ein Maurer, eine Maurerin	22
murerfag, et (fl.: -fag)	ein Maurerberuf, *auch*: Maurerausbil-dung	22
musiker, en (fl.: mu-sikere, musikerne)	ein Musiker, eine Musikerin	17
musikk, (en)	Musik	15
mye	viel	3
møbler (fl.)	Möbel	9
mørk, mørkt, mørke	dunkel, finster	8
mål, et (fl.: mål)	ein Ziel	22
målsted, et	ein Zielort	23
måltid, et	eine Mahlzeit	26
måtte, Gegenwart: må, måtte	müssen	3
nabo, en	ein Nachbar, eine Nachbarin	17
natt, ei (netter)	eine Nacht	10
nattog [tåg], et (fl.: -tog)	ein Nachtzug	22
natur, (en)	Natur	20
ned [ne]	hinunter	10
nei	nein	2
nei da	nein, nicht wirklich, aber nein	20
nemlig [-li]	nämlich	8
nervøs [nær-]	nervös	14
nese, ei	eine Nase	10
neste	nächste/r/s	20
nesten	fast	1
nettet = Internett, (et)	Internet	15
nettopp [å]	genau	13
nisse	*norwegisches mythologisches Wesen ähnlich dem Weihnachtsmann*	1
noe	etwas	6
noe rart	etwas eigenartiges	8
noen	jemand	7
noensinne	je(mals)	19
nok [å]	genug, vielleicht, wohl	6
nord [noor]	der Norden	17
Norge [å]	Norwegen	4
norsk [å]	norwegisch	11
Hege er norsk.	Hege ist Norwege-rin/aus Norwegen.	9
ny – nye – nytt	neu	11
nyhet, en	eine Neuigkeit, Nachricht	15
nyte, nøt, har nytt	genießen	26
nærhet, en	Nähe	20
nærmere	näher	10
nøkkel, en (fl.: nøkler, nøklene)	ein Schlüssel	25
nøle, nølte	zögern	15
nøyaktig [-ti]	genau	12

nå	jetzt	1
nå som	jetzt, als	26
nål, en	eine Nadel	22
når	wann/sobald	8
offentlig [å] [-li]	öffentlich	17
ofte [å]	oft	12
og [å]	und	1
også [åsså]	auch	3
okse, en	ein Ochse	20
om	an, um, über	16
om bord	an Bord	25
om våren	im Frühling	16
ombestemme [åm-] seg, ombestemte	sich umentscheiden	18
område, et	ein Gebiet	26
omtrent	ungefähr	12
onsdag	Mittwoch	2
opphold [åpphåll]	kein Regen mehr	16
opplæring [åpp-], en	eine Ausbildung	22
oppskrift [å], en	ein Rezept	26
opptatt [å]	beschäftigt	16
oppvaskbørste [åpp-], en	eine Spülbürste	11
oppvaskmaskin [åpp-], en	eine Spülmaschine	7
oransje	orange	9
ord [or], et	ein Wort	21
ordne, ordnet [å]	ordnen	12
orientere seg, orienterte [å]	sich orientieren	25
orkan, en	ein Orkan	16
Oslo	*Hauptstadt Norwegens*	17
oss [å]	uns	5
ost, (en)	(ein) Käse	2
over [å]	über	8
overdrive, overdrev, overdrevet [å]	übertreiben	21
overraskelse [åv-], en	eine Überraschung	21
overrasket [å]	überrascht	8
overskyet [å]	bewölkt	16
ovn [å], en	ein Ofen	4
pakke, en	ein Paket	21
panne, ei	eine Pfanne	15
papir, (et)	(ein) Papier	10
papirarbeid, (et)	Büroarbeit, "Papierkram"	9
papirlapp, en	ein Zettel	10
paprika, en	eine Paprika	11
par, et	ein Paar, einige	10
parkeringsplass, en	ein Parkplatz	12
passasjer, en	ein Passagier, eine Passagierin	24
passe på	aufpassen	8
passere, passerte	vorbeigehen, passieren	23
pasta, (en)	Nudeln	11
pen	schön	21
penger (fl.)	Geld	5
pensjon: gå av med pensjon [pænsjon]	Rente: in Rente gehen	22
pensjonist, en	ein(e) Rentner(in)	5
Jeg er pensjonist.	Ich bin in Rente.	9
pensjonspenger	Rente (*Geld*)	22
perrong [æ], en	ein Bahnsteig	25
person [æ], en	eine Person	7
planlegge, planla, har planlagt	planen	23
plass, (en)	(ein) Platz	4
plutselig [-li]	plötzlich	7
Polen	Polen	11
politi, (et)	Polizei	21
politimann [pålitimann], en (fl.: politimenn)	ein Polizist	22
polsk	polnisch	11
portugisisk	portugiesisch	11
pose, en	eine Tüte	11
potet, en	eine Kartoffel	11
pris, en	ein Preis	26
problem, et	ein Problem	17
prosjektleder, en (fl.: -ledere, -lederne)	ein Projektleiter	22
prospekt, et	ein Prospekt	26
prøve, prøvde	probieren	8
pudding, en	ein Pudding	11
pusse, pusset	putzen	6
puste, pustet	atmen	17
Pust inn/pust ut.	Atme ein/atme aus	10
pute, ei	ein Kissen	10
pære, ei	eine Birne	11
pølse, ei	eine Wurst	26
på	auf, zu, in	3
på Internett	im Internet	3
på jobb	in der Arbeit	7
på mandag	diesen/letzten Montag	6
på mandager	jeden Montag	6
på tilbud	im Sonderangebot	11
pålegg, (et)	*alles, was aufs Brot kommt*	11
påskeegg, et (fl.: -egg)	ein Osterei	21
rabatt, en	ein Rabatt	23
radio, en	ein Radio	15
rapport, en	ein Bericht	9
rar	eigenartig	8
rask	schnell	15
redaktør, en	ein Redakteur, eine Redakteurin	5
redd	ängstlich	6
region, en	eine Region	17
regiontog [tåg], et (fl.: -tog)	ein Regionalzug	22
regjering [reje-], en	eine Regierung	17
regn [ræjn], (et)	Regen	16
regnbyge, en	ein Schauer	16
regning [ræj-], en	eine Rechnung	13
regnjakke [ræjn-], ei	eine Regenjacke	18
reinsdyr, et (fl.: -dyr)	ein Rentier	17
reise til, reiste	reisen nach	17
reise, en	eine Reise	23
reisebyrå, et	ein Reisebüro	23
reke, ei	eine Garnele	11
rekke, rakk, rukket [o]	erreichen, schaffen	20
reklame, en	eine Werbung	15
resepsjon, en	eine Rezeption	25
rest, en	ein Rest	13
resten av	der Rest von	13
restaurant [-rang], en	ein Restaurant	12
rett	direkt	11
rett fram	geradeaus	12
rett, en	ein Gericht	13
ri, red, har ridd	reiten	20

ridetime, en	eine Reitstunde	20
riktig [-ti]	richtig, wahr	17
rimelig [-li]	vernünftig, *auch*: günstig, preiswert	26
ringe, ringte (noen)	anrufen	3
ris, (en)	Reis	13
rolig [-li]	ruhig	6
rom, et (best.: rommet, fl.: rom, rommene)	ein Zimmer	9
rope, ropte	rufen	6
rundkjøring [runn-], en	ein Kreisverkehr	12
rundstykke [runns-], et	ein Brötchen	2
rundt	ungefähr	7
russefeiring, en	*Fest vor den letzten Abiturprüfungen jeden Mai in Norwegen*	22
russisk	russisch	11
Russland	Russland	11
rute, en	eine Route	23
rutetabell, en	ein Fahrplan	23
rydde (opp), ryddet	aufräumen	7
rød [rø] – rødt – røde	rot	9
rødvin, en	Rotwein	13
røkt	geräuchert	26
råd, et	ein Rat	25
sak, en	eine Sache, Angelegenheit	13
saks, ei	eine Schere	9
sakte	langsam	23
salami, en	eine Salami	2
salat, en	ein Salat	11
samme	gleich	8
sammen	zusammen	5
sammenligne, sammenlignet	vergleichen	26
sammenlignet med	verglichen mit	21
samtidig [-di]	gleichzeitig	13
sannhet, en	eine Wahrheit	13
sant	wahr	3
...ikke sant?	... nicht wahr?	3
savne, savnet	vermissen	19
se, så, har sett	sehen	3
se på TV	fernsehen	5
se seg rundt	sich umsehen	7
Vi ses! = Vi sees!	Wir sehen uns!	15
seg selv [sæj sell]	sich selbst	9
selge [selle], solgte [å], har solgt	verkaufen	22
selv om [sell]	selbst wenn	20
selvfølgelig [sellfølgelli]	selbstverständlich	2
selvsagt [sellsagt]	selbstverständlich	18
selvstendig [sellstendi]	selbständig	22
selvstendig næringsdrivende	selbständig berufstätig	22
sende [senne], sendte	schicken, senden	3
senere	später	22
seng, ei	ein Bett	4
sent, for sent	spät, zu spät	13
sent på våren	spät im Frühling	16
servitør, en	ein Kellner, eine Kellnerin	13
sette, satte, har satt	setzen, stellen	4
si, Gegenwart: sier, sa, har sagt	sagen	4
Det vil si ...	Das bedeutet ...	13
hva sier du?	wie bitte? (*wörtlich*: was sagst du?)	11
sikkert	sicherlich, bestimmt	10
sin	ihr/sein (*siehe Grammatikerklärung*)	23
sitte, satt, har sittet	sitzen	1
sjakk, (en)	Schach	20
sjanse, en	eine Chance	15
sjekke, sjekket	überprüfen, kontrollieren	23
sjelden	selten	26
sjokkert	schockiert	6
sjokolade, (en)	(eine) Schokolade	2
skade, skadet	beschädigen, *auch*: schaden, verletzen	16
skap, et	ein Schrank	4
skift, et	eine Schicht	22
skikkelig	ziemlich	18
skilles, skiltes, har skiltes	sich trennen, sich scheiden lassen	24
skilt	geschieden	24
skinke, (ei)	(ein) Schinken	6
skip, et	ein Schiff	25
skje, ei	ein Löffel	7
skje, skjedde	passieren, geschehen	14
skjerf [æ], et	ein Schal	18
skjerm [æ], en	ein Bildschirm	15
skjorte, ei	ein Hemd	10
skjule noe (for), skjulte	etwas verstecken (vor)	8
skjult	versteckt	13
skjære, skar, har skåret	schneiden	7
skjønne, skjønte	verstehen	7
skjørt, et	ein Rock	18
sko, en (fl.: sko, skoene)	ein Schuh	11
skobutikk, en	ein Schuhgeschäft	11
skog, en	ein Wald	4
skole, en	eine Schule	2
Jeg går på skolen.	Ich gehe zur Schule.	9
skolekamerat, en	ein Mitschüler, eine Mitschülerin	22
skrekk, (en)	Angst, Schrecken	8
skremme, skremte	erschrecken	7
skremt	erschrocken	6
skrik, et	ein Schrei	7
skrive, skrev/skreiv, har skrevet	schreiben	10
skrivebord [-r], et (fl.: skrivebord)	ein Schreibtisch	4
skuffet	enttäuscht	4
skulle, Gegenwart: skal, skulle, har skullet	sollen, werden	4
Hva skal hun i Tromsø?	*hier*: Was will sie in Tromsø?	19
skummel	unheimlich	17
skummet [o] melk	*Milch mit niedrigem Fettgehalt*	26
skynde seg [sjynne], skyndet	sich beeilen	26
slags, en	eine Art, eine Sorte	11
slappe av, slappet	sich entspannen	6
slik	so	12

slippe, slapp, har sluppet	davonkommen, etwas nicht tun müssen	22
slitsom [-såm]	ermüdend	22
sludd	Schneeregen	16
slutte, sluttet	aufhören	6
slå, slo, har slått	schlagen, *hier*: eingeben	11
slå koden	den Code eingeben	11
smake, smakte	kosten	13
smart	schlau	21
smarttelefon, en	ein Smartphone	3
smerte [æ], en	ein Schmerz	10
smile, smilte	lächeln	7
smør, (et)	Butter	2
snakke, snakket	reden, sprechen	6
Jeg snakker bare litt norsk.	Ich spreche nur ein bisschen Norwegisch.	1
snakke om [åm]	über ... sprechen	9
snart	bald	2
snike inn, snek, sneket	hineinschleichen, hineinschummeln	19
snill	nett, lieb	16
snu, snudde	umdrehen	10
snø, (en)	Schnee	16
snø, snødde	schneien	13
sofa, en	ein Sofa	8
sokk [såkk], en	eine Socke	18
som [å]	als, wie, der/die/das	5
sommer, (en)	Sommer	16
sopp, en	ein Pilz	11
sove [å], sovet	schlafen	7
soverom [såv-], et (fl.: -rom)	ein Schlafzimmer	9
sovevogn [å-å], en	ein Schlafwagen	23
sovne, sovnet [såvne]	einschlafen	22
spansk	spanisch	11
spare penger, sparte	Geld sparen	22
spennende [-enne]	spannend, aufregend	19
spesiell, spesielle, spesielt	besonders	18
spille, spilte	spielen (*ein Instrument oder eine Sportart*)	7
spille en rolle	eine Rolle spielen	19
spille sjakk	Schach spielen	20
spise, spiste	essen	2
spise ute	essen in einem Restaurant, einem Café etc.	26
spor, et	ein Gleis	22
sport, (en)	Sport	20
språk, et	eine Sprache	12
spørre, Gegenwart: spør, spurte, har spurt	fragen	5
spørre etter veien	nach dem Weg fragen	12
stadig [stadi]	ständig, immer	19
stakkars, den stakkars ..., mange stakkars ...	arm, bedauernswert	24
startsted, et (fl.: -steder)	ein Ausgangspunkt	23
stasjon, en	eine Station	11
sted, et (fl.: steder)	ein Ort	8
steke, stekte	braten	20
stemme, stemte	stimmen, richtig sein	6
det stemmer ikke	das stimmt nicht	6
stemplingsautomat, en	ein Fahrscheinentwerter	23
stenge, stengte	schließen	21
sterk [ær]	stark	13
stille	still	6
stille spørsmål, stilte	Fragen stellen	13
stjele, stjal, har stjålet	stehlen	21
stol, en	ein Stuhl	4
stole på, stolte	vertrauen	24
stolt [stålt]	stolz	18
stopp [å]	halt, stopp	7
stoppe, stoppet [å]	anhalten	20
stor – større – størst	groß	8
Storbritannia	Großbritannien	11
storm [å], en	ein Sturm	16
stryke, strøk, har strøket	bügeln	14
student, en	ein Student, eine Studentin	5
studere, studerte	studieren	5
Jeg studerer medisin.	Ich studiere Medizin.	9
studium, et (best.: studiet, fl.: studier, studiene)	ein Studium	22
stue, ei	ein Wohnzimmer	5
stund [-unn], en	eine Weile	19
stygg	hässlich, schlecht	24
stykke, et	ein Stück	10
stykke papir, et	ein Stück Papier	10
størst	am größten	25
støvsuger, en	ein Staubsauger	14
stå, sto/stod, har stått	stehen	11
stå opp	aufstehen	2
sukker [o], (et)	Zucker	24
sulten	hungrig	20
sunn	gesund	26
super	super	20
suppe, ei	eine Suppe	11
svak	schwach	10
svangerskap, et (fl.: -skap)	eine Schwangerschaft	26
svare, svarte	antworten	3
svart – svart – svarte	schwarz	9
Sveits	Schweiz	11
svennebrev, et (fl.: -brev)	ein Gesellenbrief	22
svensk	schwedisch	11
Sverige	Schweden	11
svigersønn, en	ein Schwiegersohn	20
svinekjøtt, (et)	Schweinefleisch	11
svinge, svinget	sich drehen, *hier*: abbiegen	25
svært	sehr	9
sy, sydde	nähen	22
sydame, en	eine Schneiderin	22
syk	krank	10
sykehus, et (fl.: -hus)	ein Krankenhaus	17
sykepleier, en (fl.: -pleiere, -pleierne)	ein Krankenpfleger, eine Krankenpflegerin	5

sykkel, en (fl.: sykler, syklene)	ein Fahrrad	21
syltetøy, (et)	Marmelade, Konfitüre	2
synd [synn]	schade	5
synes synd på	Mitleid haben mit	22
synes, syntes	meinen, denken, finden	15
særlig [-li]	besonders	13
søke på, søkte	sich bewerben	22
søndag	Sonntag	6
sønn, en	ein Sohn	5
søsken, et (best.: søskenet, fl.: søsken, søsknene)	ein Bruder oder eine Schwester	5
søster, ei (fl.: søstre)	eine Schwester	5
så	so	3
Så ...	Dann ...	7
så fort som mulig	so schnell wie möglich	8
så klart	selbstverständlich	13
så vidt ...	so weit ...	17
sånn	*hier*: ok, also dann	8
såpass	so, derart	21
såpe, (ei)	(eine) Seife	11
T-bane [tebane], en	eine U-Bahn	23
t-skjorte [te-sjorte], en	ein T-Shirt	18
ta, tok, har tatt	nehmen, *hier*: aufnehmen	3
Kan du ta av skjorta?	Kannst du das Hemd ausziehen?	10
ta av	*hier*: ausziehen	10
ta en sjanse, tok, har tatt	etwas wagen, riskieren	26
ta en titt på	einen Blick werfen auf	17
ta tid	dauern	25
takk	danke	2
mange takk	vielen Dank	3
takk for maten	Danke für das Essen!	3
takk for sist	Danke für letztes Mal!	3
takk skal du ha	Danke!	3
Takk, det går bra.	Danke, gut.	4
Takk, ikke så verst. [æ]	Danke, ganz gut. (*nicht schlecht, aber auch nicht sehr gut*)	4
tusen takk	Danke!	2
takke, takket	danken	25
talentløs	untalentiert	26
tallerken, en	ein Teller	7
tanke, en	ein Gedanke	12
tann, ei (tanna, fl. tenner, tennene)	ein Zahn	18
tannbørste, en	eine Zahnbürste	18
tannkrem, en	Zahnpasta	18
te, (en)	Tee	2
teater, et (best.: teatret, fl.: teatre, teatrene)	ein Theater	20
tekst, en	ein Text	13
tekstmelding [-melling], en	eine Kurznachricht, SMS	15
telefon, en	ein Telefon	3
telle, talte/telte, har talt/telt	zählen	26
temperatur, (en)	Temperatur	16
Temperaturen din er høy.	Du hast erhöhte Temperatur.	10
tenke, tenkte	denken	6
tenk deg	stell dir vor	19
tennene (entall: en tann)	Zähne	6
tennis	Tennis	7
teppe, et	ein Teppich	9
tid, en	eine Zeit	13
tidlig: tidlig på våren	früh: früh im Frühling	16
tidsskrift, et	eine Zeitschrift	11
til	für, zu, *auch*: noch, bis	1
én ting til	noch eine Sache	8
til fots	zu Fuß	23
til høyre	rechts, nach rechts	12
til og med	sogar	8
til tross [tråss] for at	obwohl	22
til venstre	links, nach links	12
tilbake	zurück	7
tilbud, et (fl.: -bud)	ein Angebot	11
time, en	eine Stunde	13
ting, en (fl.: ting, tingene)	eine Sache, ein Ding	8
tirsdag	Dienstag	6
titt, en	ein Blick	17
Tja!	Tja!	17
tjene (penger), tjente	(Geld) verdienen	17
tjukk [kj]	dick	26
toalett, et	eine Toilette	9
toalettpapir, (et)	Toilettenpapier	11
tog [tåg], et (fl.: tog)	ein Zug	17
togtur [tågtur], en	eine Zugfahrt	22
tom	leer	26
tomat, en	eine Tomate	11
torsdag [å]	Donnerstag	2
trang, trangt, trange	eng	9
transportmiddel, et (fl.: -midler, -midlene)	ein Transportmittel	23
trapp, ei	eine Treppe	14
treffe, traff, har truffet [o]	treffen	7
trekke (ut), trakk, har trukket [o]	herausziehen	23
trene, trente	trainieren	20
trenge, trengte	brauchen	1
trening, en	ein Training	20
trikk, en	eine Straßenbahn	17
trist	traurig	3
trives, trivdes, har trivdes	sich wohl fühlen	20
tro, trodde	glauben	6
Tromsø	*Stadt in Nordnorwegen*	13
Trondheim [Trånnheim]	*Stadt in Mittelnorwegen*	17
trygg	sicher, in Sicherheit	22
trykke, trykte/trykket, har trykt/trykket	drücken	10
tråd [trå], en	ein Faden	22
tulle, tullet	scherzen, Unsinn reden	6
tung [o]	schwer	12
tunnel, en	ein Tunnel	23
tur-retur	hin und zurück	22

tur: gå en tur	eine Runde gehen, spazierengehen	14
turist, en	ein Tourist	12
turn	Turnen	20
tusen	tausend	2
TV [teve], en	(ein) Fernseher, Fernsehen	4
TV-serie, en	eine Fernsehserie	15
tvert [æ] imot	ganz im Gegenteil	26
typisk	typisch	13
Tyrkia	Türkei	11
tyrkisk	türkisch	11
tysk	deutsch	11
Jeg er tysk.	Ich bin Deutscher/ Deutsche/aus Deutschland.	9
tømme, tømte	leeren	14
tøy, et (fl.: tøyer)	ein Stoff	22
tåke, (ei)	Nebel	16
tåpelig [-li]	dumm, albern	21
uansett	sowieso, ohnehin	10
UiO	Universitetet i Oslo = Universität Oslo	22
uke, ei	eine Woche	19
umulig [-li]	unmöglich	21
under [unner]	unter	8
underbukse [unner-bokse], en	eine Unterhose	18
underskjorte [un-ner-], en	ein Unterhemd	18
undertøy [unner-], (et)	Unterwäsche	18
ung [o]	jung	7
ungdomsskole [ongdåm], en	*wörtlich*: Jugend-schule *(14-16 Jahre)*	22
uniform [-årm], en	eine Uniform	23
unnskyld [-yll]	Entschuldigung	7
unnskyldning, en	eine Entschuldigung	21
urealistisk	unrealistisch	21
USA	USA	25
usikker	unsicher	7
ut	hinaus	4
utdanne seg, ut-dannet	sich ausbilden	22
ute	draußen	17
utenfor	außerhalb	17
utkant, en	*Erklärung: siehe Auf-lösung des Quiz*	17
utkjørsel, en (fl.: utkjørsler, utkjørs-lene)	eine Ausfahrt	12
utland [utlann], (et)	Ausland	17
utrolig [-li]	unglaublich	12
utsikt, en	eine Aussicht	22
uttale, en	eine Aussprache	12
uvanlig [-li]	ungewöhnlich	12
vakt, en	eine Schicht	22
validere, validerte	entwerten (*Fahr-schein*)	23
vanilje	Vanille	11
vanligvis [-livis]	normalerweise, gewöhnlich	16
vanskelig [-li]	schwierig	12
var (pret. von å være)	war	12
vare, varte	dauern	22
variert	abwechslungsreich	26
varm	warm, heiß	2
varme (opp), varmet	aufwärmen, heizen	17
varmegrad, en = plussgrad, en	Plusgrad	16
vask, en	ein Spülbecken	4
vaske, vasket	waschen	6
vaske opp	abwaschen	7
Vatikanstaten	Vatikanstaat	11
ved [ve]	bei	4
ved [ve] siden av	neben	4
vegetariansk	vegetarisch	13
vegetarisk	vegetarisch	26
vei, en	eine Straße, *auch*: ein Weg	12
én vei	eine Richtung	22
vel [vell]	wohl	23
velbalansert	ausgewogen	26
veldig [-di]	sehr	5
velkommen til ... [å]	willkommen in/bei ...	15
venn, en	ein Freund	1
venninne, ei	eine Freundin	15
vennskap, et (fl.: -skap)	eine Freundschaft	24
vente, ventet	warten	3
verken ... eller [vær-]	weder ... noch	10
verre [æ] (dårlig – verre – verst)	schlechter, schlim-mer	10
veske, en	eine Handtasche	19
vi	wir	2
videre	weiter	9
videregående skole, en	*wörtlich*: weiterfüh-rende Schule *(16-19 (20) Jahre)*	22
viktig [-i]	wichtig	8
ville, vil, ville, har villet	wollen	3
hun vil gjerne ha	sie hätte gern	4
vin, (en)	Wein	20
vind [vinn], en	Wind	16
vindu, et	ein Fenster	4
en vinter	ein Winter	16
virke, virket	scheinen, wirken	20
virkelig [-li]	wirklich	16
vise, viste	zeigen	8
visst	bestimmt, *hier*: anscheinend	22
vital	vital	26
vite, Gegenwart: vet, visste, har visst	wissen	5
voksen [å], en (fl.: voksne)	ein Erwachsener, eine Erwachsene	8
vondt	Schmerzen	10
Jeg har vondt i magen.	Ich habe Magen-schmerzen/Bauch-schmerzen.	10
vott [vått], en	ein Fäustling	18
være, Gegenwart: er [ær], var, har vært	sein	5
det er på tide å ...	es ist an der Zeit zu ...	13
det er synd	das ist schade	5
vær så god	bitte (sehr, schön)	13
vær så snill	bitte (*wörtlich*: sei so lieb)	11
være ansatt	angestellt sein	22
være enig [eni]	zustimmen, sich einig sein	16
være forelsket i	verliebt sein in	24
være i form [å]	in Form sein	26
være meldt på	angemeldet sein	26

være sikker på	sicher sein	21
være spent	gespannt sein	15
våkne, våknet	aufwachen	2
vår, (en)	Frühling	16
yndlingsfag, et (fl.: -fag)	Lieblingsfach (*in der Schule*)	22
yr, (et)	Nieselregen, Sprühregen	16
yrke, et	ein Beruf	22
ødelagt	kaputt	11
økologisk [økolågisk]	ökologisch, *hier*: biologisch	26
økonomi	Wirtschaft	5
øl, (et)	Bier	13
øl, en	ein Glas Bier	13
ønske, ønsket	wünschen	16
øre, et	ein Ohr	10
Østerrike	Österreich	11
øy, ei	eine Insel	16
øye, et (fl.: øyer, øyne)	ein Auge	10
øyeblikk, et (fl.: -blikk)	ein Augenblick, *hier*: einen Augenblick, bitte	13
å gud!	Oh Gott! Um Gottes Willen!	22
Ålesund	*Stadt in Westnorwegen*	20
åpenbart	offenbar	20
åpne, åpnet	öffnen	3
åpningstider	Öffnungszeiten	11
år, et (fl.: år, årene)	ein Jahr	2
åtte	acht	2
åtte år	acht Jahre	2

Schlüssel zu den Übungen

In diesem Buch gibt es viele Aufgaben, die nicht nur eine richtige Lösung haben. Du kannst dir diese von einer unserer Lehrkräfte korrigieren lassen. Mehr Informationen dazu findest du unter www.skapago.eu/nils oder indem du eine E-Mail an info@skapago.eu schickst.

1

1
Erna lager en gave til Susanne. Susanne har bursdag. Det er en nisse.
Lise forstår ikke. Erna sitter og arbeider. Hun er nesten ferdig.

2
a) Lise forstår ikke.
b) Erna er nesten ferdig.
c) Susanne trenger en liten venn.
d) Susanne har bursdag, og Erna lager en gave.

3
a) Nå lager hun en gave til Susanne.
b) Nå har Susanne bursdag.
c) Nå trenger Susanne en liten venn.
d) Nå arbeider Erna.
e) Nå er Erna nesten ferdig.

2

1
a) en gave
b) et egg
c) ei brødskive
d) et rundstykke
e) en kopp

2
a) Nei, det er torsdag i dag.
b) Nei, Susanne er åtte år gammel.
c) Hun spiser et egg, et rundstykke og ei brødskive med ost.

4

0	null
1	en
2	to
3	tre
4	fire
5	fem
6	seks
7	sju
8	åtte
9	ni

5
Vi arbeider.
Han har bursdag.
Dere våkner.
Hun sitter.
De spiser.
Dere kommer ikke.
Vi står opp.

3

2
a) Ja.
b) Ja.
c) Jo.
d) Ja.

3
a) Koster en smarttelefon mye? – Ja, den koster mye.
b) Har du et rundstykke? – Ja, her er det .
c) Spiser Susanne ei brødskive? – Ja, hun spiser den .
d) Det er torsdag i dag.
e) Hva er det ? – Det er et egg.

4
a) Susanne vil ikke vente.
b) Susanne venter ikke.
c) Susanne vil ikke ha en nisse.
d) Hun spiser et rundstykke med ost.
e) Erna gratulerer.
f) Susanne åpner en gave.
g) Erna forstår ikke.
h) Kan jeg spise et rundstykke?
i) Jeg vil ikke stå opp.
j) Susanne svarer ikke.
k) En telefon koster mye.

5

Susanne åpner en gave.
Jeg forstår ikke.
Hun spiser ei brødskive.
Det er ikke sant.
En telefon koster mye.
Susanne er åtte år gammel.
Kan du gjenta?
Gratulerer med dagen.
Erna drikker en kopp kaffe.
Jeg snakker bare litt norsk.

4

1
a) Hvor kommer du fra?
b) Hva heter hun?
c) Hva vil hun spise?
d) Hva sier Nils?
e) Hvor sitter du?
f) Hvor gammel er du?
g) Hvor kommer dere fra?
h) Hva heter de?

2

a) skapet
b) telefonen
c) brødskiva (brødskiven)
d) kommoden
e) døra (døren)
f) gaven
g) vennen
h) egget
i) bordet
j) koppen
k) stolen
l) rundstykket
m) hånda (hånden)
n) senga (sengen)
o) vinduet

3

Nils er en nisse. Susanne er ikke glad i nissen. Hun vil gjerne ha en telefon. Men en telefon koster mye.
(Es könnte theoretisch auch **Men telefonen koster mye** *sein, wenn ein bestimmtes Telefon gemeint wäre. Hier wollen wir aber sagen, dass ein Telefon generell teuer ist.)*
Susanne ser ut av vinduet.
(Man könnte auch **et vindu** *sagen, wenn sie mehrere Fenster in ihrem Zimmer hätte. Wenn sie aber nur eins hat, ist es klar, aus welchem sie schaut, deshalb benutzen wir hier die bestimmte Form.)*
Hun tar Nils i hånda.
(Hier ist es klar, dass es ihre Hand ist. Es könnte zwar ihre linke oder rechte Hand sein, aber es ist gewiss nicht irgendeine Hand.)
Susanne har ei seng. Kan Nils sitte på senga? Nei. Han kan sitte ved siden av døra.
(Genau wie bei **vindu** *– gäbe es mehrere Türen, könnte es auch* **ei dør** *heißen.)*

4

a) Ved bordet vil jeg ikke sitte.
b) Det er ikke plass på bordet.
c) Et egg vil jeg ikke spise.
d) Erna sitter ved vinduet.
e) Nå vil hun ikke leke med Nils.
f) I dag har hun bursdag.

5

Hva heter du? – Jeg heter Truls.
Hvor gammel er du? – Jeg er 36 år.
Hvor bor du? – I Bergen.
Hvordan går det? – Takk, ikke så verst. Hva med deg?
Hva gjør du? – Jeg er elektriker.
Jeg må gå. – Ha det bra!
Hvor kommer du fra? – Jeg er fra Oslo.
God helg! – I like måte!
Hei, jeg heter Irene. – Hyggelig å treffe deg! Jeg er Nils.

5

1

18 atten
80 åtti
17 sytten
27 tjuesju
14 fjorten
93 nittitre
22 tjueto
46 førtiseks
64 sekstifire
98 nittiåtte
12 tolv
16 seksten
23 tjuetre
836 åttehundreogtrettiseks
5322 femtusentrehundreogtjueto
8818 åttetusenåttehundreogatten
312 trehundreogtolv
4067 firetusenogsekstisju
9900 nitusennihundre
2147 totusenetthundreogførtisju
1987 ettusennihundreogåttisju
1818 ettusenåttehundreogatten
1511 ettusenfemhundreogelleve
951 nihundreogfemtien
777 sjuhundreogsyttisju
787 sjuhundreogåttisju

2

a) Her kommer Per. Ser du ham (han)?
b) Jeg er her. Ser du meg?
d) Vet du hvor Per og Susanne er? Jeg kan ikke se dem.
e) Nina! Anders! Hyggelig å treffe dere.
f) Her er et rundstykke. Vil du spise det?

3

a) Maria er glad: Martin kommer til henne i dag. Han kommer kl. 07. Maria vil spise frokost sammen med ham (han).
b) Jeg vet ikke hvor Runar og Karina er. Skal jeg ringe dem?
c) Liker du Karina? Jeg liker ikke henne, men jeg liker Marthe.
d) Jan og jeg spiser frokost med Runar og Karina. Vi spiser med dem.

4

a) søster
b) far
c) mor
d) sønn
e) bestefar
f) morfar
g) mann

6

Susanne er søstera til Per.
Per er broren til Susanne.
Per er sønnen til Lise.
Susanne er dattera til Lars.
Erna er bestemora/mormora til Per.
Lise er mora til Susanne.
Lars er faren til Susanne.
Lars er mannen til Lise.
Lise er kona til Lars.

6

1

a) Jeg vasker meg.
b) Vi vasker oss.
c) Dere vasker dere.
d) Du vasker deg.
e) Han vasker seg.
f) De vasker seg.
g) Hun vasker seg.

2

08.00	åtte
12.00	tolv
06.00	seks
19.00	sju
21.00	ni

14.00	to
15.30	halv fire
07.30	halv åtte
10.30	halv elleve
22.30	halv elleve
21.15	kvart over ni
09.15	kvart over ni
03.10	ti over tre
15.50	ti på fire
09.45	kvart på ti
08.55	fem på ni
16.50	ti på fem
05.05	fem over fem
17.25	fem på halv seks
13.40	ti over halv to
13.00	ett
06.40	ti over halv sju
11.35	fem over halv tolv
23.25	fem på halv tolv

3

Kl. 06.30 står jeg opp.
Kl. 11.30 spiser jeg lunsj.
Kl. 20.00 spiser jeg kveldsmat.
Kl. 08.00 begynner skolen.
Kl. 06.45 spiser jeg frokost.
Kl. 16.00 spiser jeg middag.
Kl. 22.30 legger jeg meg.

4

Per sier:
Jeg heter Per. Jeg kommer fra Norge. Jeg er 16 år gammel og bor i Oslo. Jeg går på skolen. Skolen begynner kl. 08, mandag til fredag. Jeg liker skolen, men jeg er ikke glad i engelsk. Jeg har ei (en) søster. Hun heter Susanne. Hun er bare åtte år gammel. Egentlig liker jeg henne, men hun er ofte frekk.

5

a) faren til Lise
b) Susannes familie
c) telefonen til Erna
d) Ernas kommode
e) skapet til Lars
f) koppen til Susanne
g) Pers dør
h) brødet til Kristine
i) Lises kjøkken

6

a) Jeg må vaske opp.
b) Hun slutter å flire.
c) Nils kan ikke høre noe.
d) Vil du endelig være stille?
e) Når vil du stå opp?
f) Lars begynner å arbeide kl. 8.00.

8

Klokka var seks. Nils hørte noe. Hva var det? Å ja. Det var Lars, faren til Susanne. Han laget/lagde kaffe. Så spiste familien frokost. Lars spiste brød med smør og syltetøy, Susanne spiste frokostblanding med melk. Per og Lise spiste brød med ost og skinke.

Nils sluttet å bevege seg og satt helt stille. Endelig var familien ferdig med frokosten. Nå kunne han slappe av og bevege seg igjen.

7

1

mange senger
mange bord
mange kommoder
mange stoler
mange egg
mange rundstykker
mange år
mange kopper
mange brødskiver
mange gaver
mange telefoner
mange bilder
mange skap
mange rom
mange dører
mange kjøkkener
mange historier
mange stuer
mange hender
mange mødre
mange brødre
mange fedre
mange søstre

2

Hvert menneske har en far og ei mor. Vi har to bestefedre og to bestemødre: en farfar, ei farmor, en morfar og ei mormor.

Noen har også søstre og brødre

Susanne har bare en bror: Han heter Per. Faren heter Lars, og mora heter Lise.

Bestemora heter Erna. Hun er mora til Lise. Derfor er hun mormora til Susanne.

Susanne er dattera til Lise og Lars, og Per er sønnen til Lise og Lars.

3

Jeg trenger gafler, kniver, asjetter ... for å dekke bordet.
Jeg trenger en oppvaskmaskin for å vaske opp.
Jeg trenger en kopp for å drikke kaffe.
Jeg trenger ei skje for å spise suppe.
Jeg trenger en gaffel og en kniv for å spise fisk.

4

Du må gå.
Du må svare nå.
Ring meg i dag.
Du må spørre Erik.
Spis frokost.
Du må vente på meg.
Kom til meg.
Du må sitte og ta litt mat.
Sitt og arbeid.
Du må gjøre noe.

8

1

ei (en) stor seng
et stort rom
ei (en) stor dør
et stort rundstykke
en stor kopp
ei (en) stor brødskive
en stor gave
en stor telefon
et stort bilde
et stort kjøkken
ei (en) stor stue

et stort bord
en stor kommode
en stor stol
et stort egg
et stort skap

2
Zum Beispiel:
en ung far
en hyggelig far
en stor skog
en mørk skog
et stort rom
en hyggelig person
en viktig person
en mørk kjeller
en stor leilighet
en stor eske
et stort vindu

4
a) Han lager ofte mat.
b) Jeg trenger ei seng for å sove.
c) Jeg begynner å arbeide kl. 7.00.
d) Du skal ikke åpne døra.
e) Frokostblandingen koster ikke mye.
f) Barnet vil leke med en venn.
g) Jeg kommer fra England
h) Jeg bor gjerne i Oslo.
i) Du kan spørre meg.
j) Jeg hører noen i kjelleren.
k) Jeg tenker ofte på deg.
l) Jeg skal forklare det.
m) Vi må rydde i stua.
n) Nils vil hjelpe familien./Familien vil hjelpe Nils. *(abhängig davon, wer wem helfen will)*

5
3. etasje: Lise – Per – boden
2. etasje: badet – foreldre – besteforeldre
1. etasje: kjøkken – dør – stue

9

1
svart 6 – brun 4 – gul 2 – hvit 5 – blå 7 – grå 3 – grønn 8 – rød 9 – oransje 1

3
Koppen er blå.
Egget er brunt.
Asjetten er grønn.
Kniven er svart.
Bordet er brunt.
Telefonen er hvit.
Huset er gult.

5
a) Emil kjenner Nils.
b) Nils kjenner ikke Oslo.
c) Emil vet mye.
d) Nils vet hvor han kommer fra.

10

2
Zum Beispiel:
Emil sover i sofaen.
Nils har smerter i magen.
Derfor må han snakke med Emil.
Han snur seg et par ganger.
Smertene blir verre.
Han har ikke vondt i brystet.
...

3
Nils sier til Emil: «Kan du hjelpe meg?»
Emil sier: «Ja, jeg kan hjelpe deg.»
Emil hjelper Nils. Han hjelper ham (han).
Vi er syke. Kan legen hjelpe oss?
Ja – legen sier: «Jeg kan hjelpe dere.»
Susanne er syk. Kan Emil hjelpe henne?
Susanne og Per er syke. Kan legen hjelpe dem?

4
Det var natt. Nils sov i senga. Det var egentlig ikke hans seng – det var ei lita pute på Lises stol på kjøkkenet. Men han brukte puta hennes som seng.

Plutselig våknet han. Rommet var mørkt. Han så nesten ingenting. Men han hadde veldig vondt i magen. Og han var kvalm, så kvalm. Hva skulle han gjøre?

Han hoppet ut av senga. Smertene ble ikke bedre av det – nei, de ble bare verre.

Kanskje kunne Emil hjelpe? Ja, selvfølgelig. Han måtte finne Emil. Men Nils måtte også være forsiktig. Menneskene måtte ikke våkne. Han husket historien med kaffekoppen og oppvaskmaskinen. Han gikk til stua. Der så han ingen. Men han hørte noe. Noen lå på sofaen og sov. Var det Emil? Nils gikk litt nærmere. Ja, han kjente ham igjen. «Emil!» ropte han. Bamsen våknet med en gang. (...)

Nils gjorde det. Da begynte Emil å trykke på magen. (...)

Emil la øret på brystet hans.

«Nei, det er ikke noe galt her, tror jeg.» Han kjente på magen igjen. (...)

Nils satte seg ned på sofaen og snudde seg. En gang, to ganger, tre ganger, fire ganger. Han følte seg fortsatt kvalm, men smertene var bedre. Kanskje ble han snart frisk igjen?

5
Ja, vi forstår mye fransk.
Nei, ikke så mange.
Ja, mye mat, takk.
Ja, jeg har mange venner der.
Ja, jeg vil spise mange rundstykker.
Ja, jeg har mange brødre.
Nei, ikke så mange personer.
Nei, ikke så mye smør.

6
a) For å jobbe trenger jeg ...
mine kunder, kundene mine,
min saks, saksa mi,
min binders, bindersen min,
mine idéer, idéene mine,
mitt rom, rommet mitt.
b) For å jobbe trenger du ...
din kaffe, kaffen din,
dine e-poster, e-postene dine,
ditt skrivebord, skrivebordet ditt
i din stue, i stua di,
din rapport, rapporten din.
c) Vi liker ...
vårt arbeid, arbeidet vårt,
vår mor, mora vår,
våre jobber, jobbene våre,
vår bror, broren vår,
vårt barn, barnet vårt.

7
a) vårt kjøkken/kjøkkenet vårt
b) mine brødre/brødrene mine
c) hennes kniv/kniven hennes
d) hans gafler/gaflene hans
e) deres skje/skjea (skjeen) deres
f) dine tallerkener/tallerkenene dine
g) deres glass/glasset (glassene) deres
h) min mat/maten min
i) hans bord/bordet (bordene) hans
j) deres restaurant/restauranten deres
k) din kake/kaka di (kaken din)
l) vårt syltetøy/syltetøyet vårt
m) deres kaffe/kaffen deres
n) hennes skinke/skinka hennes (skinken hennes)

11

Länder
Norge – norsk
Hellas – gresk
Brasil – portugisisk
Canada – fransk/engelsk
Tyrkia – tyrkisk
Sveits – fransk/tysk/italiensk
Storbritannia – engelsk
Østerrike – tysk
Russland – russisk
Argentina – spansk
Polen – polsk
Island – islandsk
Vatikanstaten – italiensk/latin
Sverige – svensk

1
a) det brune skapet
b) den varme koppen
c) det store brødet
d) den røde døra
e) de røde sengene
f) de store vinduene
g) den rare personen
h) det rolige huset
i) den mørke skogen

2
Brødet er godt.
Rundstykkene er billige.
Jeg vil ha en liten leilighet.
Huset er stort.
Jeg vil kjøpe fem gode rundstykker.
Vi trenger mange fine poteter.
Dette huset er dyrt.
Dette er et billig hus.

3
Det irske flagget er grønt, hvitt og oransje.
Det svenske flagget er blått og gult.
Det greske flagget er blått og hvitt.
Det italienske flagget er grønt, hvitt og rødt.
Det tyske flagget er svart, rødt og gult.
Det sørafrikanske flagget er rødt, hvitt, grønt, gult, svart og blått.
Det østerrikske flagget er rødt og hvitt.

6
a) Hvilket hus bor du i?
b) Hvilken telefon ringer?
c) Hvilke bilder liker du?
d) Hvilken oppvaskmaskin er god?
e) Hvilken jobb vil du ha?
f) Hvilke smerter er farlige?
g) Hvilken butikk er billig?
h) Hvilket bord vil du kjøpe?

12

2
Hva skal Erna kjøpe? Kanskje disse gulrøttene? Eller disse potetene?
Denne oppvaskbørsten er for dyr. Men hun skal i hvert fall kjøpe denne osten. Er dette brødet godt?

3
Jeg sto opp klokka 7. Så spiste jeg frokost og dusjet. Kl. 8 gikk jeg ut av huset og tok bussen til byen. Jeg var på kontoret kl. 9. Der arbeidet jeg til kl. 11. Da spiste vi lunsj. Fra kl. 11.30 til kl. 17 arbeidet jeg igjen. Etterpå tok jeg bussen hjem og spiste middag. Kl. 19 spilte jeg tennis med en venn. Så så jeg på TV og spiste kveldsmat. Kl. 23 la jeg meg og sov.

5
a) Er butikken der?
b) Du må gå ned denne gata.
c) Apoteket ligger her.
d) Kommer du hjem?
e) Skal han vente der?
f) Det er to senger her, men jeg vil ikke sove oppe.
g) Vi må sende ut mange e-poster i dag.
h) Vil du gå ut med oss på lørdag?
i) Må vi sitte inne i dag?
j) I dag arbeider Stian hjemme.
k) Kommer du hit?
l) Bakeriet er der borte.

13

Essen gehen
Har du et ledig bord for fire personer? – Ja, her ved vinduet.
Kan vi sitte her? – Ja, selvfølgelig.
Vil dere spise? – Ja. Kan vi få menyen?
Kan du anbefale noe? – Ja, dagens fisk, for eksempel.
Hva vil du drikke? – Jeg tar et glass øl, takk.
Har dere italiensk rødvin? – Ja, men den står ikke på menyen.
Er det mulig å få dagens suppe uten kjøtt? – Selvfølgelig. Det er mulig.
Er det svinekjøtt i denne retten? – Nei, bare kylling.
Har dere vegetariansk mat også? – Nei, dessverre.
Kan jeg få regningen? – Ja, det kan du. Hvordan vil du betale?

3
Denk daran, dass die Wortstellung hier sehr wichtig ist. Wenn du perfektum *benutzt, fügst du (automatisch) ein zweites Verb in den Satz ein.*
a) Per har våknet.
b) Maria har kommet til kaféen.
c) Hun har spist sjokolade.
d) Hun har ikke begynt å arbeide.
e) Stefan har åpnet vinduet.
f) Han har sendt en e-post.
g) Susanne har fått en gave.

h) Hun har gått på Internett.
i) Jeg har tatt bussen kl. 6.40.
j) Jeg har ventet i en time.
k) De har ikke sett det grønne huset.
l) Jeg har gjort mye i dag.
m) Martha har bodd i Bergen.
n) Hun har ikke sagt mye.
o) Jeg har spurt etter veien.
p) Jeg hat sett det på TV.
q) Jeg har hørt deg.
r) Stefan har sluttet å arbeide.
s) Han har snakket med meg.
t) Barnet har prøvd å gjemme seg.
u) Nils har følt seg bedre.
v) Jeg har lyttet på radio.
w) Pål har skrevet ei bok.
x) Det har snødd i to timer.
y) Erna har kjøpt mat.
z) Familien har kommet på besøk.
æ) Hun har betalt 345 kroner.
ø) Jeg har dratt til Oslo.
å) Mannen har stått på fortauet.

4

a) f.eks.: Kan du hjelpe meg?
b) f.eks.: Vær så snill og kom til meg.
c) f.eks.: Jeg vil gjerne ha en kopp kaffe.
d) f.eks.: Kunne jeg få menyen?
e) f.eks.: Jeg vil gjerne betale, takk.

5

a) Om to timer skal jeg treffe en venn.
b) For en time siden var jeg ferdig på jobben.
c) Om to dager skal jeg reise til Oslo.
d) I tre dager skal jeg være i Oslo.
e) For to dager siden var jeg i Bergen.
f) I to timer skal jeg snakke med Tor.
g) Om seks timer skal jeg legge meg.

6

a) Dagens suppe er ikke særlig dyr/så dyr/ koster ikke mye.
b) Det er veldig rolig i huset.
c) Den unge mannen spør mye.
d) Erna har gjemt papirlappen i Nils.
e) Det er ikke riktig.
f) Jeg har bodd i Oslo i 20 år.
g) Kan du gi meg menyen?/Kunne du ...?
h) Det koster 340 kroner.
i) Han har en eske i hendene.
j) Maten koster omtrent 200 kroner.
k) Så/Etterpå skal jeg legge meg.
l) Erna kommer fra Norge.

7

Med øynene kan man se.
Med føttene kan man gå.
Med nesen kan man lukte.
Med fingrene kan man gripe.
Med munnen kan man spise og drikke.
Med tunga kan man smake.
Med ørene kan man høre.
Med hodet kan man nikke.
Med hjernen kan man tenke.
Med lungene kan man puste.
Med tennene kan man bite.
Med huden og med fingrene kan man føle.

14

1

a) Kan du snakke fransk?
b) Liker du å lage mat?
c) Mia prøver å skrive norske tekster.
d) Har du prøvd å ringe meg?
e) Skal jeg hjelpe deg med oppvasken?
f) Min far begynner å arbeide kl. 7.00.
g) Hva vil du ha til middag?
h) I går måtte vi dra til legen med sønnen vår.
i) Han kan ikke se.
j) Jeg vil reise til Amerika.
k) Er du glad i å lage mat?

2

I dag må/vil Stefan rydde opp. Det ser ikke bra ut på rommet hans. Telefonen ligger på gulvet, og man kan nesten ikke se ut av vinduene. Først må/skal han vaske vinduene. Men han kan ikke åpne dem. Det snør ute! Derfor begynner han med gulvet. Skal han bare støvsuge eller bør han også vaske gulvet? Marit, Stefans kone, sier: «Du skal/bør/må også vaske, ikke bare støvsuge.»
Wie du siehst, gibt es für einige Formen Alternativen, je nachdem, was genau du sagen möchtest.

3

Det var ganske sent. Nils hørte dusjen. Lise pusset tennene. Så kom hun ut av badet. Hun bar ei bøtte med vann. På kjøkkenet begynte hun å vaske gulvet. Så gikk hun tilbake til badet med bøtta, tømte den i doen og tok støvsugeren ut av et skap. Støvsugeren bråkte/bråket forferdelig. Endelig slo Lise av støvsugeren. Med et fast grep tok Lise Nils, gikk inn i stua, satte seg på sofaen sammen med Nils og slo på TV-en.

4

Stian våknet kl. 5.00. Han hadde veldig vondt i magen, og han var kvalm. Hva skulle han gjøre?

Han sto opp. Skulle han vente? Han prøvde å lese ei bok. Men det/smertene ble bare verre.

Han måtte snakke med en lege. Kl. 7.00 ringte han til legekontoret.

Han sa: «Hei, jeg heter Stian Jensen. Jeg føler meg kvalm, og jeg har veldig vondt i magen.»

«Har du vondt/smerter i brystet også?»

«Nei, det har jeg ikke.»

«Det er bra. Kan du komme kl. 9.30?»

«Ja, det kan jeg.»

«Takk, ha det bra!»

Nå er Stian hos legen. Legen trykker på magen og sier:

«Gjør det vondt her?»

«Ja, litt.»

«Kan du åpne munnen?»

Stian åpner munnen.

Legen sier: «Temperaturen er normal. Du har spist noe galt. Legg deg i senga og vent til i morgen, så blir det bedre/bra.»

15

1

a) Turisten spurte høflig.
b) Hun beveget/bevegde seg rart.
c) Susanne snakket frekt.
d) Lise gikk raskt.
e) Fredrik arbeidet godt.
f) De gikk langt.

2

a) En lærer snakker høflig med Susanne. Den høflige læreren sier: «Du arbeider raskt, Susanne.» Læreren er god. Han forklarer godt.
b) Hvorfor snakker denne mannen så rart? Han må være gal.
c) Er klokka 19.00 allerede? – Nei, klokka går galt.

3

interessant	kjedelig
huske	glemme
dyr	billig
bak	foran
opp	ned
langsom	rask
ung	gammel

4

På kjøkkenet har vi en stor komfyr.
Gulvet i gangen er av tre.
Vi må kjøpe et nytt teppe til stua.
Oppvaskmaskinen er ødelagt.
På dette soverommet er det to senger.
Fra vinduet ser man bakgården.
Vil du sitte i sofaen i stua?
Glassene er i det lille skapet ved døra.

6

a) Disse møblene er fine, synes jeg.
b) Telefonen ringer. Hvem er det? – En kunde, tror jeg.
c) Hvor er saksa? – Den ligger på bordet, tror jeg.
d) Han synes det var en dårlig idé.
(Je nach Situation könnte es hier auch **tror** *heißen, z. B. wenn er die Konsequenzen seiner Idee nicht absehen konnte, diese aber deutlich zeigen, dass die Idee entweder gut oder schlecht war.)*
e) Når sendte han denne e-posten? – I går, tror han.
f) Hva gjør Marthe? – Jeg tror hun er kokk.
g) Er hun en god kokk? – Ja, det synes jeg.
*(***Synes** *bedeutet, dass du ihr Essen probiert hast. Wenn du* **det tror jeg** *sagst, würde es bedeuten, dass du nur an ihren Ruf denkst, du aber nicht weißt, ob dieser gut oder schlecht ist.)*

16

1

a) Jeg vil ikke kjøpe dette huset – jeg vil kjøpe et annet hus.
b) Ser du denne mannen? Nei, ikke denne – den andre mannen.
c) Per vil ha en annen telefon.
d) Den andre telefonen er ganske dyr.
e) Han vil også ha ei anna klokke.
f) Her har de bare en slags sjokolade, men i den andre butikken har de mange andre slags sjokolade.

2

I Oslo er det regn./I Oslo regner det.
I Kristiansand er det tåke.
I Bergen er det vind/blåser det.
I Ålesund skinner sola/er det sol.
I Bodø er det sludd.
I Tromsø er det opphold.
I Kirkenes er det snø.

5

a) Det vil/kommer til å regne i morgen.
b) På torsdag vil jeg besøke min tante, men jeg må ringe henne først.
c) Vil du få denne jobben?/Kommer du til å få denne jobben?
d) Jeg har så mye å gjøre! Jeg skal vaske opp, mate hunden og skrive en e-post til bestefaren min.
e) Når skal/vil du gå hjem?/Når kommer du til å gå hjem?
f) Hvor skal/vil du bo?/Hvor kommer du til å bo?
g) Skal/vil du spise lunsj med oss?
h) Martin skal/vil betale kontant.
i) Jeg skal/vil studere økonomi.
Wenn du die Wahl zwischen **vil** *und* **skal** *hast, kommt es auf die Umstände an – hast du dich schon entschieden oder noch nicht?* **Kommer til å** *kann nur benutzt werden, wenn etwas auf jeden Fall geschehen wird. Im letzten Satz könntest du es z. B. anstelle von* **skal** *benutzen, aber es hört sich fast ein bisschen zu "streng" an (so, als ob nichts auf der Welt dich davon abhalten könnte, Wirtschaft zu studieren).*

17

Hva vet du om Norge?

1c – 2b – 3a – 4c – 5c – 6b – 7a – 8c –9c – 10a –11a – 12b

1

a) Kari har en bror som heter Stian.
b) De bor i en leilighet som er i Stavanger.
c) Jeg vil spise dette eplet som ligger på bordet.
d) Er det din sønn som venter foran huset?
e) Her er en kunde som vil kjøpe en billett.
f) Kunden kjøper en billett som koster 390 kr.
g) Jeg har kjøpt avisa som du leser hver dag.
h) Han sitter i sofaen som står i stua.
i) Han forklarer det som er viktig for henne.

4

Tor er en norsk gutt på 18 år. Han er snart ferdig med skolen. Han liker ikke skolen. Etter den kjedelige skoletida vil han gjerne oppleve noe gøy.

I sommer vil han derfor reise til England. Han kjenner noen engelske gutter fra før. Han vil besøke disse vennene.

Men i dag føler han seg ikke bra. Han har vondt i magen. Kanskje fordi han har spist mange grønne epler? De grønne eplene var ikke gode. Eller kanskje har han spist for mye suppe? Det var mye smør i suppa. Kjenner han en god lege? Ja, broren hans er lege. Broren heter Ivar. Han må gå til ham.

Ivar undersøker Tor. Han sier: «Alt er bra med magen din. Du må bare finne deg en god kokk.»

«Kan jeg dra til England, Ivar?»

«Ja, selvfølgelig. Men du må bare spise god mat. Et(t) rødt eple per dag er godt.»

5

a) I går fikk jeg besøk av en venn.
b) Du må snakke med Helge. – Jeg har allerede snakket med ham.
c) Jeg har levd i Norge i femten år og trives fortsatt.
d) Ta av deg skoene! Jeg har vasket gulvene.
e) Kjøpte du fisk?/Har du kjøpt fisk? Jeg kan ikke se den.

Wenn du das Ergebnis hervorheben möchtest, nämlich, dass du den Fisch nicht sehen kannst, musst du **perfektum** *verwenden.*
f) Marit bodde i Bergen fra 2005 til 2008.
g) Mange turister var i byen på søndag.
h) Kredittkortet er ødelagt. – Har du slått den riktige koden?
i) På tirsdag sendte jeg e-post til mange kunder.
j) Jeg hentet barna og besøkte Ida etterpå.
k) I går gikk jeg til legen.
l) Hvor er Emil? – Han dro/har dratt.
Wenn du das Ergebnis hervorheben möchtest, nämlich, dass er nicht hier ist, muss du **perfektum** *verwenden.*
m) Hjalp Emil deg med å rydde i stua i går?
n) Hvor er Nils? – Jeg har ikke sett ham.
o) Så du filmen om Paris på lørdag?

6

Kjeder du deg? Da kan du hjelpe Anne og meg. Vi vil lage mat. Vi har poteter her. Kan du vaske dem? De ligger ennå på bordet. Vi har også kjøpt kjøtt. Kan du skjære det opp? Nei, først kan du hjelpe oss med å vaske kjøkkenet. Det ser ganske dårlig ut. Etterpå må vi vaske gulrøttene. Men hvor er de? Har du sett dem? Å, vi har kanskje glemt å kjøpe dem! Kan du gå til butikken? Den ligger ved jernbanestasjonen. Du kan allerede se den når du går ut fra huset. Gleder du deg til maten? Jeg gleder meg, og Anne gleder seg også.

7

a) Om vinteren er det kaldt i Norge, men i vinter var det ganske varmt.
b) På mandag var det litt regn.
c) På søndager går vi ofte på tur.
d) I tre måneder har det bare vært snø.
e) Om tre måneder begynner sommeren.
f) På mandager har vi alltid mange kunder.

18

1

a) Han glemte at Lises bror ikke spiser frokost hver dag.
b) Vi ønsker at dere snart finner en leilighet i byen.
c) Hun tenker at svart kaffe ikke er fristende.
d) Du kommer hvis dattera di blir frisk.
e) De synger når noen har bursdag.
f) Han liker det når servitøren på kaféen er høflig.
g) Han gjør som om han ikke husker dagdrømmen.
h) Det føles som om ingen kjenner Ernas store hemmelighet.
i) Du ser ut som om du er syk og trenger medisin.
j) Jeg ringer alltid når alle er opptatt og spiser.
k) Hun bestiller når servitøren gir henne menyen.
l) Vi fortsetter å snakke når du endelig slutter å arbeide.

2

a) Han har kanskje lyst på kjøttkaker i tillegg./Kanskje har han lyst på kjøttkakter i tillegg./ Kanskje han har lyst på kjøttkaker i tillegg.
b) Vil hun kanskje åpne vinduet?/ Kanskje vil hun åpne vinduet?/ Kanskje hun vil åpne vinduet?
c) Du trenger kanskje noen som hjelper deg./Kanskje trenger du noen som hjelper deg/ Kanskje du trenger noen som hjelper deg.
d) Jeg rydder kanskje stua i dag hvis du er snill/Kanskje rydder jeg stua i dag hvis du er snill./ Kanskje jeg rydder stua i dag hvis du er snill.
e) Har du kanskje allerede ryddet?/Kanskje har du allerede ryddet?/Kanskje du har allerede ryddet?

3

a) Når det snør, trenger man varme votter.
b) Når det er sludd, trenger man ei god lue, et skjerf og ei regnjakke.
c) Når det er klart, trenger man ei fin skjorte.
d) Når det er svak vind, trenger man en varm genser.
e) Når det er orkan, trenger man gode sokker og fjellsko.
f) Når det er regnbyger, trenger man lange bukser.
g) Når det er varmt ute, trenger man et kort skjørt.

4

Hun leste noe om været i en avis og spiste noen småkaker. Plutselig ringte noen på døra.

«Hei du! Har du lyst til å gjøre noe i kveld?» sa hennes venninne.

«Åh, det er synd! Jeg sa til noen av naboene at jeg hjelper med å bære noen møbler og noen klær.»

«Men jeg kan kanskje hjelpe med noe? Kanskje hente noen bøker ned fra hyllene eller lage noe mat?»

«Det er en bra idé. Jeg skal spørre noen om de trenger deg.»

«Vent, skal vi ta noen småkaker og kaffe med oss? Noe å spise og drikke er alltid bra!»

19

1

Oslo er en fin by jeg ønsker å se snart.
Hurtigruta er en båt som går hver dag.
En lærer er en person som arbeider i skolen.
Jeg lagde ei kake du ikke ville smake.
Tromsø er en interessant by som ligger i Nord-Norge.
Du likte TV-serien om Norge vi så på i går.
Nils så en film som var helt fantastisk.
Den handlet om et veldig fint land han hadde lyst til å se.

2

f.eks.:
Hver dag lager vi alltid mat og spiser sammen./Vi lager mat hver dag og spiser alltid sammen.

Han har av og til gode idéer, men gjør ikke notater./Han gjør av og til notater, men har ikke gode idéer.

Hver dag tenker Susanne at hun gleder seg til skolen./At hun gleder seg til skolen, tenker Susanne hver dag.

Hvis man har vondt i magen, må man være forsiktig./Man må være forsiktig hvis man har vondt i magen.

3
I en skobutikk finner man: Støvler
På et apotek finner man: En hudkrem, en hodepinetablett, en parfyme
I en teknikkbutikk finner man: En DVD, en mobillader, et batteri, ei lampe
I en matbutikk finner man: En agurk, et (rundstykke,) (en hodepinetablett), (toalettpapir), småkaker, (et brød,) kjøtt, et godteri
I en klesbutikk finner man: Bukser, en genser, en hårbørste
I en kiosk finner man: En bussbillett, et bykart
I et bakeri finner man: Et rundstykke, et brød
På posten/posthuset finner man: En konvolutt, en eske for å sende en pakke, et frimerke
I en interiørbutikk finner man: Ei seng

5
a) f. eks. «Ja, det kan du.»/«Nei, han er dessverre ikke hjemme.»
b) f.eks.: «Jeg kan godt komme bortover.»/«I dag har jeg ikke tid.»
c) f.eks.: «Jeg kan kjøpe noen poteter til deg.»/«Nei, det rekker jeg ikke.»/«Jeg har dessverre ikke poteter hjemme.»
d) f.eks.: «Ring legevakta, jeg kommer bortover til deg i mellomtiden.»
e) f.eks. svar: «Jeg har ikke tid i dag, men du kan ringe Henriette.»/«Ja, så klart kan jeg det! Vi sees!»

20

Small talk
4–6–9–7–14–3–8–2–11–13–10–5–12–1

1
Lise ønsket alltid å bli lærer. Nå er hun en god sykepleier. I forgårs traff hun en russisk mann, en amerikaner og en italiener. Russeren er en bra lege, amerikaneren er tannlege og italieneren er en ung student. Hun snakket også med en muslim og en ung katolikk. Hun jobber som redaktør og gleder seg til å bli pensjonist snart. De har kjøpt leilighet. De må ta bussen til byen og vil kjøpe bil snart.

2
På lørdag var jeg lenge på en bursdagsfest hos en venn. Festen var på et sted langt fra huset mitt. Først så vi lenge på en film, så spiste vi ute lenge. Bordet sto langt fra huset. Før festen prøvde jeg lenge å treffe min venn. Da vi spiste, satt han langt fra meg. Vi kunne ikke snakke mye og lenge denne kvelden. Klokka kvart på to ringte jeg en drosje, men måtte vente lenge til den kom. Veien var lang, derfor tok det lang tid å komme hjem.

4
a) Morten har et fint hus som er i Hamar.
b) Stine går på tur selv om sola ikke skinner.
c) Bjørn kan ikke dra på ferie fordi han ikke har penger.
d) Birgitte har en hund som ofte er syk.
e) Når været er dårlig, kan vi ikke dra på tur.
f) Hilde sier at hun ikke kan komme i kveld.
g) Hilde kan ikke komme på besøk fordi hun ikke føler seg bra.
h) Før jeg går på jobb, skal jeg spise frokost.
i) På lørdager og søndager vil jeg ikke arbeide.
j) Hvis det ikke snør, kan vi gå på tur.
k) Før Erna skal reise til Tromsø, vil hun komme på besøk.
i) Tromsø er en by hvor sola ikke skinner om vinteren.

5
Jeg heter Liv og arbeider som lege på sykehuset. Vanligvis må jeg allerede stå opp rundt kl. 5.00, for vi begynner å arbeide kl. 6.00. Jeg spiser frokost og dusjer før jeg drar på jobben, men jeg leser ikke avisa. Der er det bare dårlige nyheter! Jeg liker å ta bussen til sykehuset, for det går ganske fort med bussen. Men etter jobben liker jeg å gå. Da kan jeg slappe av og være i naturen.

Når jeg begynner på jobben, må jeg først snakke med de andre legene. Etterpå vet jeg hva jeg må gjøre. Så besøker jeg pasientene mine og snakker med sykepleierne. Kl. 11.30 spiser jeg lunsj. Etter det arbeider jeg fram til kl. 14.00. Jeg spiser middag med familien min når jeg kommer hjem. Sønnen min liker å lage mat. Det er veldig bra for meg og mannen min – da har vi ikke så mye å gjøre hjemme.

21

1
Dagen før reisen besøker Erna familien. Hun går inn i stua. Der ser hun et bord, fire stoler, en sofa og en kommode. Lise sitter i sofaen. Lars er på kjøkkenet og steker kjøtt i kasserollen/en kasserolle. Susanne sitter ved bordet. Erna spør Susanne hvordan det går på skolen. Men Susanne vil ikke snakke så mye om skolen. Hun vil heller snakke om hester. Hun har nemlig begynt å ta ridetimer. De snakker også om Nils – Nils er en gave fra Erna. Da kommer Lars med maten.

2
a) Har Lise kjøpt et brød? – Hun har kjøpt sju/syv brød.
b) Har du et glass? – Jeg har 21 glass.
c) Kan vi se en film? – Vi kan se to filmer.
d) Har Lars lest ei bok? – Han har lest 13 bøker.
e) Har Stine en bror? – Hun har tre brødre.
f) Har Lars og Lise et barn? – De har to barn.
g) Kan dere gi meg en kniv? – Vi kan gi deg atten kniver.
h) Har Lars og Lise et soverom? – De har to soverom.
i) Skal du ringe en kunde i dag? – Jeg skal ringe elleve kunder i dag.
j) Kan jeg få et stykke papir? – Du kan få fjorten stykker papir.
k) Finnes det et bakeri i denne byen? – Det finnes åtte bakerier i denne byen.

5
a) Har du funnet en leilighet allerede?
b) I morgen skal Knut kjøre til Oslo.
c) I 1990 gikk jeg ennå på skolen.
d) Jeg vil gjerne ha en kopp kaffe, takk.
e) I dag har jeg mye å gjøre.
f) Jeg la meg kl. 21 og sov rett etterpå.
g) Han ringte meg kl. 22, men da lå jeg allerede i senga.
h) Marthe, jeg kan dessverre ikke komme på besøk i kveld.
i) Som sykepleier måtte jeg skrive mange rapporter.
j) Jeg hører deg dårlig. Hva sa/sier du?
k) I går sto jeg opp kl. 5.00 allerede.

l) Er Martin fra England? – Det vet jeg ikke.
m) Kom inn og sett deg. Her har vi en stol.
n) Er Tove her? – Nei, hun dro til Bergen.
o) Har du prøvd å ringe meg?
p) Nå har jeg sittet i sofaen i nesten to timer.
q) Var du hos mora di i går? – Nei, jeg måtte arbeide i går.
r) På mandag fikk jeg en interessant e-post av en venn.
s) Hvorfor tok du ikke bussen hit?

6

Jeg har to venner – Bente og Geir. Med vennene mine gjør jeg mange ting. Ofte lager vi mat på Bentes kjøkken. Kjøkkenet hennes er ganske stort. Geir har også et stort kjøkken, men kjøkkenet hans er ikke så pent. Og kjøkkenet mitt er veldig lite.

I dag vil vi lage suppe for kjærestene våre. Vi har invitert dem, og de kommer snart. Geir har kjøpt alt vi trenger. Men han har ikke fått pengene fra oss/meg ennå. Bente arbeider allerede. Hun er en god kokk. Geir er ikke en så god kokk, men det går fint å arbeide med ham.

Geir er glad i litteratur, og han forteller oss/meg ofte om nye bøker. Men bøkene hans er kjedelige, synes jeg. Jeg liker å gå på skiturer, og jeg vil heller snakke om turene mine. Av og til går jeg på tur med Geir og Bente, men arbeidsuka deres er så lang, og da har de ikke så mye tid.

Nå kommer kjærestene våre. Jeg skal åpne døra for dem.

Har du også gode venner? Hva gjør du med vennene dine?

7

a) Hun sa at hun måtte arbeide.
b) Han visste at han ikke kunne komme på besøk.
c) Han måtte ta trikken.
d) Han spurte om han burde snakke med en lege.
e) Hun tenkte at hun jobbet for mye.

8

a) Han tenker på å lete etter ny jobb.
b) Hun gleder seg til å gå på Bach-konserten.
c) Den unge læreren arbeider med å skrive ei bok om Norge.
d) I dag må jeg begynne med å vaske gulvene.

22

3

Tror du at søstra di er glad i gaven?
Synes du at vi skal bytte TV-kanal snart?
Tror du at vi har glemt kvitteringen?
Tror du at det regner i dag?
Synes du at religion er viktig?
Synes du at filmen var god?
Tror du at butikken er døgnåpen?
Tror du at vi finner veien tilbake?
Tror du at postkontoret er åpent nå?
Synes du at poteter smaker godt?
Synes du vi skal spise her igjen?
Synes du at jeg er pen?
Tror du at han vet hva han gjør?
Synes du at det er viktig å gå på skolen?

4

f.eks.:
Jeg går ut!
Blir du med ut på byen?
Gå ut av døra og lukk den etter deg.
Ut på tur, aldri sur.

Jeg liker å være ute.
Kan vi spille fotball ute?
Ute er det frisk luft.
Sol ute, sol inne, sol i hjertet, sol i sinnet.

23

1

Jeg klarer det ikke! Jeg kan ikke bake kaker.
Skal/burde/bør han ikke kjøpe bursdagsgaven snart?
Hun er allergisk. Hun må/burde/bør/kan ikke drikke melk.
Barn skal/burde/bør ikke være ute etter kl. 22 om kvelden.
Du skal/må/burde/bør spise grønnsakene dine selv om du ikke vil.
Man burde/bør drikke mye vann hver dag.
Vil det regne i dag? – Nei, det vil snø.
Dere skal/må/burde/bør rydde nå! Jeg vil/skal ikke gjøre det for dere igjen.
Skal/burde/bør/vil du ikke ringe mora di når du er hjemme?
(Wie du siehst, gibt es auch hier viele Alternativen, je nachdem, was genau du sagen möchtest.)

2

Susanne er veldig glad i broren sin. Hennes bror heter Per og er 16 år gammel. De har ei bestemor. Noen ganger kommer Erna, bestemora deres/hennes, på besøk. Lise er dattera hennes og mora deres. Lars er faren i familien og liker sin familie. Susanne er dattera hans. Hans datter er ikke veldig glad i nissen sin. Hennes nisse ble lagd av Erna. Alle liker å bo i huset sitt. Susanne liker sitt rom. Hennes rom er fint og gult. Per har også sitt rom, men han liker hennes rom også. Mora og faren deres har også et rom. Rommet deres er større enn hennes og hans rom.

3

Vegard kan ikke fine nøklene sine. Han hadde dem ennå i går, men nå er de ikke på bordet. Egentlig ligger de alltid på bordet. Han snakker med Hilde, kjæresten sin: «Hilde, har du sett nøklene mine?»

«Nei, Tor, men jeg kan ikke finne togbilletten min. Vet du hvor den er?»

«Nei, jeg har ikke sett den. Vi må lete etter den og etter nøklene mine.»

Vegard går rundt bordet. Har han allerede lett under det? Nei! Han ser under bordet, og hva ligger der? Nøklene hans! Nå må Hilde finne billetten sin. Hun sier:

«Vegard, kan du ikke hjelpe meg?»

«Nei», svarer Vegard. «Jeg kan ikke hjelpe deg, for jeg har ikke tid. Du må selv finne billetten din.»

6

a) Dette spørsmålet er viktig.
b) Denne genseren er varm.
c) Denne familien er snill.
d) Disse jentene er snille.
e) Dette spørsmålet er dumt.

f) Denne vesken er åpen.
g) Dette hotellet er grønt.
h) Disse blomstene er blå(e).
i) Denne beslutningen er viktig.
j) Dette landet er lite.
k) Denne stormen er sterk.
l) Disse telefonene er nye.
m) Dette bordet er billig.
n) Disse vottene er varme.
o) Denne byen er kjedelig.
p) Dette språket er vanskelig.
q) Dette badet er hvitt.
r) Denne kofferten er liten.
s) Denne reisen er interessant.
t) Disse sengene er små.
u) Dette skjørtet er langt.
v) Dette rommet er mørkt.
w) Denne dama er hyggelig.
x) Denne dusjen er trang.
y) Dette toget er langt.
z) Disse bøkene er tunge.
æ) Dette kjøkkenet er stort.
ø) Dette krysset er farlig.
å) Disse møblene er små.

24

Kjærlighet og følelser

Odd: Vet du at Berit har fått seg kjæreste?

Silje: Nei! Vet du hvem han er? Kjenner du ham?

Odd: Kjenner du Thomas? Han kjenner deg og vet hva du heter.

Silje: Ah, hun er sammen med Thomas! Men er hun ikke gift med Geir?

Odd: Nei. De er skilt nå. Jeg vet sikkert at Geir har vært forelsket i en kollega i mer enn ett år. Jeg så at han kysset henne da han ennå var gift med Berit.

Silje: Visste Berit den gang at Geir var forelsket i en kollega?

Odd: Ja, hun visste det. Hun kranglet mye med Geir.

Silje: Stakkars Berit. Hun var sikkert skuffet og følte seg ensom. Man tror at man kjenner noen og så finner man ut at man ikke vet/visste noe om dette mennesket.

Odd: Ja, men det var jo også en sjanse. Hun har aldri følt ekte kjærlighet og vennskap. Hun har kjent Geir siden hun var 15 år, og de giftet seg tre år senere, fikk barn da de var unge ...

Silje: Du snakker så stygt om henne. Det er flaut. Vis litt medfølelse med henne!

Odd: Jeg viser jo medfølelse! Jeg er veldig glad for at hun nå elsker Thomas. Og jeg vet at Thomas er veldig glad i henne. Hvordan er det forresten med deg og kjæresten din?

Silje: Kan jeg stole på deg? Jeg skal fortelle deg noe. Men ingen kan vite det ...

2

a) Hvis Erna går raskt, kommer hun ikke for sent.
b) Hvorfor spør hun så dumt?
c) Han kan ikke få jobb fordi han arbeider veldig langsomt.
d) Jeg liker å lese e-postene hennes for hun skriver så pent.
e) Vi kan gå, men hvis det regner sterkt, tar vi heller trikken.
f) Om morgenen liker jeg en varm dusj.
g) Jeg vil ikke kjøre med Stian fordi han kjører ganske farlig.

3

a) Da toget stopper, er hun akkurat ferdig med frokosten.
b) I dag kan toget til Bodø være noe forsinket.
c) Erna finner ham forhåpentligvis ikke!
d) Han kunne nesten ikke puste da hun gjorde det.
e) Da hun er ferdig med ostesmørbrødet sitt, ser hun ut av vinduet igjen.
f) Etter middagen åpnet hun ikke håndvesken.
g) Da de var ute på gata, hørte han at Erna begynte å gråte.
h) At hun må kjøpe billett, vet han ikke.
i) Da hun la en lapp i et påskeegg som hun ga til Per, skjedde det samme.

4

a) Det forstår jeg ikke.
b) Jeg har glemt hva hun sa.
c) Togbilletten koster dessverre ganske mye./ Togbilletten er dessverre ikke billig.
d) Kanskje toget er forsinket.
e) Geir leter etter jobb.
f) Jeg kan ikke finne telefonen min.
g) På mandager har vi det alltid ganske hektisk.
h) Jeg synes ikke at norsk mat er særlig/så/ veldig god.
i) Nils var ganske forbauset da han så Emil for første gang.
j) Hun trives i Oslo, men det er så dyrt å bo der.

25

Økonomi

Jeg har ikke råd til å kjøpe leilighet. – Du bør leie og ikke kjøpe.
Jeg har abonnert på to aviser. – Kan du ikke lese nyhetene på internett?
Jeg må kjøpe ny bil. – Kan du ikke ta bussen?
Jeg kjøper alltid mat på bensinstasjonen. – Det er bedre å handle på butikken.
Jeg må kjøpe nye møbler. – Brukte møbler er mye billigere.
Jeg vil ta opp et lån for å reise til USA. – Kan du ikke spare penger først?

1

Selv om Norge ligger langt mot nord, er det ikke så kaldt om vinteren som man tror. Inne i landet kan det likevel være mye kaldere enn for eksempel i Bergen eller Stavanger. Det kaldeste stedet i Norge er Karasjok. Om sommeren er det varmere på Østlandet enn i Nord-Norge. Den varmeste måneden er stort sett juli.

Lise er eldre enn Susanne, men hun er omtrent like gammel som Lars. I familien er Erna eldst. Susanne er yngre enn Per, men Nils er yngst.

Den lengste dagen i Norge – som i alle andre land i Europa – er den 21. juni, og den korteste dagen er den 21. desember. Om vinteren er nettene lengre i Nord-Norge enn på Sørlandet, men om sommeren er dagene kortere på Sørlandet enn i Nord-Norge.

For Erna er det tungt å snakke om hemmeligheten hennes. Det er tyngre for henne å snakke om den enn å skrive den på en papirlapp. Hun synes det er lettere å snakke med Hege enn med familien. Men det tyngste er at hun ikke klarer å snakke om den.

I Bergen bor det flere mennesker enn i Stavanger, men færre mennesker enn i Oslo. På Østlandet har vi færre dager med regn enn i Nord-Norge, men de fleste regndagene har vi på Vestlandet. I Bergen regner det mer enn i alle andre byer i Europa. Men i Bergen er det mindre snø enn i Oslo.

Kjenner du et bra/godt utested? Jeg har lyst til å spise noe bedre enn i går, men jeg kjenner ingen bra/god restaurant. Mange sier at det er bra/godt å spise italiensk mat, men jeg liker meksikansk mat bedre. Hva er den beste middagen du noensinne har spist? Hva likte du best?

Jeg husker ikke én rett som var god, jeg husker bare den verste retten, og den var enda verre enn hurtigmat. Den så ille/vond ut, luktet enda verre og smakte ille/vondt. Etterpå hadde jeg vondt i magen, og det ble verre dagen etter. Det var aller verst da jeg prøvde å spise noe.

I går så jeg en liten gutt med en hund. Hunden var nesten så stor som en hest – i hvert fall mye større enn gutten. Det var den største hunden jeg noensinne har sett. Den lille gutten hadde store problemer med å holde den store hunden. Men et lite øyeblikk senere kom det ei lita jente – hun var mindre enn hunden, men litt større enn gutten. sammen klarte de å holde hunden.

Marit, kan du hjelpe meg? Jeg har et stort/lite problem. I går kjøpte jeg en genser, men nå ser jeg at den er for liten. Jeg har vasket den, men nå er den enda mindre. Den er blitt den minste genseren jeg noensinne har hatt! Mener du at jeg kan sende den tilbake til den lille/store butikken hvor jeg har kjøpt den? Jeg må kjøpe en annen genser som er litt større. Men det største problemet er at jeg ikke finner kvitteringen. Kan du hjelpe meg med å lete etter den?

Jeg synes denne boka er kjedelig, men denne oppgaven er den mest kjedelige oppgaven i hele boka.

3

Bjørn	55 år	350 000
Svein	32 år	530 000
Terje	47 år	327 000
Anders	63 år	487 000
Anna	28 år	327 000
Linda	27 år	244 000
Wenche	47 år	411 000
Mona	23 år	130 000

4

Vi trener fotball to ganger per uke, stort sett på mandager og på torsdager. Om sommeren trener vi egentlig ikke, men i sommer må vi trene likevel.

Nå trener vi også på fredager. For en uke siden tapte vi mot et lag fra Bergen. Om en uke skal vi spille mot Trondheim. Vi skal dra dit på mandag.

26

1

Så kjøpte Erna en billett. Nils så ikke ut av vinduet. Han ville så gjerne se noe for han likte TV-programmet om Norge så mye. Så tar han sjansen så han kan se noe. Han var så nervøs at det nesten gjorde vondt i magen. Han så ingenting, men så hoppet han på en stol og så hus og mennesker. Så gledet han seg (så) mye fordi han så ut av båten. Nils var så fornøyd at han bestemte seg for å gå ut så mye som mulig.

3

I Molde er det færre dager med sol enn i Arendal. Derfor trenger man lengre bukser i Molde.

I Ålesund er det sterkere vind enn på Hamar. Derfor trenger man en varmere genser i Ålesund.

I Røros er det lavere temperatur enn i Kristiansand. Derfor trenger man tjukkere sokker i Røros.

I Tromsø snør det mer/er det mer snø enn i Trondheim. Derfor trenger man bedre sko i Tromsø.

I Stavanger er det mer tåke enn i Fredrikstad. Derfor trenger man bedre briller i Stavanger.

I Fredrikstad er det varmere dager/er dagene varmere enn i Bodø. Derfor trenger man kortere T-skjorter i Fredrikstad.

4

Karina jobber/arbeider som lege. Hun studerte medisin i seks år. Da hun var ferdig, måtte hun først lete etter jobb. Men nå har hun funnet/fått en god jobb. Hun trives på jobben, men hun liker ikke å arbeide i helgene. Hun tjener bra og kunne derfor kjøpe leilighet for to måneder siden.

Øyvind jobber/arbeider med reklame. Han utdannet seg til kokk først, men han hadde problemer med å arbeide sent på kvelden. Derfor byttet/skiftet han jobb. Nå er han fornøyd med jobben sin, selv om han tjener mindre enn Karina.

Unregelmäßige Verben

infinitiv	presens	preteritum	perfektum
å be		ba/bad	har bedt
å bli		ble	har blitt
å bryte		brøt/brøyt	har brutt
å burde	bør	burde	har burdet
å bære		bar	har båret
å dra		dro/drog	har dratt
å drikke		drakk	har drukket
å drive		drev	har drevet
å finne		fant	har funnet
å forsvinne		forsvant	har forsvunnet
å få		fikk	har fått
å gi		ga/gav	har gitt
å gjøre	gjør	gjorde	har gjort
å gråte		gråt	har grått
å gå		gikk	har gått
å ha		hadde	har hatt
å hete		het	har hett
å hjelpe		hjalp	har hjulpet
å holde		holdt	har holdt
å komme		kom	har kommet
å kunne	kan	kunne	har kunnet
å le		lo	har ledd
å legge		la	har lagt
å ligge		lå	har ligget
å måtte	må	måtte	har måttet
å nyte		nøt/nøyt	har nytt
å rekke		rakk	har rukket
å ri		red/rei	har ridd
å se		så	har sett
å selge		solgte	har solgt
å sette		satte	har satt
å si		sa	har sagt
å sitte		satt	har sittet
å skjære		skar	har skåret
å skrive		skrev/skreiv	har skrevet
å skulle	skal	skulle	har skullet
å slippe		slapp	har sluppet
å slå		slo	har slått
å snike		snek/sneik	har sneket
å sove		sov	har sovet
å spørre	spør	spurte	har spurt
å stjele		stjal	har stjålet
å stryke		strøk/strøyk	har strøket
å stå		sto/stod	har stått
å ta		tok	har tatt
å telle		talte/telte	har talt/telt
å treffe		traff	har truffet
å trekke		trakk	har trukket
å ville	vil	ville	har villet
å vite	vet	visste	har visst
å være	er	var	har vært

å avbryte →å bryte
å foretrekke → å trekke
å forstå → å stå
å fortelle → å telle
å fortsette → å sette
å gjenta → å ta
å overdrive → å drive
å planlegge → å legge

Du musst sie auswendig lernen.
Langweilig – ich weiß.

Grammatik auf einen Blick

Substantive und Adjektive

en (stor) kopp	(den store) koppen	(store) kopper	(de store) koppene
ei (stor) dør	(den store) døra	(store) dører	(de store) dørene
et (stort) hus	(det store) huset	(store) hus	(de store) husene
et (stort) vindu	(det store) vinduet	(store) vinduer	(de store) vinduene

keine **-t**-Endung:
- Adjektive, die auf **-ig**, **-sk** enden
- viele Adjektive, die auf **-t** enden
- lange Adjektive (z.B. **moderne**)

100 kr	200 kr	300 kr
dyr	dyrere	dyrest
interessant	mer interessant	mest interessant

Susanne er rask. (Adjektiv)
Susanne går raskt. (Adverb)

Pronomen

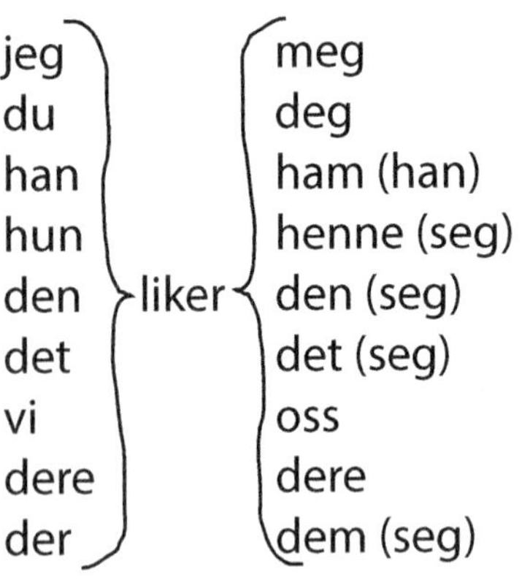

jeg		meg
du		deg
han		ham (han)
hun		henne (seg)
den	liker	den (seg)
det		det (seg)
vi		oss
dere		dere
der		dem (seg)

min/din/hans/hennes/sin/dets/dens/vår/deres/deres kopp
dør
mitt/ditt/hans/hennes/sitt/dets/dens/vårt/deres/deres hus
mine/dine/hans/hennes/sine/dets/dens/vårt/deres/deres dører

oder:

koppen min/din ...
døra mi/di...
huset mitt/ditt ...
dørene mine/dine ...

Verben

infinitiv	presens	preteritum	perfektum	imperativ
å spise	jeg spiser	jeg spiste	jeg har spist	spis!
		jeg våknet	jeg har våknet	
		jeg bodde	jeg har bodd	
		jeg levde	jeg har levd	

Modalverben:

å ville	jeg vil	jeg ville
å måtte	jeg må	jeg måtte
å kunne	jeg kan	jeg kunne
å skulle	jeg skal	jeg skulle
å burde	jeg bør	jeg burde

!!! Jeg vil ~~å~~ spise ...
... må ~~å~~ spise ...
...

Sätze

Hauptsatz

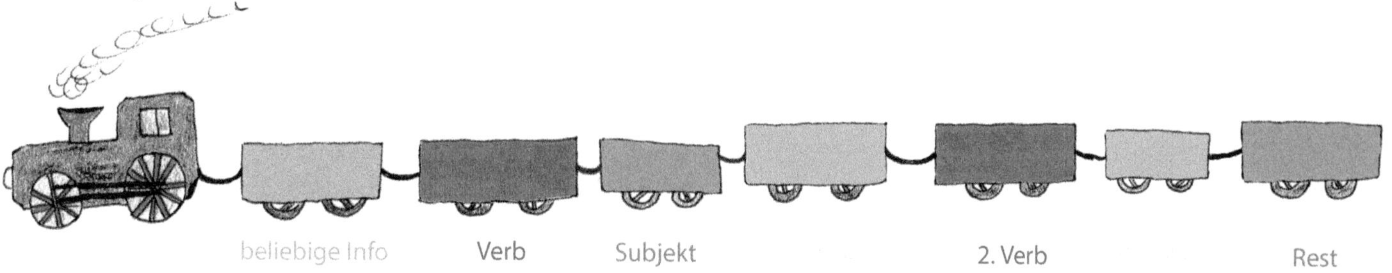

Hauptsatz und Nebensatz

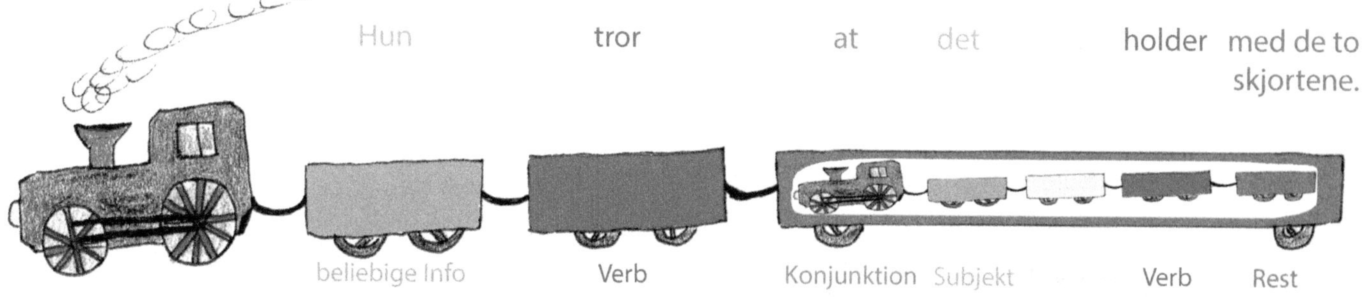

Aussprache

Norwegischer Buchstabe	Beispiel	Reguläre Aussprache	Beispiel für irreguläre Aussprache	Irreguläre Aussprache	Kennzeichnung irreguläre Aussprache
a	å lage	wie deutsches **a**			
e	å trenge	wie deutsches **e**	her	wie norwegisches **æ**	[æ]
er	mer	Kombination aus norwegischem **e** und **r**	her	wie norwegisches **æ**	[æ]
æ	å være	überoffenes deutsches **ä**, wie englisches **a**			
i	til	wie deutsches **i**			
o	onsdag	wie deutsches **u**	tog	wie norwegisches **å**/deutsches **o**	[å]
u	du	etwa wie deutsches **ü**	nummer	wie norwegisches **o**/deutsches **u**	[o]
ø	å føle	wie deutsches **ö**			
å	å gå	wie deutsches **o**			
y	å bety	wie deutsches **i**, aber Lippen nach außen gestülpt			
ei	nei	wie deutsches **ei**			
au	fortau	Verbindung von norwegischem **æ** und **u**			
øy	syltetøy	Verbindung von norwegischem **ø** und **y**			
ng	å ringe	wie deutsches **ng** in „singen"			
r	å ringe	gerolltes Zungenspitzen-r oder Zäpfchen-r			
rt,rd, rl, rn	ferdig	**r** nicht gerollt, ungefähr wie amerikanisch „card"			
rs	først	wie deutsches **sch**			
sl	Oslo	wie deutsches **sch + l**			
skj, sj	kanskje	wie deutsches **sch**			
ski, sky	brødskive	wie deutsches **sch** + norwegisches **i/y**			
v	vei	wie deutsches **w** oder wie **v** in „Vase"	selv	am Wortende meist stumm	[sell]
ig	ligge	Kombination von norwegischem **i** und **g**	selvfølgelig	am Wortende nur **i**	[selfølgelli]
kj	kjeller	wie deutsches **ch** in „ich"			
ki, ky	kylling	wie norwegisches **kj** + **i/y**			
gj	gjøre	**g** vor **j** ist immer stumm			
gi	gi	wie deutsches **j** + **i**	gitar	**g** und **i** getrennt ausgesprochen	[g-itar]
gy	gyldig	wie deutsches **j** + norwegisches **y**	gymnas	**g** und **y** getrennt ausgesprochen	[g-ymnas]
hj	å hjelpe	**h** vor **j** ist immer stumm			
d	dag	wie deutsches **d**	god	am Wortende sowie nach **r** und langem Vokal meist stumm	[goo]
ld	kveld	wie deutsches **ll**			[kvell]
nd	blanding	wie deutsches **nn**			[blanning]
en	magen	wie deutsches **en** z.B. in kommen	morgen	am Wortende ist das **e** manchmal stumm	[mårn]
et	snakket	wie deutsches **et**	eplet	das **t** am Wortende ist stumm, wenn es sich um einen bestimmten Artikel handelt	nicht gekennzeichnet – merk dir das ;-)
eg	deg	wie deutsches **ei**			[dæj]
hv	hvor	**h** vor **v** ist immer stumm			[vor]
tj	tjene	**t** und **j** getrennt ausgesprochen	tjue	wie norwegisches **kj**	[kj]

Zu kompliziert? Schau dir unsere Aussprachevideos an: www.skapago.eu/nils

Wortschatzindex

Die Zahlen zeigen die Übungen beziehungsweise die Kapitel an, in denen die Themen behandelt werden. X zeigt an, dass das Thema in diesem Kapitel erklärt wird.

Kapitel	1	2	3	4	5	6	7	8	9	10	11	12	13	14	15	16	17	18	19	20	21	22	23	24	25	26
einkaufen			x								x								3		x					
essen		3		2		3	x	1			x, 5	2	2								1					
Familie					x,4,6		2	5		6	4										1		2			
Farben									x, 1, 2, 3		3															
Fortbewegung																							x, 5			
Gefühle																					3			x		
Geld/Finanzen																									x, 3	
Haushalt									x	6				x, 2												
Hobbys und Freizeit																				x, 3	6			1	4	
höflich sein			x										x, 4													
in der Küche				2			1, 3		3	7																
Institutionen																					x					
Jahreszeiten/ Monate/Feste																x, 4									2	
Kleidung																		x, 3								3
Körper/beim Arzt										x, 2, 3			7	4												
Länder/Natio-nalitäten											x, 3															
Lifestyle/Er-nährung																										x
Medien															x, 5							5				
Möbel/Zu-hause				x				1, 5	6		4				4					6	1					
Norwegen																	x								1	3
Restaurant													1, 2													
Richtungen												x														
Schule																				5		x				4
sich vorstellen				5					x													x				
Smalltalk		x		x, 5		4													5	x						
Texte schrei-ben		3			4						4, 5	3			5	4				3, 6		4, 5	5	1		
Uhrzeit/Tages-ablauf						x, 2, 3, 7	x					3	x, 5							5						
Wetter																x, 2		3								3
Zahlen		4			x, 1				1, 2							3, 4			4		2					

Grammatikindex

Die Zahlen zeigen die Übungen beziehungsweise die Kapitel an, in denen die Themen behandelt werden. X zeigt an, dass das Thema in diesem Kapitel erklärt wird.

Kapitel	1	2	3	4	5	6	7	8	9	10	11	12	13	14	15	16	17	18	19	20	21	22	23	24	25	26
Adjektive								x, 1, 2	x, 3	x	x, 1, 2, 3			x	2		4	3					6	2	1, 3	3
Adverbien															x, 1,2									2		
Alphabet																			x							
annen/annet																x, 1										
Artikel/Substantive		x, 1		x, 2, 3			x, 1	x, 1, 2			1						4	3	3	x, 1	1, 2		6			
denne/dette/disse												x, 2											6			
Fragen		2	x	x, 1				3																		2
hvilken, hvilket, hvilke											x, 6															
ja/jo			2																							
kanskje																		x, 2								
langt/lenge																				x, 2						
like/være glad					5																					
man									x																	
mange/mye										x, 5												2				
noe/noen (+ Substantiv)							x									x		x, 4								
Präpositionen (Bewegung/ Stillstand)												x, 5										4				
Präpositionen (hos/med/ ved)																			x							
Präpositionen (i/på, over, under, bak)								x, 5	4								7								4	
Pronomen (det/den)			x, 3																							
Pronomen (Personalpronomen)		5			x, 2, 3	1				3							6				2, 6		3			
Pronomen (Possessivpronomen/jemandem gehören)					x, 6	x, 5				x, 6, 7											6		x, 2, 3			
slags											x															
som																	1		x, 1							
Substantive/Artikel		x, 1		x, 2, 3			x, 1	x, 1, 2			1						4	3	3	x, 1	1, 2		6			
synes/tro															x, 6							3				
Verben (Gegenwart)	x, 1		4																		5					
Verben (Imperativ)							x, 4															1				
Verben (Infinitiv)			x, 4			6	3							1							8					
Verben (Modalverben)			x			x, 6							7	2									x, 1			
Verben (perfektum)													x, 3				5				5					
Verben (preteritum)						x, 8				4		x, 3, 4		3	1		5				5, 7					
Verben (s-Verben)																						x				
Wortstellung	x, 2, 3			x, 4			3	x, 4		2						2	5	x, 1, 3	x, 2	4				2, 3		
Zukunft											x				x	5					5					

CPSIA information can be obtained at www.ICGtesting.com
Printed in the USA
BVOW10s1150130116

432638BV00025B/11/P